伊斯蘭文明

下卷　火藥帝國與現代伊斯蘭

第 5 冊
二次繁盛：火藥帝國時期

MARSHALL G.S.HODGSON

馬歇爾・哈濟生　著

THE VENTURE OF ISLAM
THE GUNPOWDER EMPIRES AND MODERN TIMES

SECOND FLOWERING: THE EMPIRES OF GUNPOWDER TIMES

後記
當代伊斯蘭的變化與走向

林長寬（國立成功大學歷史學系）

　　馬歇爾・哈濟生的《伊斯蘭文明》（*The Venture of Islam*）是以大歷史的宏觀角度去探討伊斯蘭世界的文明進程；而他界定的伊斯蘭文明之領域與範疇，主要是以阿拉伯人、波斯人、突厥人的生活空間（以非洲尼羅河谷區到中亞烏滸河流域之間）而醞釀──以伊斯蘭教義為基礎的文明，時間從西元第七到二十世紀中葉。由於哈濟生英年早逝，此巨著的下卷並非完稿，但無損其價值。二十世紀中葉之後的伊斯蘭世界變化多端，除了哈濟生他在下卷結語所論述的一些問題之外，當代伊斯蘭的變化已經超越他在世時所觀察之現像，例如阿富汗塔里班（Tâlibân）運動、911 事件之爆發，以及當前「伊斯蘭國」（ad-Dawlah al-Islâmiyah fî 'l-'Irâq wa-sh-Shâm）的問題。

　　整個二十世紀伊斯蘭世界（Dâr al-Islâm）的歷史發展主要呈現於宗教、政治和社會方面的改變。在諸多運動和探討議題中，其問題的癥結通常是宗教教義、儀式的詮釋，及以傳統宗教權威的運作。「誰的伊斯蘭？」、「伊斯蘭本質為何？」這兩個命題是理解當代伊斯蘭「問題意識」不可忽略的前提。

　　誠如所有宗教的傳統，伊斯蘭在其歷史發展過程中存在著相當多元的詮釋。伊斯蘭傳統的形成乃是透過《古蘭經》中神的啟示（Wahy）、先知的言行傳統（al-Sunnah）、社會環境的變遷，以及不同時代人為的詮釋。其中最關鍵的主題是過去的傳統與現代、後現代社

會之間的關係；而所謂的「伊斯蘭化」（Islamization）與「再伊斯蘭化」（re-Islamization）則是根基於一些修正改革（Islâh）的過程上，重新詮釋古典伊斯蘭的教義，或是重新建構伊斯蘭思想。修正改革的內涵並非在於「改變」本身，而是在於透視「如何改變」、「何為必然的改變」、「何種改變可行」、「改變之基本理由為何」，例如伊朗雖然經常被形容為一個中世紀的、反西方的宗教領袖所統治的「基本教義主義」國家，但是其政府和憲法卻涵蓋許多現代的法治、民主概念與制度，這在伊斯蘭發展過程中史前無例。

關於「改變」，當代穆斯林社群則有四種不同的群體與認知：世俗化者（Secularist）、傳統保守主義（Traditionalist）、新復興主義者（neo-Revivalist）、新現代主義者（neo-Modernist）。世俗主義者主張政教分離，多是社會中的西化菁英分子，他們自認為是穆斯林，主張宗教應該被置於私人生活領域中實踐。他們指控那些想要維持政教合一者，其目的只是為了取得政治利益、權力，而非真正落實伊斯蘭教義或價值觀。

其他三種傾向都主張回歸到伊斯蘭，但是在前提、詮釋和方法上卻各有不同。大部分主流的宗教學者都抱持傳統保守的態度，他們相信在古典的伊斯蘭法（Sharî'ah）與教義中，伊斯蘭已經全然表現出其普世性和完整性。由於強調遵守過去傳統的保守態度，導致他們嚴格限制大的改變。保守主義者相信無須改變傳統伊斯蘭法，只不過社會發展的確已經偏離了神的道路。因此，即使許多宗教學者默許政府以西方世俗的律法取代現代伊斯蘭法，他們相信這只是暫時的妥協，而非內化的改變。

新復興主義者或伊斯蘭主義者經常被視為「基本教義主義者」，

而與保守傳統主義者有共通之處。他們強調要回歸到伊斯蘭，並帶來更新，認為穆斯林社群必須從伊斯蘭的根源重新詮釋教義，並進行運用，以適應現代的變化。如同傳統主義者，他們認為伊斯蘭世界的衰微肇因於穆斯林社會走向西化之途，導致西方的、非伊斯蘭的觀念與習俗充斥其間。而新復興主義者不同於保守主義者之處，在於他們對於改變較有彈性、採取應變的態度。這群核心領導者通常是世俗化教育出身的社會菁英如教育家、新聞記者、科學家、醫生、律師和工程師，而不是宗教學者。

而當代的伊斯蘭復興也製造出了新一代的穆斯林改革者，即「新現代主義者」，他們自詡為傳統和世俗之間的橋樑。雖然新現代主義者和新復興主義者與伊斯蘭主義者有所重疊，或與之聯盟，但他們態度更有彈性，在想法上也非常具有創造力。他們在接受傳統的伊斯蘭教育後，通常會進入西方體制的國立大學（殖民時期大學）深造，或是前往西方國家留學，但在社會活動中卻具有強烈的伊斯蘭意識。他們所強調的是傳統伊斯蘭的「當代化」與「具體發展」。這些知識分子已成為二十世紀後半葉穆斯林社群中的政治、宗教、社會各領域的領導者，主導當代伊斯蘭的發展。新伊斯蘭現代主義者並沒有完全排斥西方；相反地，他們選擇適當的途徑；他們希望引進最好的科學、技術、醫學和學術思想，卻拒絕同化與盲目吸收西方的文化和習慣。

在二十世紀的後半期，公民權和政治參與權利等問題也發生在穆斯林少數族群身上。在歷史上，從來沒有這麼多的穆斯林少數社群分佈在許多非伊斯蘭地區。穆斯林難民數的增加，又有許多穆斯林移往歐洲、美洲，伊斯蘭在當地已經成為第二大或第三大的宗教信仰，刺激了「穆斯林少數群體權利」的法學探討（Fiqh al-Aqalliyyât）穆斯林

少數社群是否可以完全享有不受伊斯蘭法治理的多數社群的公民權，並行使政治上的權利？伊斯蘭法與一般世俗民法之間的關係又該如何？文化和宗教之間的關係為何？而居住在歐洲的穆斯林，是「歐洲穆斯林」（European Muslims）還是「穆斯林在歐洲」（Muslims in Europe）？這些穆斯林面臨了宗教文化認同的困境。而文化融合的問題也深深困擾當代的穆斯林移民，他們必須對於「伊斯蘭異地異化」的危機做出兩全的解決方針。

　　當代伊斯蘭歷史乃伊斯蘭世界史的一部分，伊斯蘭的發展與過去——歷史有相當密切的關係，兩者不能完全切割。整個伊斯蘭的歷史一直持續不斷進行、變化，穆斯林社群經歷了現代快速的改變，而在宗教、政治、經濟、社會上更面臨了現代化的嚴苛挑戰。在這個快速且多元的現代世界，穆斯林與其他相關宗教如猶太教與基督宗教信仰者之間關係的改變，是一個相當重要的議題。如同已逝當代巴基斯坦裔美國穆斯林自由主義思想家Fazlur Rahman，他在著作《伊斯蘭與現代性》（*Islam and Modernity*）中揭示：「現代伊斯蘭需要一些一流的天才將舊有的本質做出新的詮釋，並讓新的事物融合到過去的理想典範中。」同樣地，哈濟生的傳世之作《伊斯蘭文明》對伊斯蘭文明的發展提出了承先啟後的新詮釋，他是西方伊斯蘭研究中的天才。他的英文書寫艱深難懂，若要翻譯成中文，對非專業翻譯者而言，是一項大挑戰。放眼華人世界，能夠將《伊斯蘭文明》這一部經典作翻譯成流暢可讀中文者寥寥可數。臺灣商務印書館完成了這項挑戰，順利翻譯出版這一套書，其譯者、編輯都是有伊斯蘭歷史概念的年輕人，他們的投入值得肯定與讚賞。華人世界的伊斯蘭研究經由這套書的出版，踏出了一大步，al-Hamdulillahi！

目次

LIST OF CHARTS

LIST OF MAPS

BOOK FIVE
二次繁盛：火藥帝國時期
Second Flowering:
The Empires of Gunpowder Times

所有事情的結果都應該會影響手段；

既然政府是整體中好的部分，那親王的目標就應該達到同樣的標準。

——威廉・佩恩（Wm. Penn）

對我們來說，西元1500年之後的三個世紀尤其重要，因為這三個世紀是我們的時代成形的背景。現代的伊斯蘭世界（Islamdom）也在這幾世紀之間發展成熟。此外，伊斯蘭世界不僅在西方文明之外佔有一席之地，還曾經扮演過主導世界的角色，後來才被西方取代。如果說，曾有一社會包含了基督教徒、印度教徒、佛教徒，隨後由穆斯林統治、主導，那就是現今世界「發展中」的「伊斯蘭－亞洲」（Islamo-Asian）區塊逐漸成形的主要背景。除了中國及其鄰近國家之外，絕大部分低度開發（low-investment）的東半球區域，或多或少都有伊斯蘭的背景；而且，就是在這幾個世紀之間，形成了現在的伊斯蘭世界。

這幾個世紀之所以重要，有個較為主要的原因，就是讓我們能夠更加瞭解，在中期（Middle Periods）所發展的伊斯蘭文明（Islamicate civilization）的潛力與侷限。在中前期，伊斯蘭法（Shar'î）的意識（conscience）以及蘇非主義（Sûfism），似乎已然形成一種社會型態，成為這個正在發展（且廣大）的社會生活之最基本的條件，並且透過傳統精神的成功持續下去。儘管在中後期，這個社會內部的矛盾造成分裂，但保守精神沒有再受到質疑。此精神成為穆斯林個體要努力前進的目標，同時也必須找到表現穆斯林意識的方式。

同時，在哈里發盛期政權（High Caliphal State）瓦解之後，其社會與文化模式在蒙古統治時期，卻呈現僵滯的狀態。當早期文化創造的架構成形之後，保守精神似乎壓制了任何可能發展的創造力；在藝術、甚至是學術研究，穆斯林可能會受制於伊斯蘭法精神的意識型態，而停滯不前。更加嚴重的情況會是，讓穆斯林缺乏能力花時間去建立合法正當的政府。真正的合法性不能脫離伊斯蘭法，而且與幾乎

是反政治的社會秩序有所關聯，對伊斯蘭法本身而言，政治領袖與其軍隊可謂是入侵者。特別是在乾旱帶（Arid Zone）的資源消耗所造成的基礎經濟問題，可能加重了建立合法正當政府的困難。

新時代不需要破壞保守精神，就找到了答案以解決僵局。不過，這些答案並不完美，與此同時，人類歷史最偉大的時期之一卻從保守精神之中綻放出來。十六世紀初期，在穆斯林之間，政治勢力的大重整提供廣泛的政治以及文化復興的機會。這次重整幾乎在每個地方都留下重要的文化影響，而且對往後兩、三個世紀的發展具有決定性的影響力。有些伊斯蘭社會（Islamicate society）中最重要的長期發展趨勢被翻轉了，而政治與文化生活明顯復甦。從那些關注專制政府及其上層文化的人們的角度來看，伊斯蘭世界似乎終於掌有自我意識。

但是，就更確切的伊斯蘭認知來看，復興並沒有成功。由於不同層面的考量，保守精神帶來了更加深層且不易解決的問題。政府可能為自己編造了公民合法性（civic legitimacy），讓權力長久持續。儘管富人的文化來到盡頭，還是可能找到繁盛的途徑。但是，伊斯蘭理念不見得能夠實現。的確，伊斯蘭願景中持續不斷的壓力，帶來了新的僵局，留待新的答案。假如伊斯蘭理念要獲得實現，那就需要更多基礎的更新；無論如何，想改革或想維持現狀的人，都如此認定。

論意識與傳統

這個時代的初期相當引人注目。火藥時期（gunpowder times）的勢力重整（十六世紀初期），引入了兩股相互依存也對立的歷史潮流，有負面的，也有正面的。西元1500年，伊斯蘭世界以完整的文化與政

治秩序範圍擴展了半個地球。雖然語言、習俗、藝術傳統、甚至宗教儀式相當多元，但伊斯蘭境域（Dâr al-Islâm）的一統，比起較為地方性和短暫的特性，更具有政治意義。到了西元1550年，一股重要的潮流打擊了伊斯蘭的普世性。甚至在宗教層次上，什葉派（Shî'î）與順尼派（Jamâ'i-Sunnî）之間興起的宗教仇恨，讓穆斯林分裂。更重要的，在那區域的幾個偉大帝國正在建立不同的文化世界，切割了所謂伊斯蘭世界的中央地區——從巴爾幹（Balkans）到孟加拉（Bengal）的整個區域。至於南部海域（Southern Seas）與窩瓦河流域（Volga basin）之間，在蒙古征服之後，穆斯林一直受到異教徒威脅，他們希望能夠獲得中央地區新帝國的支持。

以正面的觀點來看，無政治性質的普世一統性逐漸衰弱之後，反而讓政府合法性的問題得到特殊的解決方式。在西元1550年之前，諸多帝國出現，使得承繼軍權勢力贊助政權（military patronage state）理念的多數伊斯蘭地區四分五裂，而這些帝國在自己的範圍內，擁有使政治合法性的方法。如果說國際的伊斯蘭（Islamicate）世界主義是在市場（Islamicate）文化的首要性下發展出來的，那麼有許多地區就是在朝廷的支持下，保障了文化自主性。事實上，這些帝國在領土範圍內，積極發展伊斯蘭世界之社會與文化，以完成新的內部整合。政府、伊斯蘭法代表以及普遍穆斯林體制的關係，有某種程度的友好關係。無論乾旱帶中部的經濟資源在先前幾個世紀如何減少，此時都已經有所彌補，普遍的伊斯蘭上層文化生活，藉由社會擴張，穆斯林的活動獲得啟蒙、也能受到保護。

也許，基於這些新的可能性來看，應該要有精神性的復興，但新秩序並沒有呼應舊伊斯蘭法的願景，連蘇非主義的願景也無法呼應。

隨著新農業帝國（agrarian empire）建立，社會流動力似乎已經降低，而且如果已經達到某種和平與安全的狀態，幾乎就不會反映出那些對於應許的末世引導者（Mahdî）為人類社會帶來公平正義的渴望。在保守主義盛行之處，需要何種因素，才能讓有意識的人們的視野發揮作用？意即，這樣的視野能夠在何處維持在人們共同期待的框架之中？在這些期待下，新的改變不受認可，而且還須面對新的、沒有前車之鑑的歷史問題。或許，意識的傳統內部陷入困境，框架限制了視野，連帶導致在轉換外在的生活與歷史的需求時，也落入僵局。

這樣的情況，我想再次強調我的探究議題之主要原則。即使在保守精神的支持之下，個人感受的反應，特別是著重於意識時，仍是歷史的終極根源之一。我們可以指出三種個別因素。首先，有些是歷史之中的偶發事件──因個人才能、自身利益或一時的念頭而成──接著又相互制衡（因此，如果有人藉著收賄而取得利益，另一個人則會藉著告密來取得利益，而另外會有人透過在聘僱人員之間消除貪污來取得利益）。接著，有些則是在歷史之中不斷累積而來，因為這些事件符合團體在經濟、藝術上，甚至是精神上的利益，但它們彼此施壓（因此，在有些情境裡，官方需求與實際行政之間的相互矛盾，賄賂變成突破僵局的另一種方式，而且大家都默許這種狀況）。然而，最後，有些則是別具歷史意義的創新行為：在團體利益的空隙間，也就是兩種相互抗衡的力量，個人的想像力也許能夠注入其他新的選擇，甚至會在最後改變了團體利益的本質。（因此當一個官員遭遇阻礙，他可能會求助於太過直言不諱而無法成為領袖、且具有理想主義的助手，不過這名助手的想像力可能會提出一種涉及其雇主的方式，甚至改造了工作模式，也不再有賄賂的需要。）

預料之外的行為在短時間內或許具有決定性，也的確充斥於歷史學者的研究之中，但在歷史的長期變化中卻會遭到忽視：遲早，單一走向的事件，都會因另一走向的事件而相互平衡。累積的行為（不包含相互抵消的行為）藉由追溯每一種利益的社會生態脈絡（在此包括過往社會事件的影響，以及現今期望之表象），都能夠為人明白；我們確實必須從利益的操弄，研究到憤世嫉俗的觀察，思索諷刺性見解所引起的利益有何作用。我所說的創新行為較不因具有相同利益的其他行為強化，而是由於開啟其他人也正面回應的嶄新可能性，才得以發揮作用；這樣的創新行為能夠因為長時間的道德意義而開始。這些行為伴隨單一基礎，而且從某種程度上來說，就是意外事件；它們至少必須要配合潛在團體的利益，否則就會沒有任何作用，但又不只是配合現存的利益模式：這不是回溯到整體生態背景，而是某些個人的自主整合推力，即固有的成長原則。這類行為難以約束，而且部分歷史學家對於認真看待這些行為躊躇不前。甚至在穆罕默德的一生中，一旦無關緊要的機會與突發奇想產生作用，就會傾向減低累積的歷史利益，在他意識之中運作的創造力（可能就是「真主」？）就會無法留下印象。

　　特別在本冊所要研究的時期，嚴格意義上的創新行為變得難以察覺。它們遭到掩蓋甚至消除，因為先是來自保守精神的壓力；接著是龐大的外在壓力，幾乎讓整個文明崩解；到了接近現代的時期，連續不斷的事件似乎匯集了各類可預測的正反立場。不過即使如此，我非常確信個別創新的意識仍然發揮了作用。

　　伊斯蘭宗教（還有伊斯蘭世界的社會命運）最顯著的希望可以在什葉派之中感受得到。在與以往同樣偉大的勢力重整時代，蓬勃發展

的什葉運動滿懷千年至福的盼望。在尼羅河（Nile）與烏滸河（Oxus）之間的舊伊斯蘭地區中心，這樣的運動發展相當蓬勃；不過，什葉帝國沒有隨著這樣的氛圍而成長，反而變得更傾向伊斯蘭法主義（Sharî'ah-minded），雖然有輝煌的歷史，卻留給其人民幾近腐敗的社會，到處都是窮困與不公不義。

　　西至以歐洲為基地的歐斯曼帝國（Ottoman empire），東至印度帖木兒帝國（Indic Tîmûrî empire），在這兩者之間，伊斯蘭有了較為嶄新的基礎，統治著穆斯林並非多數的人口。什葉伊斯蘭（Shî'ism）所扮演的角色在此較無足輕重，而伊斯蘭認知的希望以其他的方式繼續發展。比起什葉，哲學（Falsafah）有很好的發展機會：在墨守成規的農業帝國之中，穩定與繁榮的希望多數都獲得實現，而在這個時期，有些地方的穆斯林哲學與蘇非主義統合，似乎限縮了伊斯蘭特定的視野，藉著在廣泛哲學觀裡只佔一小部分的方式，來獲得認可。最能把希望付諸實踐的是印度（India）的阿克巴爾（Akbar）國王及其繼承人，雖然他們在其他兩個帝國裡並非扮演著重要角色；但是，哲學化（Falsafized）的伊斯蘭確實無法維持更具體的伊斯蘭動力，而遭到多數穆斯林反對。歐斯曼帝國則因為順尼派的伊斯蘭法主義（Shari'ah-mindedness）（同樣不完全脫離哲學的影響）而有了機會，似乎能夠取得在阿巴斯哈里發瑪蒙（al-Ma'mun）時期沒能獲得的政治地位；歐斯曼帝國幾乎快要成功，但卻以中央軍事力量為代價，這似乎是獲得這種地位的前提。在不同的情況之下，宗教的社群主義（religious communalism）不僅影響力有限，作用也大為減退。這兩個帝國在穆斯林統治的新領土裡，無能整合穆斯林以外的人口，部分只是因為有意識的人抱持的期望所採用的形式，同時也導致了一場有如薩法維帝

國（Safavî empire）時期一樣的道德僵局。

在三個區域中建立的強大政治勢力，是自阿巴斯古典時期（classical 'Abbasî times）之後，前所未有的凝聚力與延續力，而且有一段時間裡，還取得前所未有的繁榮與強盛；整體來說，伊斯蘭世界握有的政治權力達到高峰。但最後，當偉大帝國機制衰弱，也就是中央權力衰微之後，每一個農業官僚體制政府，似乎都存在積累已久的問題；甚至不能像古代薩珊帝國（Sâsânian empire）一樣長久維持。到了十八世紀，每一個帝國都處於解體的狀態，而不再強盛，甚至美學與知識的表現都在各地消逝。一部分要歸因於外力，但社會上卻鮮少反抗外力。在十八世紀末，這些外在力量中斷了這特殊時期的發展；但可質疑的是，雖然這個時期是偉大繁盛的時代之一，延續下來的僵局卻未曾解決。[1]

這時期的尾聲與其開端相同，都引人注目，這同時也代表了包含自蘇美人（Sumerian）以來盛行的農業（agrarianate）條件中，任何精神方面進一步的復興機會跟著消亡。在這個時代的後期，新世界的勢力已經逐漸興起。十八世紀末，在整個伊斯蘭世界裡，基督教歐洲民族相當意外地幾乎成為關鍵性的政治、經濟及文化勢力。但這不只是在過去伊斯蘭世界擴張時期，一民族優於另一民族、一文化優於另一文化，這種經常出現的現象。在引進現代技術的新型投資之下，此時的世界正在面對著歷史生活的新層次，已經改變了所有文化與宗教的基本條件，包括西方自身的文化和宗教。任何進一步的革新，必須建

---

[1] 我的文章 'The Unity of Later Islamic History', *Journal of World History*, 5 (1960), 879－914，簡述了一些本書延伸討論的觀點。很可惜，這篇文章低估了穆斯林晚期的成就，也高估了在這時期充滿「活力」的西方所出現的偉大技術轉型。

立在徹底不同的基礎上。

對抗西方

伊斯蘭世界的歷史沒有任何一個時期是如此鮮明，因為幾個偉大的帝國在這期間成為世界歷史的主角。關於這一點，它們可被視為世界歷史的縮影：所有影響世界史的重大事件，也普遍影響這個世界；所有在理解每一時期的世界歷史時面臨的問題，在理解伊斯蘭世界的歷史時也會遭遇同樣的問題。可再指出的是，伊朗一閃族（Irano-Semitic）歷史不單單只是一種典型，還主宰了非常中心的地位。然而，到了這個時期，伊斯蘭世界的擴張範圍已經相當廣大，雖然穆斯林人口還不到世界的五分之一，但穆斯林以廣泛、有策略的方式，與社會緊密連結，某種程度上已經囊括了多數城市的人口；「縮影」一詞不再適用於伊斯蘭世界。世界史與伊斯蘭歷史（Islamicate history）變得難以區隔。（因此，從全球的角度來看，我們會發現若要理解現代技術時代〔Technical Age〕的出現與意義，伊斯蘭世界會是具有啟發性的出發點。）

伊斯蘭（Islamicate）與世界歷史十分相像，這一點從伊斯蘭世界分割成幾個獨立區域的傾向可見一斑——印度、尼羅河至烏滸河區域、（東）歐洲，更廣泛的可包括歐亞草原（Eurasian steppe）中部、薩哈拉以南的黑色人種地區（sub-Saharan Sudan）、遠東南亞區（Far Southeast Asia）。每一區域都試圖發展出各自的伊斯蘭生活形態，並在歐亞非舊世界（Afro-Eurasian Oikoumene）擁有自己的歷史地位以及當地傳統。可以說，歐亞非舊世界與其歷史仍保有舊有連結，現在則

在伊斯蘭的保護下再次表現自己。這是瞭解新區域帝國相對自給自足的方式之一。

　　但是，如同我們所知，有兩個主要歐亞非舊世界的區域不在伊斯蘭掌控之下；其一是西方，在這時期的世界中逐漸扮演特別重要的角色——廣義來看，此時的「世界」就是伊斯蘭世界。伊斯蘭世界對於西方人在都市地區所扮演新角色的反應，不單單只是都市化世界如何反應的一個例子，而是佔了這類反應最主要的部分。對西方人來說，要在外在世界發展，從摩洛哥（Morroco）到菲律賓（Philippines）與中國（China）港口，都得面對內部的「突厥」（Turk）威脅與外界「摩爾人」（Moors）的競爭。相對的，穆斯林在文明世界建立勢力範圍之際，總是輕蔑西方人，他們多半對西方一無所知，開始在任何地區（如同以往，不僅侷限於地中海）把歐洲基督教徒，特別是西歐人，當作單一對象來處理；有時當作敵人，有時是貿易條約簽署的對象，或是藝術成就的競爭對手，但無論如何都僅僅將他們視為主要人類區塊的其中一個部分。

　　在十六世紀，當歐洲人整體而言還不是伊斯蘭世界拓展勢力的強大威脅時，西方在文藝復興（Renaissance）的全盛時期，其實已經產生了深遠的影響。首先，這讓西方人走向世界各地。雖然他們到達了多數的新地區，可是沒有深入內陸（在這時期，西方人在海上有所斬獲，但在陸地沒有特別的優勢），儘管如此，歐洲人仍快速地建立新的海上航行路線，對他們來說，以尼羅河至烏滸河為中心的歐亞非舊世界已經不再是地理的限制與阻礙。這些新的路線帶領他們進入南部海域，無須經由紅海（Red Sea）或是幼發拉底河（Euphrates），他們甚至能夠藉著向西航行，以及穿過或經過整個新的大陸，到達南部海

域的東部。可能更重要的是，從新發現的土地，他們為歐洲還有歐亞非舊世界的其餘地區帶來了新的植物，甚至是動物，有些已經改變許多地區的經濟狀況；經濟方面，比起受歡迎的煙草，玉蜀黍更加重要，因為它是非常有效益的飼料作物。此外，西方人帶來大量的金與銀，重挫整個歐亞非舊世界的貨幣結構。最後，他們引入歐亞非舊世界商業活動的貴重金屬，雖然沒有比在幾世紀之前帶進中國的還要有價值，但是（或許因為比起中國人，西方人早已與其他歐亞非舊世界的經濟緊密聯繫）他們以較為突然且直接的方式引入貴重金屬，有時候會帶來破壞性的結果，以維持固定收益。

不過，西方的新興活動仍可能會讓伊斯蘭世界的社會平衡有所改變，不能排除這種可能性；可以看到，十六世紀新的區域帝國興起，帶有傾向農業及獨裁的色彩。在發展完善的社會平衡中，微小的轉變反而比較能夠促成大量的新變化。然而，內部的論證可能更容易勾勒、假設，外來壓力至多也只有補充作用。甚至在十七世紀末期以來可見的改變裡（改造後的西方角色愈顯重要），一段具有伊斯蘭歷史（Islamicate history）根源的演變也會被用來解釋所發生的事件。

的確，十六世紀時，穆斯林鮮少注意新的西方活動對他們有沒有造成影響。比起西方，穆斯林比較不看重勢力競爭。但是至少有些人知道，在那之前，中國朝廷內沒有任何天文學家能與穆斯林天文學家匹敵，而與現在突然強盛的西方，則能夠達到相同、甚至更好的成就；有些人也知道，在此之前，如果藝術家期望外來刺激，那就要在中國尋找，現在則是新的西方繪畫風格，同時吸引也困擾著最有洞察力的穆斯林贊助者的品味。

隨後，十六世紀末以來，西方逐漸從主要競爭對手，成長茁壯為

世界霸權，削弱了伊斯蘭世界的力量。我們應該要瞭解西方後來如何發展。同時，我們必須注意，如果在這時期興起的偉大帝國，在最後證實無能解決農業層次（agrarianate-level）社會的基本問題，而且無法滿足伊斯蘭的意識，那麼他們面對的就不只是內部的僵局；這世界（特別是伊斯蘭世界）正在逐漸面對著劇烈的新變局，不單只是要減少民族的衝突，還要處理他們與新西方的關係；這樣的情況，沒有農業社會（agrarianate society）可以再對其農業（agrarianate）困境袖手旁觀。

強盛繁榮的兩種形式

然而，伊斯蘭（Islamicate）復興並不適合從積極的伊斯蘭認知抱負心旺盛的視角，或者世界史史學家的回溯觀點來看，在它的背景下，十六、十七世紀是伊斯蘭世界最偉大的歷史之一。那個時代的藝術、哲學、社會權力與創造力，能夠在阿格拉（Agra）泰姬瑪哈陵（Tâj Maḥall）的寬闊、純潔與前所未有的壯麗中具體呈現。某種程度來說，那個時期相當偉大興盛。

不過，這並非所有傳統都遭到質疑的時期，當舊傳統融合、重置於新的面貌之後，所有事物都會經過再次發掘與重建的過程。的確，非常少伊斯蘭傳統歷經劇烈形塑。偉大的人物與事件產生於十六與十七世紀穆斯林的強盛時期，如同過去世世代代的情形；穆斯林處於文明的中心，重建了伊斯蘭的最初時代。在這個時期，保守精神一如中世紀晚期以來，沒有受到直接的質疑；這個繁盛時期具有已然建立的傳統，比較像是趨近完美，而非從頭開始。這樣的繁盛，展現了不

同的面貌，例如盛期的哈里發時代，或者是更大範圍的西方文藝復興，創造的新途徑已然出現，原有特性也有意識地創新，甚至是劇烈變革，並且在一段時間內，農業層次（agrarianate-level）社會中的一般保守精神逐漸消逝。

如果這是一段繁盛時期，也很古怪地是一段我們很難欣賞的時期。這時代的輝煌相當顯著，如果沒有被十八世紀的衰微以及後續的災難所蒙蔽，可能會更加明顯，那些災難讓穆斯林與西方人都同樣以懷疑的態度，看待所有可能要發生的事情。然而，當更加靠近這個時代時，卻或多或少難以有所接觸，這不完全是因為後續的混亂。這個時期的詩歌遭到多數現代人忽略，哲學也無法倖免；甚至繪畫也是如此，儘管還是值得欣賞，但不似帖木兒帝國時期來得受到注意。在這三個帝國非常複雜的平衡之中，我們對其社會結構的瞭解還只在初始階段。甚至必然會令人驚奇的穆斯林政府的軍事力量，有時候就像一種奇蹟，而可能會被解釋為肇因於前遊牧民族的野蠻人的原始殘酷，或是起因於一系列天才意外的誕生。

我們可能會說，這繁榮強盛並非如同我們以往所見的一種開創，而是文化長期成熟發展的累積。這與開啟「新」道路無關，詩歌（舉例來說）有其悠久的歷史，來增添其複雜性與精細，而使詩歌成為精緻又準確的工具，新的詩歌傳統若只是依賴現下的成果，將無法達成這種成就。但這會讓詩文對於外人來說艱澀難懂，所以我假設詩歌可能已經是這時代的完整文化。一旦有人已經能夠理解某些基本知識與方法論，塔巴里（Ṭabarî）或甚至是法拉比（al-Fârâbî）也完全可以容易地讓任何讀者理解。這時期的哲學家——穆拉・薩德拉（Mullâ Sadrâ），似乎要求他的讀者要具備過去的歷史知識，否則就無法瞭解

他的重點。對此，他認為再重要也不過了。

〔序言〕表1　歐亞非舊世界（Oikoumene）的發展，
西元1500～1700年
Developments in the Oikoumene, 1500－1700 CE

年分 （西元）	歐洲	舊世界中部	遠東
1492 年	基督教徒征服格拉納達（Granada）；穆斯林與猶太人移居北非以及歐斯曼帝國；設立西班牙宗教裁判所（Spanish Inquisition）哥倫布（Columbus）航行大西洋		
1497 年	達伽瑪（Vasco da Gama）繞經非洲好望角（Cape of Good Hope），進入印度洋（Indian Ocean）		
1502 年		伊斯瑪儀國王（Shah Ismâ'îl）建立薩法維帝國，訂什葉伊斯蘭為國教	
1509 年	英蘭格亨利八世（Henry VIII）即位（在位至1547年）		

年分（西元）	歐洲	舊世界中部	遠東
1513年			葡萄牙商人抵達中國南部
1517年	宗教改革（Reformation）初期；西歐君主的政治主權鞏固；設立羅馬宗教裁判所	歐斯曼帝國擊敗傭兵政權（Mamlûk），征服埃及與敘利亞	
1519～1522年	麥哲倫（Magellan）航行全球		
1520年		蘇萊曼蘇丹（Sultan Suleymân）即位（在位至1566年），歐斯曼帝國擴張，並有明確的制度發展	
1522年		歐斯曼政權取得羅德斯島（Rhodes）	
1526年		巴布爾（Bâbur）在帕尼帕特戰役（Battle of Pânîpat）後，建立帖木兒帝國（Mughal empire）	
1529年		歐斯曼政權包圍維也納（Vienna）	

年分（西元）	歐洲	舊世界中部	遠東
1542年	葡萄牙建立第一個歐洲貿易殖民帝國		耶穌會（Jesuit）傳教士法濟・沙勿略（Francis Xavier）於印度、日本及印尼傳教
1543年		歐斯曼帝國征服匈牙利（Hungary）	
1556年		阿克巴爾即位（在位至1605年），帖木兒帝國顛峰時期	
		歐斯曼帝國與葡萄牙在印度洋展開海戰	
1566年	西班牙的菲利普二世（Philip II） 即位（至1598年）		
1570年		歐斯曼帝國取得塞普勒斯（Cyprus）	
1580年代	葡萄牙勢力在印度衰弱；英格蘭佔領西班牙與葡萄牙船艦		

年分（西元）	歐洲	舊世界中部	遠東
1587年		阿巴斯國王（Shâh 'Abbâs）即位（在位至1629年），創造薩法維帝國鼎盛時期，其首都伊斯法罕（Işfahân）壯闊雄偉	
1589年	法蘭西亨利四世（Henry IV）在位期間（至1610年）		
1590年代	荷蘭人開始加入印度貿易		
1598年			幕府將軍豐臣秀吉統一日本，驅逐基督教傳教士
1601年	荷蘭人開始奪走葡萄牙屬地		耶穌會傳教士抵達中國
1603年			德川幕府建立（至1867年），日本鎖國以阻擋外國勢力、實施海禁，且迫害當地基督教徒

年分 （西元）	歐洲	舊世界中部	遠東
1640年	普魯士的腓特烈·威廉（Friedrich Wilhelm）即位（在位至1688年）		
1644年			滿洲人征服中國，推翻明朝
1656年		科普魯律（Köprülü）的大臣們短暫復興了衰敗的歐斯曼帝國	
1659年		奧朗吉布即位（Awrangzêb，在位至1707年），最後一位強盛的蒙兀兒國王	
1661年	法西蘭的路易十四（Louis XIV）即位（在位至1715年）		
1669年		歐斯曼帝國擊敗威尼斯（Venice），取得克里特島（Crete）	

年分 （西元）	歐洲	舊世界中部	遠東
1681年		歐斯曼帝國將基輔（Kiev）割讓給俄羅斯（Russia）	
1683年		歐斯曼帝國第二次進軍維也納，但戰敗	
1688年	光榮革命（Glorious Revolution），英格蘭走上國會主義之路		
1689年			尼布楚條約（Treaty of Nerchinsk）穩定俄中貿易
1699年		卡爾洛夫奇條約（Treaty of Carlo-wicz），歐斯曼帝國第一次外交挫敗，匈牙利割讓給奧地利（Austria）	

〔序言〕表2　中土之外的伊斯蘭，西元1500～1698年
Islam beyond the Heartlands, 1500－1698

年分（西元）	歷史概況
1500～1722年	三個強盛的帝國，歐斯曼、薩法維、印度的帖木兒後裔（蒙兀兒），主宰伊斯蘭世界的中土；宗教、文化、經濟在這些政權中成形；這三個帝國的周邊地區呈現了各自獨特的伊斯蘭面貌（詳見三個主要帝國的詳細列表）。
1498～1538年	葡萄牙建立了印度洋的海洋貿易主導權（1498年，達伽瑪抵達印度；1509年，葡萄牙在古嘉拉特〔Gujarât〕擊敗迪烏〔Diu〕的埃及傭兵政權；1538年，葡萄牙擊敗歐斯曼—古嘉拉特勢力）。
1500～1510年	西伯利亞蒙古汗（khân of Siberian Mongol）穆罕默德‧謝班尼（Muḥammad Shaybânî），擊敗帖木兒殘餘勢力，並在河中地區（Transoxania）建立烏茲別克（Özbeg）政權，時值順尼派發展與文化停滯。
1511～1610年	五個薩俄迪（Sa'dî）的貴族（sharîf），在摩洛哥（Morocco）建立阿里後裔（'Alid）政權；先是抵抗葡萄牙人入侵，於1544年在征服馬林朝（Marînids）之後，取得統治地位，最終擴張摩洛哥勢力，直達西非。
1500～1591年	桑海帝國（Songhai empire）取代馬利（Mali），成為尼日河流域的蘇丹地區（Niger-Sudan）的主要勢力。
1517～1801年	豪薩聯邦（Hausa confederation）在尼日（Niger）東部取得主導地位。

1507～1522年	蘇丹阿里‧穆卡亞特國王（'Alî Mughayat Shâh）在北蘇門答臘（Sumatra）建立亞齊王國（Acheh kingdom）。
1518年	位於東爪哇（Java）的印度教滿者伯夷王國（Hindu Majapahit kingdom）滅亡，為穆斯林勢力取代。
1484～1526年	印度德干高原（Deccan of India）五強爭霸，取代巴赫曼朝（Bahmanids），其中比賈普爾（Bîjâpûr）改宗什葉派。
1552～1556年	俄羅斯人征服伏爾加（Volga）的喀山（Kazan）與阿斯特拉罕（Astrakhan）汗國。
1565年	穆斯林德干的朝代統一了印度南部，推翻印度的毗奢耶那伽羅王國（kingdom of Vijayanagar），也就是舊印度文化的最後堡壘。
1591～1780年	廷巴克圖（Timbuctu）遭摩洛哥征服（直到1612年），在阿拉伯總督（Arab pasha）統治下，不再繁盛，知識水準低落。
1609～1687年	位於比賈普爾（Bîjâpûr）的阿迪勒‧夏希朝（'Adil-Shâhî dynasty）與位於戈爾康達（Golkondâ）的庫特卜‧夏希朝（Quṭb-shâhî dynasty），在其他德干王國衰弱之後，在南印度四分五裂，直到蒙兀兒人征服；烏爾都（Urdu）文學興起。
1698年	穆薩特（Musat）的出走派（Khârijî）蘇丹政權復興勢力，將葡萄牙人從東非主要的貿易中心尚西巴（Zanzibar）驅逐出去。

第一章

薩法維帝國：什葉派的勝利

1503 – 1722 CE

在伊斯蘭中後期，伊斯蘭法與統領（amîr）主導了個人契約與保護關係沒有特定形式的政治網絡，創造出政治契機，發源自蒙古偉大成就的軍權贊助國家便開始利用這些機會。蒙古帝國的觀念在中國並無發展前途，但卻在伊斯蘭世界找到完善的發展空間。火藥武器與專業化技術在取得了軍事武力的重要地位之後，才發展成熟，進而創造偉大且穩定的官僚體制帝國。大約在西元1450年到1550年之間，出現這種情況。這些新的帝國承接著某種程度的蒙古傳統的背景（甚至歐斯曼突厥人建國之初，蒙古仍是他們的最高統治者），在新帝國的制度中，也有相當程度的相似處。

但是，這些帝國不只是軍權贊助政府發展而來。從某方面來說，他們標示著伊斯蘭世界理念與農業優先的復興現象，特別是專制獨裁理念，還有穩定的階級區隔，對立著由伊斯蘭法具體呈現的普世平等主義（egalitarianism），以及統領之間模糊不清的政治秩序。這樣的對立就表示出政權偏好的微小變化，即使統領政權向來以農業為主，其實已經有所改變。位於歐洲的歐斯曼帝國以及位於印度的印度帖木兒帝國（蒙兀兒帝國）[1]，穩定的農業型態是自然形成的；但是在中土的帝國，如薩法維帝國，雖然薩瓦德地區（Sawâd）不再有經濟重要性（伊拉克自古以來就是重要的聖地，農業生產反而比較不為人知），但在伊朗高原上已經有相當優異的灌溉工程。然而，這一點多半只是推測。關於薩法維帝國的經濟與社會歷史，幾乎沒有人涉獵。

在舊伊斯蘭中土，一連串的事件發生之後，其改變自然而然相當

---

* 1　編註：印度帖木兒帝國即蒙兀兒帝國，關於兩個名稱意義上的差異，請見第二章註2（第91頁）。

引人注目。最受關注的就是薩法維帝國興起，及其在伊斯蘭中土強置的什葉伊斯蘭。然而，這個帝國興起包括了一連串的事件，還有一些受到薩法維運動的影響，例如：歐斯曼政權擴大成主要的帝國、北印度的帖木兒帝國建立、烏茲別克（Özbeg）汗國征服烏滸河流域，還有距離更遠的，如俄羅斯人佔領伏爾加地區（Volga region）、葡萄牙侵入南部海域，以及摩洛哥的阿里後裔政府（'Alid government）復興且橫跨了撒哈拉沙漠（Sahara）。這些改變累積到最後的結果，就是政治勢力重新整合。

火藥時代的勢力重整：葡萄牙人

在伊斯蘭中後期，火藥用於許多不同的目的，軍事是其中之一，特別在東半球。幾個世代以來，軍事用途幾乎在各地都有進展。原本是以引爆火藥發出的聲響來威嚇眾人（這可能是最初的用途），後來則是轉用於推動飛彈；十五世紀時，至少在穆斯林的地區與基督教徒的歐洲，用來破壞城牆的老式圍城機械工具，逐漸為火藥所取代。大約西元1450年時，東歐的歐斯曼突厥人與西歐人同時把大砲作為攻城的重要武器，能快速擊潰孤立無援的堡壘。大砲也很快地變成戰爭的主要武器；同時，在西歐，步兵可以隨身攜帶的手槍持續發展至該世紀結束，讓步兵在陸軍的地位更加提升。手槍部隊似乎是歐洲特殊發展的產物，他們在穆斯林與基督教徒的歐洲早已扮演重要角色，也逐漸在伊斯蘭世界發展。而在整個伊斯蘭境域，攻城指揮與砲兵部隊變成具有政治性的致命意義。

火藥的軍事用途有不同形式（新式武器基本上都是如此），需要

配合現代以前的軍隊重新整頓；此外，火藥在軍事的運用會導致依賴軍事組織的社會型態的任何組成要素受到質疑。這不見得代表舊的軍事形式會被新的形式取代，而其意義是，舊制兵團若想要維持既有的特殊角色，在許多方面會遭受來自新制兵團的壓力；而且，採用新式武器，會讓這樣的拉扯更加劇烈。[2] 此外，武器變革的意涵不會完全侷限於軍事組織。昂貴的大砲費用與脆弱的石材堡壘，逐漸讓組織完善、有能力購買大砲的中央政府，比起地方軍團愈來愈具優勢（但無可否認，並不總是決定性的優勢）。至少，火藥武器似乎從一開始就必然代表了持續發展的新技術；十三世紀的中國就是如此，軍事發明有前所未有的成果。那些具備優越條件的政府便能夠負擔得起最新的革新技術。（這預示了技術專業化的特色，隨後和現代性有所區隔。）對於擁有豐富資源的統治者來說，依靠這樣的優勢，讓他們更有可能改變政治局勢。

　　無庸置疑，火藥不是西元 1450 年以來三個世代之間，重整政治與社會，以至於文化的重要因素，但火藥扮演了最特殊的角色，或許還是那些世代最容易辨別的唯一契機。或許同樣重要的是，在整個伊斯蘭世界，乾旱帶中部的舊伊斯蘭地區與新興區域之間的平衡出現長期的轉變；新興地區通常是比較穩定發展的農業區，在整體伊斯蘭社會中相當顯著，甚至與尼羅河到烏滸河之間農業文化繁盛的長期衰退形

2　這問題早先出現於埃及與敘利亞的傭兵政權（Mamlûk state），David Ayalon 在 *Gunpowder and Firearms in the Mamluk Kingdom: A Challenge to a Mediaeval Society* (London, 1956) 一書中有相當精采的討論。自從傭兵的統治權擴大成為實際的軍事寡頭政權之後，掌政的蘇丹雖理解槍砲的重要性，卻比其他統治者更難引進火藥武器，於是在缺乏支持的情況下，被迫把槍砲移交給次要的軍團。

成對比。我們也不能忽視一些特定的事件，像是葡萄牙干預印度洋貿易，還有莫斯科大公國（Muscovite）的俄羅斯勢力。不過，火藥技術在葡萄牙與莫斯科大公國的發展中，都佔有一席之地。蘇非組織的什葉伊斯蘭（ṭarîqah Shî'ism）在突厥部族中快速發展，可能是中後期伊斯蘭世界政治困境的一種反應。不過，我們對於在火藥發展成為伊斯蘭社會（Islamicate society）重要軍事力量之前的背景則無法全然理解。

有些發展的成果顯而易見。我先前已經提及在北非（Maghrib）[3]與黑色人種地區（Sûdânic lands）西部一帶的新興局勢，可以看出火藥在建立帝國的過程中所扮演的新角色。葡萄牙人與卡斯蒂利亞人（Castillian）進入西班牙，跨過北非（Maghrib）海岸，改變了該地區的政治環境，此後，該地區不再由境內柏柏人（Berber）所建立的政權來統治，反而受控於城市代理人及其軍隊。大部分北非地區（Maghrib）因為受到港口利益的影響，當地政權求助於歐斯曼人。但是北非（Maghrib）西部地區的摩洛哥，因為特別重視農業且在內陸有重要城市，故較傾向以個別對應的方式去面對葡萄牙帶來的衝擊。北非（Maghrib）的貴族（sharîf）們（先知穆罕默德的後代，更特指伊德里斯家族〔Idrîsids〕，在這個家族統治時期的摩洛哥首度取得獨立性，對抗新興阿巴斯家族〔'Abbâsids〕的勢力），早就在城市之間宣稱自己是伊斯蘭的信仰代表，具虔誠性道團之間的競爭對立也在部族間擴大。在貴族家族的領導之下，摩洛哥人召集他們的軍力，從沿海

---

* 3　編註：「Maghrib」意為「西方」，指的是西伊斯蘭世界，也就是今日埃及以西的北非地區，包括利比亞、突尼西亞、阿爾及利亞、摩洛哥等國。在翻譯時為求文意通順，視情況改譯為「北非」，並標註（Maghrib）。

岸邊驅逐葡萄牙人，意外阻擋了歐斯曼人企圖建立的霸權。接著，新的「貴族統治帝國」（Sharîfian empire），在領土內整軍經武，穿越撒哈拉沙漠、直入黑色人種地區，在這前所未有的征途之中（西元1591年）奠定了擴張的力量，火藥武器在此時造成重大破壞。這場征戰導致廷巴克圖（Timbuctu）變成廢墟。然而，貴族統治帝國的經濟基礎被隔離在大西洋（Atlantic）與撒哈拉沙漠之間，不再能夠維持自身勢力、另起征戰。大西洋對幾內亞（Guinea）的貿易由葡萄牙人主導，逐漸與撒哈拉以南的區域競爭。黑色人種地區則有自己的方式，形成持續具有破壞性的新軍事力量，而摩洛哥再度恢復必須謹慎守護的獨立狀態。

　　新時期影響較深的結果（特別是葡萄牙的衝擊）就是在南部海域的勢力重整。儘管葡萄牙人的擴張成效未能持久，仍相當成功。在十五世紀間，葡萄牙人不只是開啟了幾內亞海岸的貿易，還沿著西非海岸推進到剛果（Congo）南部。在西元1498年，達伽瑪（Vasco da Gama）航行繞過非洲南部海岸，把葡萄牙的貿易航線從非洲東部海岸連結到阿拉伯地區的貿易航線；這也讓葡萄牙人加入所有南部海域的貿易活動，南方海域的貿易早已連結了東非海岸。自西元1501年起，葡萄牙的基督教徒在印度洋重挫了穆斯林的貿易。或者比較實際地說，葡萄牙人想切斷紅海（Red Sea）到埃及（Egypt）、地中海（Mediterranean）、威尼斯（Venice，此時里斯本視之為強大的貿易對手）的航線；葡萄牙人也試圖從其他可以威嚇的船隻強取保護費。葡萄牙第一次出奇不意的攻擊頗為成功。大西洋航行已經讓葡萄牙人發展出頗具威力的船隻配備，比在印度洋海域盛行的裝備更加強大，因為在印度洋比較不需要長途航行（只有中國船隻能夠與之匹敵，中國

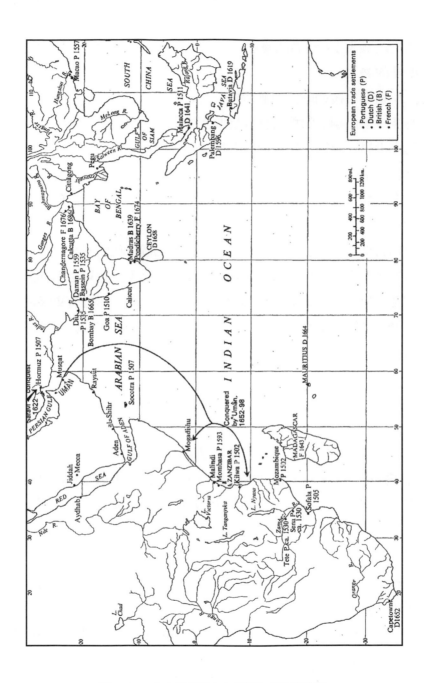

圖 1－1：十六世紀與十七世紀初葉的印度洋

甚至更為強大）。技術的優勢，再加上政府施政得當，更能夠抗衡遠在西非的勢力。

伊斯蘭中後期的情勢無助於一致的穆斯林政治行動。南部海域的貿易多少都由獨立的穆斯林貿易城市所掌控，陸地政權鞭長莫及。例如馬來世界，城鎮主要人物的「蘇丹」（sultan）實際上可能是商人，甚至能夠主控某一港口與其他港口之間的貿易。

在這樣的局勢中，葡萄牙商人如魚得水。在沒有一致的穆斯林行動的狀態下，葡萄牙人讓穆斯林頗為防範。沒有中間人的全海域航線花費相對低廉，再加上由葡萄牙人經營了三個世代的獨控權，讓他們在西方成長中的市場佔據領先地位。因此，小王國也可以有如大帝國的貿易；里斯本（Lisbon）比任何一個穆斯林港口都擁有更多的貿易資源。合作精神是共通的紀律，讓葡萄牙王國得以對商人行使權威，確保葡萄牙人繼續扮演海外的唯一強權，再經由基督教徒狂熱的推波助瀾，形成西地中海的反穆斯林十字軍運動，導致他們對於不同民族的穆斯林貿易商，帶有特別強烈的敵意。此外，他們還獲得附帶的利益。起初在有些情況裡，不只是他們的船隻設備，還有他們的大砲，似乎已經比南部海域使用的配備還要優良精進；那時南部海域的火藥已經可以從北方引進。他們在西非的基地就像強大穆斯林陸地帝國一樣難以觸及，內陸強權也無法與以海事為基礎的葡萄牙相抗衡。總之，葡萄牙在南部海域中扮演重要的火藥帝國，就像其他陸地帝國能夠把新軍事時代中央化技術的優點，轉而運用在海洋上。

結果，葡萄牙人證明他們在海上強過任何穆斯林勢力，特別是在錫蘭（Ceylon）以西，幾個穆斯林強權一直無法持續結盟、對抗外來的侵略。在西元1508年，傭兵政權（Mamlûks）與古嘉拉特人

（Gujarâtî）合作，擊敗了葡萄牙人；但西元1509年時，在古嘉拉特的迪烏（Diu），盟軍船艦遭擊沈。之後傭兵政權在國內面臨困境，便無法再次恢復昔日輝煌盛世。到了西元1511年，葡萄牙人強化了他們在霍姆茲海峽（Hormuz，波斯灣口）、果阿（Goa，德干高原的西岸）和麻六甲（Malacca）的貿易，由麻六甲海峽進入南海（South China Sea）。西元1538年，歐斯曼帝國與古嘉拉特政權聯盟分裂，讓葡萄牙又再次取得勝利，更確立了葡萄牙的地位。

　　葡萄牙大多只擁有各地某些重要港口；無論是獨立或是臣服於陸地統治者的港口，絕大多數仍由穆斯林（或印度人）掌控。穆斯林、印度人和中國人依然保有重要的貿易地位，但在某些時候，葡萄牙人還是有能力維持長距離貿易，不受歐洲出口競爭的壓力，特別是遭到驟然切斷的紅海到埃及之貿易。（有些貿易活動似乎轉移到波斯灣與陸地路線，不過紅海貿易在該世紀內已經恢復生氣。）若這只是短暫的情況，南部海域的穆斯林政權與商貿受到嚴峻打擊，特別是埃及與一些阿拉伯城市。

　　在南部海域，葡萄牙對於伊斯蘭生活（Islamicate life）有絕對的影響力，這一點在歐洲的歷史著作中被過度誇大，主要有三個原因。第一，那時期的海洋擴張已經深深影響了西歐，歐洲人傾向視其他地區的歷史為歐洲歷史的一種因素。（此外，西方資源自然會告訴我們較多的西方歷史，而不是其他地區。）第二，荷蘭人（Dutch）、英格蘭人（English）和法蘭西人（French）的開拓，在一段時間後，確實有了顯著的重要性；而從某種程度來看，自從葡萄牙成為較為後期的運動先鋒以來，若回溯十六與十七世紀之間的發展，西方貿易商人從一開始就佔有重要地位。（火藥帝國中，如葡萄牙，當時的發展幾乎

是在一般都市社會之上，還有較為晚期才開始發展的西方海洋帝國，以快速有效的新方針為基礎，再也不需要與其他世界共享資源。以純西方觀點來看，一點也看不出火藥帝國與隨後的西方兩者之間，在世界歷史角色有何種差異。）最後，這種對穆斯林地區的影響似乎在最接近西方的東地中海地區最為明顯，許多西方學者都認為，其原因眾所皆知，那就是進逼整個伊斯蘭世界的意圖。[4]

勢力重整：內陸帝國（西元1498～1526年）

此時，具決定性的一系列事件源自軍事發展的轉捩點，讓內陸帝國擁有勢力重整的新希望。十五世紀間，突厥人的什葉伊斯蘭已經蓬勃發展，許多道團在亞塞拜然（Azerbaijan）與安那托利亞（Anatolia）一帶，開啟了當時吸引眾多穆斯林的運動，比葡萄牙政變還要引人注目。阿爾達比勒（Ardabil）的薩法維道團領袖們與各地的什葉穆斯林建立友好關係，特別是在突厥游牧部族，而且在戰士（ghâzî）對外的征戰中，這些領袖引導他們對抗信仰基督教的喬治亞人（Georgian）

4　Bernard H. M. Vlekke在 *Nusantara: A History of Indonesia* (rev. ed., The Hague, 1959), chap. IV. 中約略提及，葡萄牙人在馬來西亞沒有達成他們的目標。關於十六世紀穆斯林貿易持續的重要性，可參見Hendrik Dunlop在 *Bronnert de geschiedens der Oostindische compagnie in Perzië* (s' Gravenhage, 1930) 的導論。然而，Jacob C. van Leur 針對前者的十六世紀南部海域的觀點，提出修正，可參見 *Indonesian Trade and Society* (The Hague, 1955)。M. A. P. Meilink-Roelofsz, *Asian Trade and European Influence in the Indonesian Archipelago between 1500 and about 1630* (The Hague, 1962)，已經有所修正，但沒有完全推翻他的結論。

與高加索區域的切爾克斯人（Circassian）。他們也已經與該區域最強大的氏族對手——白羊汗國（Aḳ-ḳoyunlu）的領袖，即主宰美索不達米亞與伊朗西部的蘇丹，做了許多溝通。西元1500年，十六歲便接任薩法維蘇非導師（pîrship）的伊斯瑪儀（Ismâ'îl），召集大批追隨者，為白羊汗國勢力殺害自己父親展開復仇；直到西元1503年，他不只控制了亞塞拜然，以塔布里茲（Tabrîz）作為首都，還拿下整個伊朗西部與兩河流域。他現在不只是道團導師，更是國王（shâh）。

伊斯瑪儀與他的追隨者懷抱著千年至福（chiliastic）的盼望。據說，他們期待伊斯瑪儀的現身能讓他們在戰役中刀槍不入。在他的臣民之間，不論突厥人、伊朗人或阿拉伯人，都被迫要遵從什葉教義：星期五的禮拜活動以什葉儀式為主，宗教人士也必須批判阿布—巴克爾（Abû-Bakr）與歐瑪爾（'Umar）僭越了阿里（'Alî）繼承穆罕默德（Muḥammad）的權力。伊斯瑪儀顯然不只希望建立什葉政權，還要徹底掃除順尼伊斯蘭社群（Jama'i-Sunnism），這樣的熱衷是以前什葉穆斯林未曾有過的。此外，他顯然希望能夠在整個伊斯蘭世界裡，把這些理想付諸實踐。直到西元1510年，伊斯瑪儀擊潰了白羊汗國政權，並殺害謝班尼汗（Shaybânî Khan），其實謝班尼汗沒多久之前，才藉著烏茲別克人的力量，統一了先前在呼羅珊（Khurâsân）的帖木兒後裔（Timurî）的勢力與烏滸河流域；因此，伊斯瑪儀取得呼羅珊及其東南方的土地，將烏茲別克人趕往烏滸河北方。（據說，伊斯瑪儀把謝班尼的骷髏頭做成金質的飲水杯。）

在歐斯曼人統治西邊的領土上，伊斯瑪儀收編了許多突厥人，因為他們紅色的黨派頭飾，而稱之為「Ḳızılbash」，即「紅頭巾人」（Red Heads）之意。西元1511年開始，他們在伊斯瑪儀的支持下興起，但

他在此也遭到阻礙；西元1512年，歐斯曼蘇丹巴耶濟德（Bâyezîd）遭到兒子塞里姆（Selîm）罷黜（歐斯曼領導人通常專制獨裁），所以塞里姆「冷酷無情」（Inexorable，或是舊譯名「the Grim」）的稱號相當適當；他血腥鎮壓什葉派勢力，出兵對抗伊斯瑪儀。伊斯瑪儀只計畫了防衛措施，他確實也沒有能力作更多的事。西元1514年，當歐斯曼人勢力進逼時，伊斯瑪儀的砲兵部署在東部。他在離塔布里茲不遠處的查爾迪蘭（Châldirân）遭到挫敗。伊斯瑪儀試圖以騎兵策略，對抗歐斯曼優越的砲兵與步兵，但力不從心。當塞里姆佔領了一部分伊斯瑪儀的領土，伊斯瑪儀不再抱有向西前進的希望。

然而，在他征服的領土裡，伊斯瑪儀強烈渴望建立什葉派政權。順尼蘇非道團因此不受重視，也失去他們的蘇非中心（khâniqâh）與宗教捐贈，順尼宗教學者都遭處決或流放。伊斯瑪儀由阿拉伯半島（Arabia）東部、敘利亞（Syria）以及其他地方，帶來什葉學者（特別是阿拉伯人），教導人民新的教義。儘管伊斯瑪儀死後（西元1524年），勢力衰弱，但建立什葉政權仍屬成功，他的政府（一般稱為「波斯帝國」）以什葉伊斯蘭的基礎，延續了超過兩個世紀，他所征服的領土也永久屬於什葉派。另一方面，在歐斯曼帝國的安那托利亞，還有烏茲別克的錫爾河（Syr）及烏滸河流域，什葉少數團體遭到迫害，成為地下團體。伊斯蘭世界現在明確地分為什葉派與順尼派，相互敵對，伊斯蘭境域的內部一統嚴重受創。

歐斯曼帝國的塞里姆蘇丹對抗伊斯瑪儀的時候，埃及的傭兵政權相當反對。西元1516年，塞里姆進軍敘利亞，再次使用大砲而得到完全的勝利（還受益於離間計）。但在此，雖然開羅（Cairo）的傭兵政權勢力與阿拉伯人奮戰到只剩下一兵一卒，歐斯曼突厥人還是長期佔

領了敘利亞（Syria）、埃及，甚至阿拉伯半島西半部。

　　在這些地區，傭兵政權已經衰微了幾個世代，其航運收入因為葡萄牙的貿易活動而減少。擁有更多資源與投資的國家成為新的勢力。比較起正在衰微的傭兵政權，勢力正在成長的歐斯曼政權，已逐漸成為海上強權，其艦隊勢力已經控制了從義大利到地中海東岸的範圍。歐斯曼人征服埃及的同時，北非（Maghrib）的海上勢力前來結盟，以對抗西班牙人。這樣的網絡讓歐斯曼帝國在一個世代的時間內，領土擴增了三倍，在整個地中海地區，讓穆斯林的力量屹立不搖三個世紀。對於安那托利亞與巴爾幹半島邊界之間的廣大範圍，歐斯曼帝國採用了非常嚴厲的制度。雖然新取得的省分距離舊省分相當遙遠，但至少最高的社會階層延續了所有民族社會與文化生活形成的重要模式。歐斯曼帝國開創了發展方針，往後統領阿拉伯人、西邊的突厥人以及鄰近地區的穆斯林。

　　與此同時，北印度的伊斯蘭世界出現新的政治勢力。新政權的建立與薩法維帝國興起有密切的關連。帖木兒帝國末期的君主巴布爾（Bâbur）阻止了烏茲別克征服烏滸河，因而享有盛名（以及眾人對他的支持），得以控制帖木兒帝國在阿富汗山區的喀布爾（Kâbul）剩餘勢力；此外，他有決心與手段，在山區建立勢力，也介入德里蘇丹政權（Delhi sultanate）混亂的政治情況，最後在北印度地區取得權力。如同伊斯瑪儀（巴布爾曾經與他結盟，對抗烏茲別克），巴布爾象徵著中期政治的分裂與危機，但他也代表著軍權贊助國家的蒙古理念，也如同伊斯瑪儀一樣，他建立的政權翻轉了過去自給自足的政治生活。在德里的洛迪朝（Lôdî dynasty），似乎沒有擺脫地方勢力過度的參與，地方強權曾經限制了先前在德里的統治者。西元1526年，在帕

尼帕特（Pânîpat），巴布爾往西北進入德里，擊敗了德里蘇丹政權陸軍（應該是拜大砲之賜），那裡也沒有足以與洛迪朝匹敵的勢力。巴布爾在德里取得王位，士氣重振。可是他在西元1530年去世；雖然他的後代子嗣努力維持政權，取得幾場勝戰，還是以失敗告終（西元1540年）。只有在西元1556年，他的子嗣在印度帝國北方取得勝利，才讓巴布爾的勢力再度凝聚。此外，儘管巴布爾（他本身是具有學養的突厥文作家）沒有奠定這個帝國發展的基礎，他所貢獻的卻是朝代的傳統，（當尊崇傳統的人士重新獲得權力後）加強了這個帝國的威望，可利用的資源也讓印度社會與西部及北部的上層文化圈間的關係更為密切。

因此，這些火藥帝國主要由三個朝代為代表。他們全都發源於十四世紀，而這樣的權力基礎根深柢固，軍事策略無可比擬。歐斯曼帝國已經擁有資源豐富的政府；薩法維帝國的權威來自龐大且好戰的道團；印度帖木兒帝國則具備帖木兒留下的優越資產。至於烏滸河北部的烏茲別克帝國歷史得回溯至花拉子模（Khwârazm）的烏茲別克政府及其承繼的蒙古特質。這些朝代在火藥時代重整勢力期間，都鞏固了帝國強權；他們不僅因為帝國的擴張與延續而聞名，其專制統治的影響力也廣為人知。他們更積極地建立軍權贊助國家，甚至連歐斯曼帝國到了十五世紀末也採用這樣的政治體制。同時，在我看來，這類政府的特徵在新的帝國之中有所革新。

到了十六世紀，新的帝國能夠在廣大的範圍裡，翻轉伊斯蘭社會（Islamicate society）中統領孤立與中立的傾向。我推測這有部分是因為順尼綜合體在中前期的發展一直以來都不穩定，在體制中的地方性發展相對較具穩定性，例如埃及與敘利亞的傭兵政權，還有什葉蘇非

的反對運動，都表現出微妙的平衡，既能夠導致過度擴張，也能造成相互對立。軍權贊助政府是對地方分權的契約性（contractualistic）社會得以利用的可能性所產生的直接反應，只要這種社會形式足夠完善，就會產生軍權贊助政府。

不過，主要的官僚體制帝國得以重建，都是受到下列趨勢的影響：不只是歐洲與印度，甚至還有（年代稍晚）在伊朗—閃族的疆域，給予更多有效的壓力。我認為有三個要素造成乾旱帶中部農業強權不穩定：農產不夠充分，使中央集權的農業強權較難以凝聚勢力；邊緣地區的耕作與農民控制的不穩定性；以及游牧勢力的潛在對手。這些條件所產生的效應，在火藥武器變成軍事重心的時期，至少有兩個方式可以局部抵消：一是加強火藥武器的技術層面，二是透過火藥使用來加以控制遠方的游牧民族。因此，地方分權、契約性、世界主義的伊斯蘭社會（Islamciate society）的部分基礎，就這樣破壞殆盡。

我先前已經提到火藥替統治者帶來的優勢以及特殊資源。直到十五世紀，當火藥變成主要的戰爭武力，新技術持續革新，便能夠決定整體的政府模式。在任何情況裡，只有中央政府財力雄厚時，才得以持續改革。即使在火藥少量使用的地方，也就是大量依賴騎兵之處，愈趨普遍的氛圍也能形塑政治期待。同時，統治階級在草原游牧區之中，逐漸開始控制緣起於城市化社會的經濟與文化習俗，因此正在降低大型草原帝國存在的可能性、削減凝聚力強盛的游牧強權最有利的資源；還可能在手槍大量使用之前，大砲給予中央權力新的優勢與延續性，得以加強他們的力量，對抗當地游牧民族。可推測的是，這樣的改變歸因於新專制主義的作用力。

要能恢復某種程度的官僚中央集權與政治穩定，典型伊斯蘭

（Islamicate）的契約性制度，若非廢除，普遍而言還是得隨著潮流改變。至少在某些區域，社會流動已經逐漸減少。歐斯曼帝國的行會可能變得比在他們興起之前的伊斯蘭世界還要強勢，且比較缺乏彈性。儘管沒有印度教的全面限制，在印度則是有許多穆斯林在種姓制度中仍然維持既有的組織。這在地方上的持續性並不令人訝異。甚至在薩法維帝國（主要在古老的伊朗—閃族區域裡），行會組織可能變得更加緊密，也絕對會逐漸依賴政府。

本書所說的「軍權贊助政府」（military patronage state）從來不會只有單一模式，但在有些時候，可以從這個時代的特別情況，看見對於這類政府的共通影響力。在伊斯蘭中後期，似乎在城市中萌芽的自治趨勢已經受到抑制；在火藥帝國時期，城市已經受到官僚體制控制。中央監督與干涉可能在歐斯曼帝國時期達到顛峰。中央政府的官僚體制原則上就是一支龐大且全面的軍隊，另一方面，其發展導致了統治家族逐漸失去重要性。普遍來說，統治家族的領袖都被賦予哈里發（caliph）的特權，但家族其餘成員鮮少能夠獨立自主，也的確會感受到中央的壓迫。這有必要在某種程度上修正權位繼承的模式。

中央權位的繼承必然與整個社會的繼承問題都有密切關係，因此最終融合了次要政府職位的繼承模式，這是支持中央政府的那些人所普遍採用的模式。至少在兩個晚期的軍權贊助政府中，當中央政權比中古時期任何政權都還要謹慎維持時，適用於伊斯蘭傳統（Islamicate tradition）的軍事繼承制度便就此建立。世襲制度（最自然的繼承選擇）遭到刻意排除——繼承應該由真主來決定，因此父親不能代表某個兒子進行干涉，也不能排除其他人的平等權利。對此，父親能夠在合法範圍裡做的事，就是在即將去世之前，給予某個兒子高於他人的

軍事優勢地位。印度的帖木兒裔君主就多次認可這個方法；甚至當帖木兒帝國的奧朗吉布（Awranzêb）表示他囑意某個兒子繼承王位時，他還是得承認其他兒子仍然擁有相同的權利取得政權。這個原則在歐斯曼帝國的世俗法（qânûn）中具體呈現。薩法維君主也承認，這原則對於其鄰國相當合適：在伊斯法罕（Iṣfahân）的王位一直保留給奧朗吉布第三個叛逆的兒子，直到他的父親去世，而這就是鬥爭變得合乎規則的時刻。（薩法維帝國似乎傾向在朝廷議會之間，進行較為平和的競爭，而在國王逝世後選出繼承人。）雖然這樣的原則有時候會導致父親所預料的競爭，但缺乏像蒙古庫里勒台大會（kuriltay）的正式選舉機制，似乎立即確立了在基本決策中的軍事角色，而且是藉著眾人的同意來維持帝國之一統，子嗣之間不會有任何分裂，如同早期軍權贊助政府的情況一樣。

在勢力重整時期發生的事件中所產生的政府型態中，最具文化意義者位於舊伊斯蘭地區，也就是肥沃月灣和伊朗高地。在此，核心的伊斯蘭（Islamicate）文化傳統有了最重大的發展；在此，新的文化盛況與過去直接連結，還開展新的發現與旅程。

薩法維政權的什葉教義基礎

一般認為在外力干擾的九百年之後，薩法維帝國重建了阿契美尼德（Achaemenids）與薩珊（Sâsânids）的舊波斯帝國傳統；或是，比較近期的觀點主張薩法維帝國代表著一個具現代意義的「波斯」（Persia）民族國家。這兩個概念都建立在有力的史實上。薩法維帝國是薩珊帝國較為恰當的繼承者，在專制體制的行政與文化理念方面都

是自古典時期阿巴斯帝國以來最合適的政權。再者，薩法維帝國政府捍衛著延續政權的主要方法，把首都設於伊朗西部高地，最少還統一了伊朗西部與亞塞拜然地區，建立了官方的什葉伊斯蘭。這些就是現代伊朗民族主義發展的基礎。

　　不過，我確信任何這種關於在薩法維帝國特別「民族」特徵的描述，主要會導致兩種主流的誤解：包含把伊斯蘭與閃族「種族」（還有地中海阿拉伯人的順尼主義）連結在一起，並認為什葉伊斯蘭與「亞利安」（Aryan）的波斯人是「對抗伊斯蘭的反應」。（因此，從阿契美尼德、薩珊、薩法維政權承繼的歷史之中，阿巴斯朝通常遭到忽略，畢竟它不屬於「波斯」。）若除去這些預設的種族立場，那些觀念就失去合理性。就像是只以類推的方式，將薩法維帝國視為復興薩珊帝國的勢力，卻沒有考慮整個伊斯蘭文明（Islamicate civilization）的內部發展，所以若要視之為現代概念的民族期盼就會犧牲一些構成現代民族國家的重要特徵，特別是那些後來確實嘗試要把波斯變成一個民族國家的人尚未面臨的問題所導致。許多人習慣講到的矛盾之處，就是「波斯」統治者伊斯瑪儀（Ismâ‘îl）以突厥文創作詩歌，但他的對手、「突厥」統治者塞里姆（Selîm）卻會以波斯文書寫。這個矛盾只是把薩法維帝國當作「波斯」的代名詞所造成的結果；其實薩法維帝國的子民包括了波斯人、突厥人和阿拉伯人。而「突厥」這個詞用於歐斯曼帝國更是錯誤的用法。帝國內，部族的通用語言是突厥語，而官方語言則是波斯語，完全不矛盾。薩法維帝國的意義在於既不是民族復興，也不是屬於民族期望。然而伊斯蘭中期政治上的地方分權瓦解，

不只發生在比較重農業的印度與歐洲，還甚至發生在乾旱帶的中心。[5]

伊斯瑪儀與其支持者，當然傾向建立更為專制的政府，而不是建立一波斯民族國家。他們所要的是一個軍權統治贊助文化形式的政府。在統治權建立時，軍官與一般民眾之間沒有明顯的區隔：雖然仍須管理軍事的土地，但整個君主的家族和整體建設都明顯是為了軍事運作。人民多數都是軍人，「持劍之人」（軍人、戰士）通常是突厥人，能夠讓原先非軍事的行政（特別是高層政策）逐漸上軌道；因為整個國家都被視為他們狹義的省分。同時，「持筆之人」（文人、宗教學者）一般來說是「塔吉克人」（Tâjîk），也就是伊朗人或阿拉伯人，

5　因為對於領土與種族有各式各樣的普遍錯誤概念，就導致了許多難以答覆的問題。一直受尊敬（可視為經典的）的歷史學家，Laurence Lockhart 在 *The Fall of the Safavi Dynasty* (Cambridge University Press, 1958), p. 67，表示薩法維帝國的「波斯人」，從薩珊時代以來，有種「可悲的墮落」，他們沒有商船，因為對大海感到恐懼（但可以看到阿拉伯人「在波斯灣兩岸」逐漸靠近大海），似乎不曾去質疑，是否說波斯語及突厥語的伊斯法罕地主，不再像其祖先一樣愛好大海、以及會說一些波斯灣沿岸的伊朗語言。所有這些無意義的話都預先設想了一些刻板印象。要矯正這樣的論述，一定要透過一連串的討論，否則所有討論都會相當粗糙。一個人一定要認同一個特定的名稱（不論是如何次要的名稱）、單一的語言、文化團體、父系種族（還有經常過多的一些模糊的單一「國家」論點）。因為，在十九世紀，波斯灣北岸是屬於（多為歐洲人的決定）「波斯」，然後不管先前的情況如何，從埃蘭（Elamites）時期以來，他們潛在都是「波斯人」；另一方面，「阿拉伯人」就帶有入侵者的意涵。然而，「波斯」不只是被假設為一永久的領土，甚至也想像他們是永久的政府；因此如果在伊拉克使用巴勒維語（Pahlavi）的政府，擁有海上權力，他們就是不怕海的「波斯人」。但以這個邏輯推斷，當然「波斯人」是父系的「種族」；現代的「波斯人」必定是薩珊朝的後代，也一定是水手的後代（當然，波斯灣的「阿拉伯人」不是）；所以，伊斯法罕的人已經「墮落」，不再愛好大海，也被「阿拉伯人」取而代之。（參見上卷第一冊第一章註18。）

應是臣服於說突厥語的「持劍之人」，一旦他們地位夠高，得以干預政策，那會讓軍事功能更加有效。甚至，伊斯蘭法官（qâdî）也遵照這樣的路線。而且一開始薩法維政府似乎不曾讓這個模式往別的方向發展。[6]

特別是沒有明確的政策，也甚至沒有實際的行政可以讓薩法維帝國一開始就符合來自各地的不同期望。雖然政治權力的平衡大轉變，接續著伊斯瑪儀國王狂熱的四處征戰，薩法維政府的出現，其基礎在表面上也相當近似黑羊汗國（Kara-koyunlu）與白羊汗國。在白羊汗國就跟薩法維帝國一樣，也有統治權力立基於來自安那托利亞與伊朗高地之間的突厥部族勢力；那是以軍事為主的導向，甚至（以黑羊汗國來說）傾向什葉伊斯蘭。

但是，這三要點，薩法維帝國每一點都明顯有不同之處。雖然奠基於突厥部族的勢力，這個政權不是只有突厥人的參與，更有不同族群的秘密結盟，某些城市人口的結合，這種貢獻主要來自於阿爾達比勒及各地薩法維人。這不是一般的部族邦聯，而是以部族聯繫的宗教團體，但同時又能為了更高的理想，擱置部族的關係。此外，薩法維帝國並不僅是強調伊斯蘭法，還要求全體人民改信什葉伊斯蘭。薩法

6　我將這有確實根據的分析歸功於 Martin Dixon，其中論據不夠確實之處則是因為我個人的無知，因為他並未出版著作。紅頭巾人敵視一名波斯人，也就是一個不是軍人出身的大臣，還有此時期在薩法維行政體制的其他趨勢，Roger M. Savory 也有進行分析；可參見：'The Principal Offices of the Ṣafavid State during the Reign of Ismāʻîl I', *BSOAS*, 23 (1960), 91－105；'The Principal Offices of the Ṣafavid State during the Reign of Ṭahmāsp I', *BSOAS*, 24 (1961)；以及 'The Significance of the Political Murder of Mîrzâ Salmân', *Islamic Studies* (Karachi), 3 (1964), 181－91。代理人（vakîl）一職，即個人代表，也是承襲之前的突厥政權而來。

維統治者藉著打擊經濟的方式，讓大多舊地方勢力分裂或衰微，同時也幫助建立新的經濟勢力，因此並不只侷限於軍事方面。薩法維帝國獨尊什葉派信仰這一點，暗指在某種程度上，大眾也同樣投入什葉派信仰；當城市的經濟型態由什葉派掌控，其他信仰群眾的投入會日漸增加，讓朝代維持長久、和平、繁盛。

起初，政府似乎難以比前朝勢力強大；但隨著時間演進，情況逐漸有所差異。他們經歷過許多困境而倖存，純粹由部族組成的軍事政權一度可能遭到破壞。這讓他們生存更長久，以至於最後，都比歐斯曼或印度帖木兒帝國來得長久，似乎以火藥軍事武力為基礎，能夠建立完善的官僚體制。

雖然從尼羅河到烏滸河之間，自西元 1500 年以來，主要的人口似乎以順尼派信仰為主（當時順尼派有強烈的效忠阿里後裔意識），十二伊瑪目派在有些區域相當強盛，特別是從蒙古統治時期什葉派蘇非勢力已經擴大。這情況在伊拉克更是明顯，在卡爾巴拉（Karbalâ）與納賈夫（Najaf）周邊，新的城市興起成為什葉穆斯林朝聖的中心，取代了庫法（Kûfah）；而像庫姆（Qum）這樣的城市，從什葉伊斯蘭初期就佔有重要地位。但此時強大的什葉派系已經出現在許多地方。例如，十五世紀重大派系鬥爭導致伊斯法罕分裂，不再是哈那菲法學派（Ḥanafîs）與夏菲儀法學派（Shâfi'îs），而是順尼派與什葉派。在這個世紀內，領導什葉派的家族似乎已經愈來愈比順尼派強勢。如同義大利（Italian）城市的教皇派（Guelph）與皇帝派（Ghibelline），世襲的合作關係一直都是存在的。儘管如此，什葉伊斯蘭似乎特別保有強烈的改革希望，也早已準備要做政治革新。舉例來說，領導伊斯法罕的什葉穆斯林家族，就有這樣的意圖，他們支持走叛亂路線的後代子

孫、對抗帖木兒帝國的夏赫魯赫（Shâhrukh），儘管動亂導致傷亡，但也代表了以後的局勢就是如此。隨後，伊斯瑪儀得到兩種什葉派的支持：部族的什葉派以及偉大城市家族的什葉派；前者不只認同蘇非主義，還時常脫離強調律法的宗教學者所設的規範；後者無疑也屬於蘇非主義，但在許多情況下，相對屬於資產階級與伊斯蘭法主義者（Sharî'ah-minded），仍有意願在這些限制之中，形成新的社會秩序。

伊斯瑪儀掌政的第一個十年地位穩定，有如「murshid-e kâmil」，即「完美的蘇非導師」，由他下屬的導師（pîr）與代理人（khalîfah）協助，突厥部族忠實的蘇非門徒也表效忠，也就是「紅頭巾人」，他們透過遵從伊斯瑪儀的軍事指揮，實踐他們的精神性原則。伊斯瑪儀屬下最主要的行政官員是他的個人代表，有如身為薩法維道團團長的伊斯瑪儀的領導地位一樣，其行政權力涵蓋整個領土。國內行政首長，在前述突厥領導人之下，向來都是文官（而且自然會任命波斯人）；但在伊斯瑪儀權力穩固之後，他選擇伊朗人作為他的個人代表，其權力不只高過行政機關，還高過門徒與他們完美蘇非導師的關係，很明顯他比較不會依賴紅頭巾統領。當這個個人代表成為對抗烏茲別克遠征隊領導人，紅頭巾領導人就對這個指揮官下達格殺令。紅頭巾人的什葉統領，還有多數來自城市、會說波斯語什葉領袖之間，其關係因此變得緊張。

伊斯瑪儀年輕的時候，成長於支持薩法維勢力的部族，身處於相當極端的什葉蘇非主義環境。他的詩歌稱頌自己作為十二伊瑪目派的後代，在當時擁有如神一般的地位；還有，他尊崇伊瑪目的方式，若以什葉穆斯林嚴謹的態度來看，會覺得他的方式太過誇張。沒有任何跡象說明，他曾經改變過他的態度；但在他晚年，特別是在西元1514

年西向擴張到查爾迪蘭之後，他與紅頭巾統領分裂，轉而信任他的文官。他於西元1524年去世之後，繼承人塔赫瑪斯普（Ṭahmâsp），只是個十歲的小孩，以至於統領仍有能力取回政府統治權；但在近十年的內鬥中，塔赫瑪斯普獲得支持，擁有一方勢力，重建他父親創始的文官權威。

塔赫瑪斯普（執政時間約為西元1533～1576年）不是一名傑出的領袖，他看似相當能幹，可是不甚積極也有些吝嗇。他很有藝術品味，積極贊助藝術，成為薩法維帝國的特色；不過，他將野蠻殘忍的傳統用於復仇的公開行動之中，這種作法在蒙古統治時期就相當盛行，甚至超越農業時代。薩法維帝國在他執政時期，不僅強大，收復失土，包括伊斯瑪儀曾統領過，但在查爾迪蘭戰役之後失去的幾個伊拉克聖城。首都也從位於亞塞拜然的塔布里茲，遷至伊朗人較多的嘎茲文（Qazvîn）。不過，薩法維帝國仍然掌控著次高加索高地（sub-Caucasian highlands）（遷都開始之地），以及影響了許多波斯語系的大半領土，包括呼羅珊。當印度的帖木兒後裔統治者胡馬雍（Humâyûn）離開德里、回到喀布爾（Kâbul），也就是他父親巴布爾（Bâbur）建立政權的地方，他發現請求塔赫瑪斯普保護相當有用，也有其必要性，甚至聲稱信奉什葉伊斯蘭。薩法維帝國無疑是三大穆斯林強權之一，遠遠強過黑羊與白羊汗國的勢力。

薩法維政權穩固，似乎頗依靠塔赫瑪斯普，權力基礎漸趨於多元。塔赫瑪斯普必定繼續依賴紅頭巾人（但現在他們請求「國王」〔pâdishâh〕支持，而不是導師），也能夠廣納新統治的什葉城市，這些城市依靠朝廷支持來保有地位（大量的順尼穆斯林遭到流放，等待著從邊界回來，至少一開始是如此）。不過，在塔赫瑪斯普執政期

間，愈來愈依賴大量的新改信者，無論是俘虜或一般人，他們來自基督教的高加索地區，這以前是伊斯瑪儀像他的先輩一樣，大舉入侵的地方。這些新的穆斯林，只對朝代勢力效忠，形成與官方部族對立的力量。

在伊斯蘭早期，各朝各代都藉著利用缺乏在地社會根源的人民，來支持他們的專制中央政權，對抗著他們原有支持者過分的要求，以建立對自己有利的支持力量。這個趨勢在大部分的穆斯林地區逐漸導致整個統治階層或多或少突厥化，因為最顯著的是軍隊成員來自歐亞草原中部的傭兵，毫無當地社會根源。但到了此時，世界歷史的樣貌已經改變。逐漸擴大的農業社會（agrarianate society）壓力，甚至影響了草原地帶。佛教徒、穆斯林、基督教徒的文化模式蓬勃發展，使歐亞中心的任何地方都已被開發建設，部族領導變成貴族階級，與城鎮的商人有了密切的利益關係，這些城鎮遠離了文明的舊中心，例如額爾齊斯河（Irtysh river）的西伯利亞（Sibir），那裡坐落著穆斯林汗國的主要領土。大草原不再是自由、未開化、用之不竭的傭兵與移居部族的來源；蒙古或前蒙古汗國都是依照他們的利益來控制大草原。至今，在較古老的穆斯林地區，突厥部族已經建立了漸漸合乎風俗習慣的地方，有他們自己的當地連結與利益，已經不再具有普遍使軍事階級突厥化的條件。相反地，十六世紀穆斯林帝國，愈來愈少同質的資源可以供給他們獨立的軍隊。雖然傭兵表面上是以突厥人為主，但早在十四世紀埃及的傭兵政權就已經從高加索地區（特別是切爾卡斯亞〔Circassia〕）徵集了新的傭兵。歐斯曼帝國找尋從基督教世界的自願改信者，也召集國內年輕的基督教徒；印度帖木兒帝國利用外國穆斯林還有本地印度人（通常沒有改信），來擴大他們的勢力基礎。

薩法維帝國在塔赫瑪斯普時期，同樣使用外於他們社會階級系統的人士；他們利用改信的基督教徒，主要是亞美尼亞人，還有改信的高加索俘虜、切爾克斯人，特別還有喬治亞人。這類的人不只是集結成軍隊，還佔有高階地位。但是，不像歐亞中心的突厥人，他們沒有一致的語言或者文化背景。他們的交集就是什葉信仰，讓他們與敵對的帝國菁英區分開來；另外還有共享的波斯文化，讓他們得以掌控自己的地盤。（從這樣看來，帝國變得更波斯了。）年輕俘虜之中最優秀的人可以接受完善的教育，包括波斯詩歌與箭術，讓他們浸淫在完整且最好的伊斯蘭文化（Islamicate culture）中。他們受繪畫教育，以發展藝術品味，持續對藝術高度價值有新的認識。

什葉優勢的影響力

　　十二伊瑪目派建立了主宰大部分伊斯蘭世界的地位，以至於在這個區域內，在上層文化與庶民文化都創造出新的重要性與虔信形式，甚至建立了什葉與順尼地區之間的某種文化隔閡。這個隔閡表現出長期以來的政治敵意，也就是薩法維帝國對抗歐斯曼帝國與烏茲別克汗國。的確，什葉伊斯蘭只有在過去才有造成衝突。可能，就是這樣的屏障，影響了薩法維帝國連同葡萄牙在南方、俄羅斯在裡海擴大貿易的同盟策略；這個策略讓歐斯曼人難以對抗基督教強權。有些在順尼派的圈子地位很高的旅人，甚至懷有遭到騷擾的憂慮，躊躇選擇要如何能安全穿過薩法維帝國領土的路線。可能更值得注意的是，什葉與順尼地區的宗教學者之間所形成的知識隔閡；因此，伊拉克的經學院（madrasah）城市納賈夫成為十二伊瑪目派最重要的知識重鎮，其與開

羅的愛智哈爾（Azhar）清真寺經學院就缺乏交流；阿拉伯半島東部的什葉穆斯林，也不與南方哈德拉毛（Ḥaḍramawt）的夏菲儀（Shâfiʿî）法學派學者來往。（然而，在印度，在具有包容度的順尼政權裡，什葉派與順尼派還能夠自然地融合一起。）不過，隔閡一直以來都不是很難跨越。伊斯法罕哲學派一直孕育著什葉伊斯蘭，其在各地仍然受到關注；在薩法維帝國時期的新詩歌體裁也是如此。那些認為什葉派與順尼派之間存在著絕對的區隔、立場堅定（並強調伊斯蘭法）的宗教學者，他們通常都只佔有次要的地位。

　　不過，在什葉穆斯林地區，新的宗教忠誠帶來了普遍的影響。值得注意的是，有些情況與同期北歐清教徒改革相同，但沒有影響這麼深遠。（我們可以比較什葉伊斯蘭的運動與十六世紀的初期清教徒，當然這是在現代技術時代開始時，不會晚於清教徒主義出現的時期。）在之前的兩世紀裡，兩個運動都發展出具抗爭性的多元傳統，通常是千年至福觀的運動。兩者都加強了王室的力量，由統治者號召著全體人民，兩者也都有各地廣大的群眾迴響。儘管兩個運動在掌政時都順應上層階級的標準，但都有反貴族政治的背景；在兩個運動中，也都能找到來自大眾與特權階級兩種層次的理念與實踐。這兩者都讓苦修的制度分崩離析，至少有些傳統的聖人崇拜都已經消失。然而，什葉派運動就像清教徒一樣，沒有失去附屬的大眾運動的支持（可能因為前一世紀的什葉蘇非行者，在這方面已經變得較有活力，勝過基督教徒的抗爭運動。）似乎，這時代什葉伊斯蘭也不像清教徒、具有創新精神與知識特徵；在多數情況下，利用前期時代的思想、甚至是組織形式就足夠了。（而確實存在的創新成為接下來妥協忠於什葉伊斯蘭的其他想像傳統。）

在那時期，當「告解宗教」（confessional religion）已經建立了一段時間，部分的抗爭運動趨勢都有些相似性，進而接受千年至福觀與密契方式，或是兩者二選一，以及尋求既有的宗教秩序來進行改革；在亞伯拉罕宗教的傳統裡，改革運動必然帶有共同的特徵。而且要發生在同一時間。我們可以把這類事物的差異性歸因於既有宗教組織之間的矛盾，還有他們的特點，例如歐洲印刷術的運用，加速了新觀念在大眾之間傳播的速度（不過我們一定不能低估手抄稿與口述的速度與影響力！）；但在歐洲，印刷術反映出比較深層且重要的差異。在西方，抗爭運動多與角色愈來愈重要的資產階級有關，這發生在文藝復興時期；相反地，在伊斯蘭世界，差異之處就在於資產階級市場的文化正失去獨立自主性。

在上層文化面，什葉伊斯蘭的建立修正了伊斯蘭法主義、蘇非密契主義、還有伊斯蘭效忠阿里後裔的意識（'Alid-loyalist）與千年至福觀的立場。效忠阿里及其家族普遍而言是大眾習俗，千年至福與內隱（esoteric）的期望則必須發覺比較特殊的管道才能維持。我們一點都不瞭解在這時期官方以外或是秘密的運動，但在什葉伊斯蘭變為官方立場之前，更為內隱的效忠阿里後裔者早已經強調了他們的立場，什葉與順尼宗教學者都有這樣的觀點，而我們知道在某些情況裡還有持續發展。我們可能推測，抗爭人士依靠某種更大範圍的效忠阿里後裔的意識。

發生在其他虔信生活之中的事情較為顯而易見。什葉派宗教學者習慣享有獨立性，他們質疑某些伊斯瑪儀的紅頭巾門徒其激進、甚至是二元對立效忠阿里後裔的規範，因此仍然在某種程度上遠離政府；但是，他們透過改變信仰，來加強他們與人民相同的立場。具領導地

位的宗教學者,即理性主義宗教學者(mujtahid,與歐斯曼帝國的順尼派不同),拒絕成為軍事政權成員的一部分,但願意與必須繳納稅金的臣屬階級並列。由此來看,他們保持著潛力,偶爾表現批判政府的態度,這與二十世紀晚期的宗教學者有所不同。同時,他們在帝國之內維持著團結的力量。沒有任何研究討論什葉伊斯蘭宗教意識之建立與其早期伊斯蘭意識有何種差異,但我們可以察覺,什葉宗教學者至少表現出特別堅決的獨立性。

在傳統上,什葉宗教學者敵視蘇非主義,因為蘇非主義總是與順尼派教義相關;而這樣的敵意,似乎不曾在蘇非組織的什葉伊斯蘭興盛時期減少過。有些順尼蘇非道團分裂,導師遭到流放,而有些道團已經轉向什葉伊斯蘭,以求不受壓迫,或者為了持續發展,披上什葉伊斯蘭的外衣。然而,我認為宗教學者還是持續對蘇非主義保持敵意,而且道團的角色也已經減弱。至少在知識分子之間,蘇非傳統都是在較為個人的層面實踐,並由較古老的蘇非詩歌來啟發;有必要的話,傳統會在個人層面調整,以配合什葉派教義的要求,阿里後裔的伊瑪目在其中扮演非常核心的角色。

在民間宗教方面,我們可以如此描述什葉伊斯蘭的勝利:(什葉派)在世界歷史的悲劇但最後一切都扶正的過程,逐漸取代了(蘇非)密契主義神愛的要求,以及近神者階層體系中的典範。當然,這樣的替代充其量只是宗教想像的表面框架。蘇非世界的意象能持續帶有價值,不只是因為他們個人密契的本質,至少還因為許多人把什葉伊斯蘭的世界意象視為一個組成要素。但是,密契主義者利用了蘇非近神者的存在與蘇非儀式來達到不同的目的,但這已經不再為人普遍接受。為了其他的目的,如同道德原則、治療、預言、集體認同、祈求

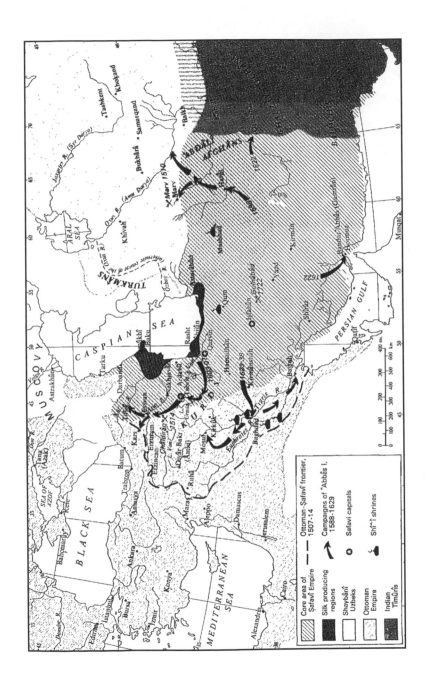

圖 1−2：薩法維帝國，西元 1500～1722 年

真主以及一般在宇宙中的自我調適，有些什葉教義反而得以運用。（當然，就像在順尼穆斯林之間，無論如何傾向蘇非道團，也會在什葉穆斯林之間，對於個人道德責任的基本要求，強調死後神的審判，持續作為所有宗教認知的基礎。）

對於所有的十二伊瑪目派成員，伊斯蘭曆一月（Muḥarram）的前十天，特別是第十日，必須哀悼阿里的兒子胡笙（Husayn）在庫法之外的卡爾巴拉遭到殺害的事件（taʿziyah）。這天是胡笙殉難紀念日（ʿÂshûrâ），是全體穆斯林都知道要帶著悔意齋戒的日子；對什葉穆斯林來說，這天成為重要的宗教節日。胡笙的悲劇成為這個宗教內涵的要素。因為遺棄胡笙，讓他遭敵人殺害而產生的罪惡感給予了早期在庫法的什葉派運動一種特殊的信仰特色，加深其政治訴求。穆罕默德的孫子胡笙殉道逐漸成為莫大的事件，甚至比起阿里遭到殺害還要重大。所有伊瑪目的逝世（根據什葉的傳說，所有的伊瑪目都遭到順尼派統治者殺害）都是真主的旨意；真主讓穆罕默德及其家族謙卑且悲傷，而因為他們能夠忍耐承受痛苦，祂帶給他們最終的勝利和忠誠的群眾。但是，胡笙的逝世被視為最悲傷也是最令人敬佩的事件。其中，真主與凡人是密不可分的：凡人承受著胡笙的苦楚，也對胡笙帶有罪惡感，而真主都會原諒這些原罪。對此，這些都不只是個開始；甚至歡喜的節慶，例如嘎迪爾—胡姆（Ghadîr Khumm），慶祝阿里受命為穆罕默德的繼承人，也因為之後有少數的穆斯林轉而投靠阿里（和穆罕默德）的敵人，歡慶因背叛事件而蒙上陰影。

在每一個什葉城鎮與鄉村，一年之中最令人興奮的是伊斯蘭曆一月的悼念與悔罪，當大人與小孩充滿悔意地鞭打自己，表示集體及個人對阿里的不忠，讓哈珊（Hasan）與胡笙犧牲了他們的生命。他們抬

起胡笙墳墓的塑像（也就是「哀悼儀式」），在抬至墓園的過程中，或者抬到城外的節日（'îd）禮拜處，群眾哀悼呼叫之聲四起。每晚的儀式重新生動、深刻地訴說沉痛的細節來悼念胡笙，包括他年輕的兒子們，經歷沙漠中的飢渴，敵人將他們阻擋在河流之前，無情地奪去他們的性命；而他們最後沒有忘記提到胡笙如何犧牲自己，身首異處，而且在他的頭顱被送去受哈里發雅濟德（Yazîd）羞辱的悲情旅程上，竟然還奇蹟地讓一些異教徒、甚至一頭獅子改信，但冷血的順尼穆斯林們絕對不會改信。詩歌形式的輓歌就是特別要表達胡笙的哀傷。

在這些過程中，人類生活無法脫離的哀傷已然昇華，也有了更超然的意涵，而人們深刻地對抗並驅除內心的邪惡。很遺憾，其付出的代價是強烈共有的投射反映：每一個悼念胡笙的時刻，更加深了對順尼穆斯林的仇恨。（這可以比擬為一種對基督受重傷的激烈冥想，有時候有助於激發基督教徒屠殺猶太人。）據說異教徒在伊斯蘭曆一月的儀式中，比順尼穆斯林還受歡迎。所有穆斯林都具有的共同排他主義傾向，在什葉穆斯林之間相當明顯，無論異教徒或順尼穆斯林用過的盤子，什葉穆斯林都會認為它永久遭到污染。

在薩法維帝國晚期，不少關於胡笙之苦難的戲劇表演（這些戲劇也稱為「悼念」），似乎開始增補講道與輓詩，最後成為伊斯蘭曆一月慶典的重心。透過這樣的方式，大眾戲劇雖不至於進入宮廷文化的範疇，但其文藝價值仍有提升——和巡迴演出的通俗突厥戲劇（舉例來說）正好相反，突厥戲劇只是木偶劇與戲劇化的說書人之外的選擇。

伊斯蘭曆一月的悼念，可以取代蘇非近神者的誕辰（mawlid）儀式，以及他們公開的唸記儀式（dhikr）；這場悼念活動的人氣甚至高過「大節」——麥加（Mecca）朝聖（ḥajj）的宰牲節。（「小節」則是

齋戒月結束後的開齋儀式，仍然頗具吸引力。）同樣地，等同於虔信中心的蘇非中心，就是清真寺以外的選擇，可以進行正式且完整的禮拜儀式，其重要性相當於什葉聖地（imâmbârah），即奉獻給哈珊與胡笙及伊斯蘭曆一月悼念活動的聖地。民間村莊中的聖壇一旦作為古代聖人的墳墓通常就會成為或改做什葉聖壇（imâmzâdah），也就是某一伊瑪目繼承人的墳墓。現在，普世的仲裁者不再是秘密統領世界的蘇非至上者（qutb saint），而是絕對正確的領導人——隱遁伊瑪目（Hidden Imâm），邪惡世界剝奪了他的權力，但他仍然可以幫助對他忠誠的人們，尤其在他們需要的時候。最珍貴的驅邪藥物是卡爾巴拉的泥塊，因為人們認為那裡的泥土永遠混合著胡笙的聖潔血液；如果將泥塊置於枕頭之下，又留宿卡爾巴拉，便能夠獲得胡笙的保護。去卡爾巴拉以及其他伊瑪目的墳墓朝聖，是去麥加朝聖之外最適合的替代方式，而歷經這種朝聖的人也可以被稱為「朝聖過的穆斯林」（hâjjî），等同於去過卡巴聖殿（Ka'bah）；當然，如果經濟能力許可的話，麥加朝聖還是必要的。

然而，這一切可能都需要階段性地推行。雖然蘇非行者（甚至是那些薩法維道團的蘇非行者）遭受迫害，甚至不斷慘遭屠殺，但直到十八世紀這些道團才全數遭到鎮壓，而當時有些人依然流散各地。但普遍的宗教環境（帝國之外的十二伊瑪目派少數也共享這種環境），很快就與順尼派的環境產生很大的區別。

建立伊斯法罕

塔赫瑪斯普去世時，帝國苟延殘喘經歷了兩個災難性的政權。伊

斯瑪儀二世（Ismâ'îl II，在位於西元1576～1578年）挾著首都嘎茲文權貴的支持，取得權力。他頗具天賦，對不同宗教也有意深入瞭解。伊斯瑪儀二世計謀殺害可能覬覦王位的親戚，但他在沒多久後因為放蕩享樂而丟了性命，因而讓一些人得以幸免於難。胡達班答（Khudâbandah，在位於西元1578～1587年）則是因為血統不純正且厭惡執政，而讓歐斯曼人佔領亞塞拜然與庫德（Kurdish）高地，在朝代發跡之地重建順尼派勢力，也讓烏茲別克人劫掠呼羅珊，侵佔當地並奴役什葉穆斯林家族，甚至破壞什葉聖壇；同時，接近中央的省分脫離了中央政權，紅頭巾統領再次與他們鬥爭。最後爭鬥的結果是胡達班答退位，支持其年輕的兒子阿巴斯（'Abbâs）即位。阿巴斯與伊斯瑪儀一世能力相當，也很快地掌控了帝國。阿巴斯不再受到統領的控制，也冒著受屈辱的風險，與攻擊什葉穆斯林的歐斯曼人和平共處（阿巴斯同意不再侮辱最初的三任哈里發），他也從呼羅珊驅逐了烏茲別克人，建立了在所有省分的威望；最終（西元1603年）把歐斯曼人驅逐至塔赫瑪斯普時期領土的最西側。

　　阿巴斯（在位於西元1587～1629年）必須重新征服他的帝國，為此他建立了中央行政權威，比以往都要強盛。他擁有強大且專業的官僚體制，取消地方自治而建立國王的專制權力。財政方面，詳盡的核對與收支控制似乎變得穩定且上軌道。其軍事力量來自於塔赫瑪斯普時期就已經頗具重要性的外來人士，特別是改信的喬治亞人與亞美尼亞人，他們都成為官僚體制的後盾。阿巴斯仍然使用伊斯瑪儀採用的軍事資源，包括蘇非組織的什葉伊斯蘭。但甚至阿巴斯重新組織的紅頭巾突厥部族，他也要求他們奉他為國王（pâdishâh），甚至無視於世代相傳的部族關係。

在帝國權力處於顛峰時，阿巴斯的統治開展了帝國各個層面的輝煌榮光。為了滿足所有的什葉穆斯林，阿巴斯重新征服了歐斯曼勢力控制的伊拉克（西元1534年落入歐斯曼帝國手中），讓什葉穆斯林奪回聖城。雖然他無法繼續前進控制敘利亞與漢志地區（Ḥijâz），但這個包含了伊拉克、伊朗西部、呼羅珊的帝國，擁有了古典伊斯蘭世界的主要文化重心，可以和阿巴斯帝國相比擬，而且顯然是阿巴斯朝的後繼者。

阿巴斯國王因此讓薩法維帝國的專制體制趨於完美。從某些層面來看，這是軍權贊助政府的傳統。人口仍然區分為兩個部門：收稅的特權官員（可由軍隊成員與國王下屬擔任）以及納稅人（由國王支配）。在首都最重要的工業投資被視為國王的個人財產。但在工業成功後，帝國擁有的強大軍力卻遭到侵蝕。實際上，阿巴斯的統治代表著行政方面的文官優勢。

到了西元1599年，阿巴斯遷都到伊斯法罕，並接著美化這座城市，運用了所有接下來二、三個世紀的藝術繁盛所創造出來的資源。壯闊的公園與王宮、開放式的大廣場可以提供軍隊演習或舉辦大型馬球（Polo）競賽，最重要的是令人讚嘆的清真寺、醫院、學校、旅舍，都如雨後春筍般出現，這是阿巴斯及其家族與繼承人的偉大遺產。彩色的磁磚裝飾著各個建築物，特別是高聳的穹頂；有些人控訴典型的「晚近」藝術過度強調雕琢與華麗，而讓建築結構的完美線條幾乎淹沒在炫目的色彩之中。如果我們所知，這其實是錯誤的判斷，無論如何，伊斯法罕的輝煌燦爛至今仍然不曾減弱。

我們能夠以比較小型的個人作品來評價薩法維藝術成就，如此將能減少不確定因素，而且可以更直接地與其他時代的作品比較，特別

是纖細畫與地毯編織。在帖木兒帝國晚期的比赫扎德（Bihzâd）的作品裡，纖細畫的精緻風格，在帖木兒勢力統治下的赫拉特（Herat）有顯著的發展；然而，這是一個新的起點。有些人說，薩法維帝國晚期的繪畫沒有再次達到這個類型嚴格完美的標準，不受專斷的品味控制。但是，嘎茲文和伊斯法罕的畫家天賦異稟，其畫風仍然相當接近帖木兒帝國時期的傳統。同時，他們嘗試各式各樣的新形式。似乎只在薩法維帝國時代，繪畫獨立於任何手抄稿或牆面裝飾，收藏家可按自己的喜好來蒐集；很快地，甚至素描畫也為人收藏。薩法維的藝術家在藝術作品中逐漸加強自我意識，創作出栩栩如生的王公貴族肖像，並以筆墨速寫日常生活的場景，富有動人的洞察力。他們顯然為了自己而表現出感染力或幽默感。無論如何，以伊斯法罕最優秀的畫家禮札·阿巴斯（Rizâ-i 'Abbâsî）的影響力來看，可以與比赫扎德相抗衡。

不過，這樣具實驗性、自我意識的特色，在地毯編織中最盛行，宮廷畫家有時候會提供地毯花樣的草圖。有別於工藝傳統，此時王室的地毯編織用紗線來製作真正的圖畫；而技術絲毫沒有走下坡，人物畫像仍然維持前所未有的複雜與細緻。薩法維工匠實驗性質的資源也讓他們得以發現如何從當地材料來製作瓷器。這是一個長期的目標，從中國瓷器名氣廣播之後，人們便開始嘗試製作瓷器。而西方人要在更晚期才達到這個成就。

如果視覺藝術可說是珍貴的藝術，文學藝術（特別是詩歌，在穆斯林地區被視為文學藝術中最重要者）其實更加珍貴。這時期的詩歌不容忽視。無數的詩人重複著前幾個世紀的主題，（在伊朗與印度）最傑出的詩人們會刻意在傳統上耍花招，創作出微妙的相應主題，只

有新加入這個領域的人們才能領略其意，這種手法被稱為「印度風格」（Indian style）。十八世紀，波斯的批評家認為這樣的風格太過矯揉造作（在這個世紀，詩歌並不受到重視），直到晚近，據說有時甚至好的波斯詩集也不再收錄賈米（Jâmî，西元1492年逝世）的作品。不過現代的詩歌品味在各地都已經改變，人們開始重視「印度風格」著重隱喻與矛盾的豐富資源，以求精緻且具創意的目的，這是五個世紀以來成形的傳統。在著重精緻的風氣裡，散文可能也佔有一席之地：表現創意人格的意識不只在視覺藝術，也在回憶錄裡表達出來；如果不刻意分類的話，其實塔赫瑪斯普國王似乎曾經撰寫非常詳盡的自傳。[7]

伊斯法罕的輝煌成果，不是只侷限於宮廷之中。阿巴斯國王建立的完善體制與和平，有助於商人發展，他們因而累積了財富；至少在晚近的數十年，有些商人在西歐與在中國都有代理人，以監督他們的貿易發展。大城市的貿易商，同樣也能夠展現重要的資源；公開競爭時，不同的行會為了宣傳花費大量的資金。大型的灌溉工程也在進行，特別是在伊斯法罕。（然而，美索不達米亞的薩瓦德地區沒有再次活躍；伊拉克依然處於經濟邊緣，往後的統治者仍選擇水分充足的次高加索高地，甚至犧牲伊拉克的聖城也在所不惜。）在某些地方，農民的生活似乎也大幅超越僅僅維持生計的水準；來自法蘭西的旅人會認為這種情況跟自己的家鄉相去不遠。在阿巴斯國王統治之後，穩定的結構已經完善，在國內有一百年沒有出現嚴重的叛亂或戰爭（也

7　Alessandro Bausani在他的 *Storia della letteratura persiana* (Milan, 1960)，還有其他著述，寫出「印度風格」詩歌的影響力，他也引用了一些相關的俄羅斯研究。

無須在各地駐紮軍隊）；除了歐斯曼人奪走伊拉克地區，以及烏茲別克人的侵入之外，動盪只在邊境發生。

什葉伊斯蘭哲學

伊斯法罕的輝煌盛世吸引了各個領域的學者。法律學家、評論家、歷史學家都有宮廷贊助。（但有些學者因為在宗教觀點方面太過明顯地脫離正道而遭處死。）辭藻華麗的歷史學派由學者瓦剎夫（Vaṣṣâf）開啟，他也成為偉大的模範，這個歷史學派將所有重大事件視為裝飾抒情、華麗鋪張的娛樂表演的架構。

但是，有些歷史學家總是相當看重著作的主旨，他們偏好文以載道，而不使用令人窒息的華麗修辭，如同他們其中之一（伊斯坎達爾—別克・蒙胥〔Iskandar-beg Munshî〕）所說——要讓讀者理解。（他的散文與一些思想單純的編年史家相比，顯得頗為複雜，但相當直率坦白。）在阿巴斯國王的鼓勵之下，伊斯坎達爾—別克寫了一部阿巴斯在位期間的歷史，以及他執政之前的歷史簡述。除了其精確、心理洞察力與廣泛的興趣之外，這部作品還呈現出釐清事件衍生的結果（這是關於當時社會資訊的豐富資源），值得注意的是，這不同於有些早先的薩法維帝國歷史，而是對於伊朗整體的關注，不是只有朝代或什葉派信仰。伊朗似乎可視為突厥人與波斯人的地區，自摩蘇爾（Mosul）延伸到坎達哈爾（Qandahâr），可謂最重要的高度文明地區：這裡指的是穆斯林文明，而不是由宗教學者的標準所界定的文明。伊斯坎達爾—別克的歷史人人稱羨。

至於這時代的自然科學，我們一無所知，但最精彩的是學術呈現

的領域，即形上學。[8]

在我們稱之為「哲學」（Falsafah）的傳統中有兩個學派特別活躍（不過他們不見得喜歡「哲學」這個聲名狼籍的名字）：逍遙學派（Peripatetic），拉近了亞里斯多德（Aristotle）與法拉比（al-Fârâbî）的距離；而「照名學派」（Ishrâqî），則是追隨雅赫亞・蘇赫拉瓦爾迪（Yaḥyà Suhravardî）的學說，認為真實的智慧就是要接受亞里斯多德，並進而超越他。在兩個學派的成員中，有穆斯林，也有馬茲達教徒（Mazdeans），他們不只在伊斯法罕活動，也在一個像須拉子（Shîrâz）的省級城鎮活動。穆斯林間，最有名的學派是什葉的照明論學派（但即使相當著名，也很少有現代學者研究之），這個學派依照哲學與蘇非主義的傳統而成立，沒有特別要引進任何新的思想，但他們在某種程度來說也堅信什葉伊斯蘭的使命，以什葉派術語來改寫哲學內涵。阿巴斯國王為這個學派的多位主要思想家提供庇護，特別是米爾・達瑪德（Mîr Dâmâd，西元1631年去世）。米爾・達瑪德在什葉知識傳統的復興中擔任神學家的角色，而傳統的復興伴隨著這個派別開始掌權；此外，他也對自然科學特別感興趣；他最終賦予了某些令人出神的異象經驗高度的價值，在其中，創造世界並賦予世界意義的超然之光（transcendent Light），和真理之光（Light of Truth）十分相像，什葉穆斯林認為穆罕默德與一系列的伊瑪目最完美地發揚了真理之光。

米爾・達瑪德與他的學派以伊本—西那（Ibn-Sînâ）的思想為基礎，包括伊本—西那卓越的個人知識學說，並且能夠區別本質與存

8　我得感謝Guiti Claffey告訴我有關伊斯坎達爾—別克與其他作家的事情。

在，他們認為是伊本—西那開啟了理解宗教現實的途徑。但是，身為「照明論學者」，他們拒絕自限於邏輯思考之中，不認為所有論點都需要明確的依據作為前提，從嘎扎里（Ghazâlî）之後他們就如此認定（其他學者已經證明嘎扎里的思想在形上學中有明確的侷限性）。照明論學者堅持必定存在一種每個人必須私下瞭解而無法告訴他人的真實，例如某個個人自我存在的真實（這是蘇赫拉瓦爾迪引述的例子），然而，他們也堅信這種真實對於認識整體世界有根本的重要性。他們將這些事物所暗示的視為異象經驗；因此，即使作為形上學家，他們都會關注我們所謂個人靈魂的無意識層面，這在異象中表現出來，讓我們瞭解宇宙，而靈魂就是宇宙的一個組成部分。儘管如此，他們不會認為自己與蘇非主義有關。身為一名優秀的什葉穆斯林，他們不會稱自己為蘇非行者，因為蘇非行者代表了否定伊瑪目的順尼穆斯林，但這只是無用的嘗試，因為只有伊瑪目能帶領人們接觸宗教的內在意義（bâtin）。但是，他們完全承認其教義與蘇非傳統的關係相當密切，而有些人則自行發展出蘇非主義的精神紀律。

在伊斯蘭中後期，隨著什葉蘇非主義以及其他運動興起，什葉穆斯林不再只是關心普遍的效忠阿里後裔意識，或者與之相關的伊斯蘭法觀點，這樣的情形愈來愈常見，他們開始關注什葉派遺產中更為內隱且內斂的層面，發展出所謂蘇非主義的什葉派版本：真正的導師是伊瑪目，至上者則是那個時代的隱遁伊瑪目，而要透過個人對阿里與伊瑪目的投入奉獻，才最能夠完善地培育自己的內在意識；若沒有對他們奉獻，就很可能會落入自我崇拜的陷阱之中。那麼，順尼蘇非主義就有違什葉穆斯林在整體宗教進程中的和諧。以上就是伊斯法罕形上學學派普遍接受的觀點；考量到這種對密契生活的深刻瞭解，他們

就擁有責任，要融合密契生活與現實的哲學理解，來讓理解更加完整。

伊斯法罕形上學家試圖說明最特殊的概念之一，就是「意象界」（'alam al-mithâl），這是由蘇赫拉瓦爾迪所定義的概念。意象界是一種存在界；從形上學的角度來看，意象界被置於原始感官感知的物質範疇，以及亞里斯多德主義所建立的知性抽象範疇之間。作為真實視覺的範疇與感知，意象界不單純屬於個人意識主觀想像力的範疇，因為真實所見的事物似乎具體呈現了終極的原型，而且被認為能夠表現出終極確實且客觀的生命事實。但是，意象界也不等同於柏拉圖理念的範疇，因為所見事物純粹獨特，甚至具有私密性，而非普遍性——這些事物組成了真實的歷史，是個人的傳記和伊斯蘭歷史本身。（有些人說意象界中的物體就像鏡中反射的影像——既像物質可以持久，卻不是原始意義的物質。）

透過象徵性想像力的意象界，人們便能確切地表達人類意義的整體範疇，人類意義遠比純粹的感知能力豐富，同時又具有抽象的規範與結構。意象界是用來使某種現實系統化地清晰（如果可能事先設限的話），這種現實維持在個人對超越個人之事物的投入的層面上；我推測，這是一種現代存在主義者（從相當不同的觀點）持續強調我們必須更完整說明的現實。至少對那些無法用缺乏省思的態度去看待所被灌輸的觀念的人們而言，伊斯蘭認知已經接受必須具備不立基於邏輯論證、而是整體經驗的個人投入。一旦有人接受這個事實，人們就會合乎邏輯地證明這種更為深入的研究對反思來說是必需的；甚至，在他們實現（給予所有尚未揭示的意涵）順服於神（islâm）的初步行動的過程中，這樣的研究也是必需的。這就是什葉伊斯蘭的到來決定

了新研究所採用的形式，但有些這類的研究無論如何也會是下一個工作事項——在形上學、在精神上都是如此。

米爾・達瑪德最重要的學生是穆拉・薩德拉（Mullâ Şadrâ）（須拉子的薩德魯丁〔Şadruddîn〕，於西元1640年去世）。他回到須拉子從事教學，而不是只享受伊斯法罕給予他的刺激。但是，穆拉・薩德拉比米爾・達瑪德以及他的其他老師都還要直言不諱，在他的著述中，也比較不重視伊斯蘭法主義的觀點，結果他因此遭到迫害。

穆拉・薩德拉的論述，運用米爾・達瑪德與其當代人士的理解，立基於跨亞里斯多德邏輯（trans-Aristotelian logic），與雅赫亞・蘇赫拉瓦爾迪所闡明的光的形上學，在這個學說中，所有事物都是以不同形式的光而存在；這樣的形上學讓意識與現實的認定更為接近，因為光是意識最顯著的媒介。在穆拉・薩德拉的思想裡，意象界是一個基本的概念（在較晚近的蘇非行者之間、逐漸增強的夢境角色，作為通往無意識的鑰匙，是否導致了這種形上學傾向？）因此，他把伊本—阿拉比（Ibn-al-'Arabî）所沒有完成的，更加系統化，對伊本—阿拉比來說，這樣的概念幾乎是一種書寫的工具。這有助於穆拉・薩德拉去主張本質無常的邏輯教條（在這之中，事物的存在，至少在物質世界優先於其本質）。因此，他也比蘇赫拉瓦爾迪更能夠認定帶有物質光的形上學的「光」：「光」實際上變成我們所謂的「能量」（energy），不過，這樣的能量在知性抽象、（在「意象界」中的）客觀意涵層面，都和物質層面同樣真實。

他也有能力把「存在」套用在歷史動態中；對他的某些讀者來說，這一點可能特別重要。靈魂可以穿過不明確的過程，從一種存在的狀態進入另一種，更新靈魂的本質。這樣的更新可能會被認為等同

於與長期體制裡的什葉宗教觀念以及末日事件。因此，教義可以不只有個人意義，還要有社會，甚至是政治的意涵。其實，這樣的意涵在當時似乎還沒有發展出來，有些他最好的學生也很少注意他比較獨特的學說，這些概念在晚期才有所發展。

宗教學者譴責穆拉・薩德拉為異教徒，因為他太過於偏向哲學，但他仍然延續著《古蘭經》早已開啟的對話。我們可以將效忠阿里後裔意識的歷史視為政治、虔信、最後是哲學式的探索，探索著什麼才能夠代表對抗爭的忠誠，這激起於伊斯蘭社群第一次面對不忠者的超凡挑戰。有關效忠阿里後裔的討論，深刻地形成了薩德拉的思想；對他來說，對於阿里後裔的忠誠確保了一種客觀的引導，進入內在經驗，作為他的思考基礎，遠離腐化的世界。他同樣投入於生命方向與哲學中具有同樣重要意義的傳統，讓他更加理解每個傳統固有的內涵。薩德拉的哲學就像比赫扎德的藝術一樣，以龐大又成熟的遺產作為先決條件；但也如同比赫扎德的藝術，能夠釋放出遺產的資源，以求更有活力的發展。他變成許多具有影響力的大師的導師。[9]

9　亨利・柯爾賓（Henry Corbin）在許多著作裡，完整陳述了米爾・達瑪德意象界的虔信意涵，如 *Terre céleste et corps de résurrection: de l'Iran mazdéen à l'Iran Shî'ite* (Paris, 1960)，他試圖要呈現出伊斯蘭與舊馬茲達教天使學（angelology）之間可以推論出的延續性（加上他帶有浪漫主義伊朗民族主義的敘述，但不是用他自己的資料）。柯爾賓的 'The Visionary Dream in Islamic Society,' in *The Dream and Human Societies*, ed. G. E. von Grunebaum and Rober Caillois (University of California Press, 1960), pp. 381－408，提到「意象界」；在同一本書裡，Fazlur Rahman, 'Dream, Imagination and 'Alam al-mithal,' pp. 409－19，從形上學觀點清楚地説明主題。柯爾賓精闢的理解，讓我們知道穆拉・薩德拉與米爾・達瑪德兩人的重要性，儘管雖然他尚未取代 Max Horten 討論薩德拉一本低劣的著作 Sadra, *Die*

雖然穆拉・薩德拉遭到譴責過於偏向哲學，這樣的錯誤觀念不只導致伊斯蘭法主義者責罵他，而且所有人都同意，哲學可能不適合尚未有相關知識與經驗的人。他與其他伊斯法罕學派的導師寫作時都相當謹慎，不違反既定的慣例，不過結論都出乎意料。但是，甚至在這些考量之外，這些作品似乎對多數現代人沒有任何用處。對於現在的讀者來說，穆拉・薩德拉的概念似乎被歸納為精煉的持久企圖，以求把形上學辯證加入既已接受的宗教教義，也因此無關於任何不會成為什葉派穆斯林的人，或者至少無關於想要結合一神傳統的人。例如，多數穆拉・薩德拉的著作，雖然仍有末世論的質疑，但已經有人接受其中提到死後與重生的本質、屬於地獄與天堂的特質（這些都是在「意象界」）。很明顯可以看到，在任何情況之中，無論何時，有些東西是有關前世與後世，有些至少說明了今世的意涵、道德與知識素質，有些則是有關獨特價值，無關任何末世信仰。至少，現代人會重視這些觀念。

　　但是，所有這些「晚近」形上學的意義，都不能貶低為從獨斷理論性說明之中所取得的微小的道德內涵。每個讀者必須決定，要接受哪一類伊斯法罕哲學家所要釐清的「意象界」形式、想像範疇的形

Gottesbeweise bei Schirazi (Bonn, 1912)，以及 *Das philosophische System des Schirazi* (Strassburg, 1913)。

很可惜，從歷史角度來看，柯爾賓所追求的不切實際的理想並不精準。因此，他翻譯的文本有時對立著東方的「通神論」（Oriental 'theosophy'）與逍遙學派（與西方）的「哲學」（philosophy），其中文本單純提到照明論與逍遙主義作為學派之名稱，沒有地理方面或是學術方面的細節。這就是他時常對翻譯的術語太過確定的例子：例如，他將「意象界」當作原型（archetype）的世界，而不是使用更簡單的字詞，像是意象，讓他的文本荒謬地包含了鏡像。

式、視野的形式。有些人會反對所有的形上學觀念，視之為不科學的、反覆無常的概念。有些人也許重視這樣的概念（也可能認為微不足道），作為超感官理解與交互作用的範疇。不管是何種範疇，就標準公開的實證常規方面來說，與這些觀念相關的經驗在定義上顯然是無法詮釋的；也就是這樣的經驗，讓伊斯法罕哲學家特別提出來討論。更為偉大的公平正義，也許會以心理學研究來分析，任何有關生物學典型模式的發現可能最具有宇宙關聯性，但也可能不會。不管學者如何謹慎思考，他們都可能會發現，是否在笨拙困惑或天才手法之中，這些人都試著要找到攸關人類意義中基本問題的條件：像是比意識構想層次還要更深層的問題，還有尚未處理比單純主觀對某種現代實證主義者還能長久維持的意涵，而他們向來不會去認定這有「實證」性質；意涵不只是「情緒激昂的」，除了藉喚起想像力的方式之外，他們也幾乎不會表達出來。在為任何知識與敏感的作品整體內容貼上荒謬標籤之前，要非常小心，人類已經產生共識，要找尋極度重要的東西。

十六世紀的輝煌：波斯文化的燦爛

評價十六世紀與十七世紀知識成就的難處就在於很難以整個時期為單位來評估。就像這時期知識分子的生活，一直都缺乏現代學者的研究，至少在伊斯蘭世界比較中心的區域都是如此，而這些地區還是知識成就最偉大的區域。甚至就算有比較好的研究時，可能都還是各說各話，如同我們已經注意到的，如果這時代被認為是偉大的時代，其偉大是顯現在精緻性，以及高雅文化的積累上，而不是呈現在豐功

偉業上，而後者是無論任何文化背景的人都能夠辨識的特點。

　　儘管如此，這時代可能太過自滿於輝煌成就。無可否認，從各方面來說，十六世紀代表著穆斯林政治權力的高峰。我們並不清楚穆斯林強權如何對抗中國，不過三帝國之一的歐斯曼帝國，確實能夠獨自擊敗任何基督教歐洲強權的結盟勢力；然而在三個帝國之間，彼此外交地位平等，在他們之間過去的衝突裡，顯現出他們的勢力相差不遠。在錫爾河與烏滸河流域之間的烏茲別克政權，起初時常以對等的地位，與三個大強權協商、征戰，並沒有落後太多；在摩洛哥的貴族統治帝國也不容忽視。印度南部的兩、三個蘇丹政權，還有其他穆斯林強權，儘管有時候必須承認任一強權的優越成就，但無論向南或向北，他們都與多數西方勢力一樣強盛。就那時期世界上任何真正的「國際」法來看，外交禮節與風俗影響了遠方穆斯林政府之間的關係；此外，如果要說那時世界上的「國際」語言，絕對不會只有法文或拉丁文，而是最為通用的波斯文。

　　穆斯林強權在十六世紀初勢力重整時期，面臨兩大威脅：葡萄牙人與俄羅斯人。對於這兩個威脅，歐斯曼帝國比其他帝國還要直接面對（的確，可能在歐斯曼與其對手的競爭之外，薩法維帝國有時會與基督教國家合作，以求波斯灣與裡海從北到南的發展）。歐斯曼帝國的陸軍與海軍，比起薩法維畫家筆下的逞強好戰，還要來得大膽而有冒險精神。有一段時間內，歐斯曼帝國的船長帶著幾個人手佔領了整個非洲斯瓦希里（Swahili）海岸，儘管他找尋著讓海軍勢力從地中海橫跨到印度洋的適當方式而未果，但他的虛張聲勢仍然奏效，趕走了葡萄牙人。歐斯曼人最遠的征伐原本是要幫助蘇門答臘（Sumatra）最北的亞齊（Acheh）穆斯林蘇丹政權，結果這項任務沒有完成。（歐斯

曼人勢力大範圍的發展，幾乎靠著北非人〔Maghribî〕私有的武力，在遠洋肆無忌憚地攻城掠地。）

很可惜，歐斯曼人從未能長期維持與其他穆斯林盟國的穩定關係。在南方，他們奪得、也控制了紅海海岸；但是，在歐斯曼長時間的政權中，即使各地信任他們，但他們無能給予南半球海域的穆斯林太多幫助。歐斯曼人計畫要開鑿運河，連結地中海與紅海，以加速商業方面與海軍方面的聯繫；這個計畫若是在十六世紀，可能具有相當的成效（雖然無法逆轉十七世紀的情況），但計畫因為爭奪塞普勒斯（Cyprus）而中斷。這意指歐斯曼帝國與通商盟友威尼斯的關係破裂，畢竟塞普勒斯是威尼斯的主要基地。但是，南方的穆斯林有足夠的能力抵抗葡萄牙的威脅。當他們發現無法從麻六甲趕走葡萄牙人後，遂尋找另一條貿易路線，以避開葡萄牙的壟斷。葡萄牙人雖然遭到孤立，但他們掌控的港口都很有發展潛力（有些得到薩法維勢力的幫助）；葡萄牙人也是令人棘手的海盜，在某些地方（主要是斯瓦希里海岸與歐曼〔'Umân〕海岸），葡萄牙人接收其他地區城市的納貢，還施予壓力。就像其他在大洋中建立勢力的強權，他們相當強盛，且不會遭到淘汰。但是，葡萄牙人無法再進一步發展，甚至他們一開始所持續的優越性也在短時間內消逝了，因為穆斯林已經懂得如何對付葡萄牙人。在十六世紀結束之前，穆斯林的貿易即使是在葡萄牙控管的地區，都已經重振旗鼓，甚至凌駕於葡萄牙之上。（十七世紀初，在英國與荷蘭競爭之下，葡萄牙人不再獲得薩法維人的支持；在十七世紀中葉，葡萄牙人在歐曼灣被驅離；在進入十七世紀之前，儘管葡萄牙人還掌控許多港口，但歐曼的阿拉伯人已經把他們驅離莫三比克〔Mozambique〕北邊的斯瓦希里海岸。）

在西元1527年至1524年之間，阿赫瑪德・葛蘭（Aḥmad Grañ）的軍隊以東非內陸的穆斯林商貿城哈拉爾（Harar），到亞丁（Aden）灣為基礎，再加上游牧的索馬利亞人（Somali）支持，幾乎鎮壓了基督教的阿比西尼亞（Abyssinia）：這第三個位處高地的帝國，在進逼安那托利亞與伊朗之後，已經迫近了先知穆罕默德的麥加城（Mecca），那是第一次穆斯林出兵征戰失敗的地方。似乎為了加快征服的腳步，阿赫瑪德破壞了基督教教堂，強迫居民改信伊斯蘭，但是最後遭高地人民反抗，當地又回歸基督教的世界。在那之後，葡萄牙人一度視阿比西尼亞人為重要盟友，但當然他們不會接著去鎮壓哈拉爾與索馬利人。

伊斯蘭社會（Islamicate society）在十六世紀的力量也在馬來群島（Malaysian archipelago）呈現；馬來群島是北半球展現世界主義的重點地區。有四個主要的舊世界文化遺產相互競爭：中國人與日本人、信仰印度教的印度人與佛教的泰國人、許多不同背景的穆斯林、以及來自西方的葡萄牙人，他們都各有重要據點，而且都透過某種方法將當地事件視為他們的內政事務來處理。在這些競爭裡，穆斯林勝出了；這是重要的伊斯蘭化（Islamization）世紀。

俄羅斯在北方的威脅較為嚴重。歐斯曼勢力再度試圖要向海上發展，他們也確實開始挖鑿頓河到窩瓦河之間的運河，這可以讓他們直接從黑海（Black Sea）航行到裡海，與烏茲別克結盟，同時在毫無預警的狀況下攻打薩法維帝國。但是，他們不再能夠像跟南方一樣，與北方結盟，所以原有的計畫也只能放棄。西元1571年，克里米亞（Crimea）的統領（khân）痛擊莫斯科，放火焚燒這個城市。然而，北方的突厥相當強悍；由於他們民族同胞的協助，在額爾齊斯河流域

（Irtysh basin，即最原始的西伯利亞，這是穆斯林人口稀少而無力對抗俄羅斯農民侵犯的地區），希瓦（Khîvah）與布哈拉（Bukhârâ）的統治者從烏滸河流域派來農業拓殖者。不過，在這世紀之中，俄羅斯人擴張了他們的勢力，穿過了窩瓦河流域，而在下個世紀之前，他們不是靠著封臣的力量，而是以直接與壓制的方式掌控了河流北方。

在俄羅斯人統治之下，特別在喀山（Ķazan）汗國，地主（也就是舊貴族）受迫於俄羅斯壓力，有些不改信基督的人便遭到屠殺；農民的土地有系統地遭到剝削，也被迫移居到貧瘠的地區與山區，讓出道路給斯拉夫（Slavic）農民。然而，在穆斯林商人的莫斯科大公國勢力遭到征服之前，便與莫斯科大公國有密切合作，衝突較不嚴重；因此，當穆斯林農業社會在征服之中遭到壓迫，突厥人口因外來人口增加而導致比例降低時，隨著新開發的貿易路線，以及正在擴張的俄羅斯與北歐市場（伏爾加地區的保加爾〔Volga Bulghâr〕商人，從大部分的穆斯林腹地，取得毛皮製品與其他商品），穆斯林商業要素興盛。10

雖然穆斯林勢力透過範圍廣大的開發已經達到顛峰，但文明中真正的偉大成就更會進一步尋求文化成就的品質。在此，我們必須注意中土，即伊斯蘭文化的根源，特別是薩法維勢力主宰的區域，包括了什葉派的阿拉伯地區，無論當時是否在薩法維統治之下。波斯文化發酵的跡象隨處可見，赫拉特的胡笙·拜嘎拉（Ḥusayn Bâyqarâ）可為代表。從畫家比赫扎德（出生於西元1450年）到哲學家穆拉·薩德拉

10　W. E. D. Allen, *Problems of Turkish Power in the Sixteenth Century* (London, 1963)，大略精簡地說明了歐斯曼帝國與歐亞中心突厥的問題與發展，雖然他的資料有爭議性，但仍不應被忽略。

（於西元1640年逝世），這整個時代裡，文化形式與波斯語言的關係不斷累積，成就黃金時代，通常可稱為「波斯燦爛時期」（Persianate flowering）。

這情形和義大利文藝復興有相似之處。在西方，文藝復興的成就也是以特定地區為中心，在十六世紀的伊斯蘭世界，伊朗有意在各地帶領風潮，但同時關注其他主要的事物；因此，在布哈拉的烏茲別克朝廷吹噓著：就算不是他們最有名的畫家，在薩法維帝國仍是最偉大的，而且還是具有創意的哲學家；同時，有些最重要的詩集與哲學創作在印度展現重大成就，而有些最偉大的視覺藝術也是如此。雖然十五世紀歐斯曼勢力仍然多位於「邊境」地區，在十六世紀他們也跟上腳步，但除了建築方面，其餘領域較缺乏創造力。就像在義大利，最明顯的新興領域是繪畫，但這只是廣大多元的成就裡的其中一項，特色在於個人自我表現與冒險精神。當時甚至出現古代多神信仰規範復興的氛圍，儘管與文藝復興古典主義（Classicism）相比，扮演著相當輕微的角色。而當然，差異處多於相似處，因此穆斯林沒有接受印刷術（跟清教徒不同的是，什葉的改革沒有帶來印刷術的普及）。可能最不同於義大利文藝復興的是，波斯的強盛沒有產生現代性，這一點會在往後章節會討論到；但有足夠的分析可以做比較。

不若文藝復興時期，波斯興盛時期把古典制度時代留給後人。歐斯曼帝國的蘇萊曼（Süleymân，在位於西元1520～1566年）、印度帖木兒帝國的阿克巴爾（Akbar，在位於西元1556～1605年），薩法維帝國的阿巴斯（'Abbâs，在位於西元1587～1629年）都是模範君主；當帝國逐漸面臨困難時，他們的模範與時代都會成為指標（如果可能的話）。他們都不是朝代的創建人；但相反地，他們默默在軍權贊助政府

裡，帶動制度的鼎盛發展；他們讓政權成為有效率的官僚專制體制，也因此確立了文官化體制，透過改變他們的軍事組織與紀律，逐漸損害了這些政府的中央權力。這三個帝國以確立各別的朝代律法（dynastic law）而廣為人知，他們在軍權贊助政府裡建立的朝代法有別於伊斯蘭法與當地習俗。蘇萊曼以「立法者」（Qânûnî）之名著稱，他在位時期，歐斯曼帝國的規範或行政法逐漸成形，後人視之為完美的模範。阿克巴爾不只建立省分行政，還有最重要的朝代繼承制度，甚至那些不同意他宗教政策的繼承人都可以接受。而據說，儘管阿巴斯國王的律法已經無人研讀，但仍然保存著。這個建立在乾旱帶中部的中央帝國應該是最後採行完整農業專制主義形式的國家，這並非意外偶然的發展（在政治方面，薩法維帝國卻是那時代三個帝國中最弱者）。

但是，就像許多義大利公侯，在重視傳統的政府裡，大多數這些典範的薩法維帝國與帖木兒帝國統治者本身就是藝術家或詩人，歐斯曼帝國與烏茲別克汗國也是如此。比較重要的是，他們擁有高度文雅的品味，包括對於創作價值的鑑賞能力。從親王本身開始，傳記書寫蔚為風潮。不只是嚴謹的自我記錄或過去的精神都比以前盛行，還包括大眾對於藝術與文學、旅行、個人事件的評論。

繪畫特別被視為偉大的個人成就。薩法維帝國的塔赫瑪斯普（在位於西元1524～1556年）是偉大的鑑賞家與贊助家，在他的王家畫室裡受年輕畫家的訓練。即使如此，當帖木兒裔的胡馬雍（在位於西元1530～1556年）離開塔赫瑪斯普朝廷的庇護，去印度收復他的帝國時，他仍保有藝術品味，也不斷地勸誘一些最偉大的畫家跟隨他，目的是在印度建立繪畫學派。在伊斯蘭地區（Islamicate lands），國際貿

易的貨品中包含了數量可觀的繪畫與書法作品。多數的情況裡，作品都會在一般行會的研討會流傳，但對於名家（例如比赫扎德）的畫作也有很大的需求，且以高價購買，當代或早期的作品都為人喜愛；這些畫作都有大量的贗品，或在不知名的畫作上會出現盜用的簽名，而這也成為測試鑑賞家辨識真跡的能力。人們期待繪畫發展成多高程度的私人自我表現，這一點並不清楚。這些有涵養的贊助者一度也在哲學、文學與繪畫領域裡接受訓練；這也可說是當時代詩集與繪畫，對於照明論哲學在「意象界」重視個人、超物質範疇的反映。的確，有些象徵性的風景畫，意圖在明確表現密契主義文本中所描述的超物質象徵——胡爾嘎亞之地（land of Hûrqalyâ）；其他的畫作是優秀詩歌的插畫，可能描繪了胡爾嘎亞之地，一貫地伴隨著帶有蘇非哲理意涵詩集的內在象徵性現實：在有些風景畫中，幾乎可以看到滾動不息的岩石（如同胡爾嘎亞的所有事物，都具有蓬勃生氣）。[11]

藝術可能已經具有超現實的哲學性質；接著，哲學特別留意伊斯蘭之前的時期「多神信仰」智慧的源頭，而可能讓哲學更具人文普世性。這也表示，在藝術與哲學對於「意象界」的強調下，伊斯法罕學派降低了新柏拉圖主義（neo-Platonism）的溢出論系統（emanationist system）的重要性，這是穆斯林哲學家長期以來視為理所當然的論

11　經由對這個藝術社會地位的探討（較一般來說，是軍權贊助政府時期的社會），我必須感謝 Martin Dixon 願意跟我討論。不過，我若誤用了他的想法，是我的責任。舉例來說，Dixon 會給烏茲別克汗國和我所關注的三個火藥帝國同等的評價；但對我來說，儘管烏茲別克汗國確實是同一類型的政府，也在同樣的傳統中發展，但卻沒有廣大幅員、沒有長久持續、沒有文化生產，也比不上另外三個帝國。

點，相當接近柏拉圖本人的思想，也比較接近在《理想國》（*Republic*）裡，人類「分割線」（divided line）隱含的可能性。可以確定的是，這些哲學家都察覺到要從亞里斯多德（普羅汀〔Plotinus〕的著作已被混淆成是「亞里斯多德神學」）追溯到柏拉圖。附帶一提，伊斯法罕的柏拉圖學派與英國劍橋的柏拉圖學派相輝映。但是，至少穆拉・薩德拉似乎已經意識到照明論學派以比較一般性的方式追溯到古代源頭。穆拉・薩德拉指出，蘇赫拉瓦爾迪為了他照明論的學說，而從反對派的舊伊朗馬茲達教傳統，以及柏拉圖學說之中汲取靈感。穆拉・薩德拉的一個老師——芬迪里斯基（Findiriskî）在印度朝廷中把梵文（Sanskrit）文學與哲學作品翻譯成波斯文，而且必定意識到了吠檀多學派（Vedanta）與蘇非主義本質上的相似性，也可能一樣都缺乏對真正伊瑪目的認識。然而，如同我們已經看到，不論新哲學建立在多麼廣泛與「人文主義」的基礎上，都富有創造力。穆拉・薩德拉對於一部分積極、甚至具革命性的學派思想，都有一定的影響力，在薩法維帝國之後的伊朗，與具有知識、社會的重要性，甚至似乎在二十世紀的印度有所影響。[12]

---

12 我們所知的十六、十七世紀哲學知識的狀態，可參考 Shabbir Aḥmad, 'The 'Addurrat ul-Thaminah' of Mulla 'Abdul-Ḥakim of Sialkot', *Journal of the Research Society of Pakistan*, I (1964), 47－78，是外表的、不是非常具批判性的（只是提到學者與論點，而沒有表現出他們的發展），但加入了很好的訊息，是西方語言沒有的。

什葉派的伊斯蘭法意識

這時代的觀想式形上學，很自然地會激起人們心中一定程度的驚嘆，儘管有人並不同意。但是，某些比較平庸的知性潮流有獨特的建立方式。伴隨著對於哲學傳統的熱愛，在薩法維帝國，有更具崇尚法律的熱忱，在薩法維帝國晚期有比較明確的政治結果。

什葉伊斯蘭迄今仍屬少數群體信仰（minoritarian），已經適應了所有階級與條件的大量要求，視社會為整體運作的個體。首先，在帖木兒帝國時期，有一位受政府任命的宗教官員（ṣadr）主導有制度的宗教發展；在伊斯瑪儀時期，他負責讓所有人都改信什葉伊斯蘭（至少，要讓人們抨擊前三任哈里發），並且關閉所有名聲不好、有損伊斯蘭法禮儀的機構，藉此來淨化每個人的道德思想。但是，道德革命興起，很快地，比較不嚴格的習慣也就乏人在意。這位官員的職位雖可以行使政府權力，但重要性逐漸減低；宗教機構的發言人逐漸可執行宗教職位任命與決定政策，而且已經發展成形，不再自積極的改革政府授權。

薩法維政府完整合法性的基礎就已經是一個革命性的原則，而且必然和農業常態的重建一同衰微。尤其是宗教學者已經整合在官員含糊不清的正統的千年至福論述基礎之上，儘管比較極端的什葉蘇非道團教義在城市之間已經被禁止；現在，他們不再受制於不適合的關係連結。從這點來看，帝國政府的合法性雖然有什葉教義因素認可，卻又再次受到質疑。

什葉伊斯蘭作為反對運動，已經發展出不受任何政府控制的權威性；什葉的十二伊瑪目派會特別留意符合隱遁伊瑪目代言人資格、以

及和公認他直接相關的人選，這些人都需要擁有傑出的虔信性與學問。這些合乎資格、可以審視法律觀點證據的人可稱為「理性主義宗教學者」（mujtahid）。從理論角度來看，順尼穆斯林認同理性主義宗教學者佔有一樣的地位；不過在中後期，需要富有領導魅力之領袖的什葉伊斯蘭仍然繼續授權給宗教學者中最有學識的人們，讓他們可以完全與理性主義宗教學者抗衡，這不同於主流順尼派在法律方面，堅持更緊密的配合人們的期待。什葉的理性主義宗教學者逐漸強調他們的獨立性，而面對朝廷，這些學者也主導了新興什葉伊斯蘭的發展方向。薩法維帝國君主自視為隱遁伊瑪目的代言人，至少在整個十七世紀，大部分的政權支持者都承認君主擁有這樣的地位。但是，到了十七世紀，什葉宗教學者不願意再這麼認可君主，有比較多虔誠者堅持，（自從最後一位正式的伊瑪目代理人〔vakîl〕在十世紀逝世後）只有虔誠教徒認可的一位有學養與能力的理性主義宗教學者，才能夠勝任代理人。

阿巴斯身為國王與伊瑪目代言人，可以自作主張地堅持把習慣法用於犯罪案件，而排斥法官（qâḍî）法庭所主張的伊斯蘭法；他甚至還結合宗教官員與他的王室慣用判決，前者是伊斯蘭法的權威，但後者卻屬於非伊斯蘭法庭。也就是說，他仍然代表他個人整合了社會的宗教層面。在十七世紀末，蘇丹—胡笙國王（Shâh Sulṭân-Ḥusayn）時期，伴隨著偉大的穆罕默德·巴基爾·瑪吉里西（Muḥammad Bâqir Majlisî）（這位學者既獨斷又固執，於政治圈擁有極大權力），理性主義宗教學者的優越性到達了顛峰，穆罕默德·巴基爾·瑪吉里西以最全面、最系統化的形式，收集整體的什葉學識，同時在薩法維帝國的什葉派思想上添加他對伊斯蘭法正統的看法。他否定了所有形式的蘇

非主義，視之為邪惡，甚至也排除了朝廷內所建立的形式；他似乎也有能力撤換薩法維道團的核心成員（大部分似乎都已經淪落為宮廷侍衛）。

他的著作帶有伊斯蘭法主義的平庸特徵，但意在吸引大眾，因此必要時還收錄了時常帶有傳奇性、有時相當優美的短篇。因此，他重述了一個古老的穆斯林故事：天使們接連來到大地，來索求創造亞當的泥土；而大地每次都擋開天使，向天使哀求，不要用她的泥土來製造罪惡的人類；直到最後，天使亞茲拉爾（Azrael）出現，堅持要以任何代價服從真主，強奪泥土，不顧大地的抗議。所以，人類被創造出來，但亞茲拉爾的殘酷個性讓他成了死亡天使。[13]

在什葉宗教學者的地位獨立之後，隱藏的差異便很容易逐漸凸顯出來。兩個主要的法律思想學派（也因此是兩個神學思想學派）瓜分了這個領域。多數派似乎強調要參考幾個首要的原則，也就是所有的法律來源（uṣûl）：仍然包括《古蘭經》；關於先知與伊瑪目的傳述記載——在什葉派中，伊瑪目的傳述普遍稱為「訊息」（akhbâr），而非傳述（ḥadîth）；公議（ijmâ‘）——在什葉社群內公認的原則；最後則是理性推論。在什葉派伊斯蘭法中，理性推論無須侷限於類比原則

13　任何偉大的人物都對立著他那個時代的主流（這就是何以他受人注目的原因）。如果有人以他的作品來描述他所屬的時代，就只能挖掘他所對抗的事物，或是他視為理所當然的事情。在這兩方面，都不會是他個人作品的正面主旨。（的確，除非純粹將那些時代視為由上層文化對話的最佳時刻所組成，但必須預防、避免採用這種作法。）這是伊斯蘭研究不成熟的途徑，直到最近學者才時常採用大人物的言論，做為他們那個時代穆斯林的直接代表言論，錯失了他們那個時代偉大又真實的創意。瑪吉里西就成為他所屬時代的例子，而不是研究他的個人。

（qiyâs）（事實上，類比還遭到否定），而是直接具體地稱為「理性」（'aql）。這種立場的提倡者稱為烏蘇里派（Uşûlî，這是一個古老的名稱）。但是，一個新興運動出現，而復興了一種同樣能夠回溯至少到十二世紀的立場，而開始質疑「理性」的有效性，懷疑推論是否能夠作為法律的獨立基礎；這強調了任何傳述記載的大量使用，可以取自於先知與伊瑪目。這類立場的提倡者都稱為阿赫巴里派（Akhbâri）。阿赫巴里派似乎已經具有與順尼穆斯林相同的傾向，特別是強調聖訓；他們質疑多數的理性思考學者自古以來所代表的傳統。雖然像瑪吉里西這樣強調伊斯蘭法的人，也可以是阿赫巴里派分子；許多尊崇密契主義的什葉穆斯林，也偏好阿赫巴里派的立場，他們得以聲稱字面意義（literalism）無懈可擊的權威性，還直接躲避在超然性（Transcendent）之後，沒有任何刁鑽推理的干預。

甚至在這些派別爭議之中，什葉派揮之不去的共同偏執特性也自然地呈現出來。實際的接觸（甚至是間接接觸）都可視為受到污染，會使一個人就儀式而言不夠潔淨；因此，當每一個派別都視另一派別為伊斯蘭的背叛者，這種禁令就會在雙方都適用。據說，至少有一些宗教學者在借用經學院（madrasah）圖書館的書籍時，都只會用衣服接觸，因為先前可能有異教徒觸摸過那本書。然而，這樣的瑣碎小事，一般來說並不會模糊宗教學者所扮演的正面角色。軍權贊助政府興起，因此侵犯了宗教機構的獨立性；我先前已經提及，有兩個教義可能會導致這種情形發生：理性思考判斷（ijtihâd）之門關閉，以及執行伊斯蘭法之蘇丹所具備的哈里發般的地位。當帝國發展逐漸偏向文官體制，不受限於這種教條的獨立宗教機構便變得更為強大，這種情形並非巧合。的確，在這三個帝國中，文官體制建立（這三個帝國幾

乎在同一時間建立）伴隨著某種程度的伊斯蘭法傳統具有獨立生命力的主張，儘管文官體制在三個帝國中呈現出不同的形式。

過度的中央集權

在薩法維帝國的例子中，專制主義在軍權贊助政權下持續發展，導致國家的財富愈來愈集中。因為有效率的財政與官僚系統對稅收的控制，一個專制的君主（即使他遠離了資金贊助的期望，這已經包含在傳統之中）比私人地主或商人還更有能力安排更多的資金；若有所節制，這些稅金不會因奢侈與高消費而耗費殆盡，而會成為國家發展的基金。至少，從阿巴斯國王開始，君主就是最大的資本家，不只是發展製造宮廷消耗品的工業，例如製作地毯與其他奢侈品，還安排與資助商品的製造，主要是出口的絲綢。

我認為，財富的集中與程度逐漸增強的政府「文官化」一致進行，這個政府理論上建立在軍權贊助之上，但逐漸呈現出本質上屬文官性直的官僚體制。隨著帝國擁有完善的社會秩序，而不需要長久的軍隊駐紮就能維持和平，中央官僚體制以君主的名義，逐漸在愈來愈多的地方省分行使統治權，而不是任由軍隊管束。因此，耗費在政府軍隊的費用是財政裡比例最少的，中央政府與文官的重要資源越來越多元。不過，當財政權力越來越文官化，不必然有助於重新分配財富，反而，至少在表面上變得更為集中，有時候至少會導致必須在惡劣的私人權貴之間，抑制或縮減額外的財富集中。但在同一時間，君主所開創的自由似乎已經受到限制，因此帝國出現了農業專制體制的典型危機。不論整個過程是否不利於多數人口的利益，伊斯法罕的財

富集中確實降低了社會的流動力，以及繁榮的能力，以至於任何嚴重的打擊都會導致中央政府難以維持榮景。此外，我認為雖然中央並不像其他政府，因為資金缺乏而困窘，但卻仍然無力面對國內發展的停滯。

阿巴斯國王提倡的一個朝廷政策讓國家更加脆弱；（我推測）這個政策是基於個人的猜忌，但也無庸置疑是由政府文官所引起的，他們相當樂見軍事領袖進退兩難。為了避免他的繼承人們叛變（繼位仍是靠競爭來決定），阿巴斯國王採用禁閉王子的習俗，將他們侷限在宮廷的女性區域。在那裡，他們有效地與任何可能的陰謀斷絕，但卻也因此缺乏任何實際的政治經驗。他多數的繼承人都生性殘忍，或毫無能力可言。不過，行政方面依舊相當完善，因此頗上軌道。

第一個繼承人是薩非國王（Shâh Safî，在位於西元1629～1642年），他喜愛處決重要人物，以此來提高國王的至尊地位。在他統治期間，開始將所有省分的稅收直接納入王室財政，而不是分配給地方的軍事行政；只有很少的部分，留做地方事務之用。這個政策擴展到所有內部行省與邊境，還因此導致下一位君主——阿巴斯二世（'Abbâs II，在位於西元1642～1667年）大規模解除軍事武裝；的確，阿巴斯二世是很不尋常的優秀統治者，曾協助過維持政權的優勢地位。蘇萊曼（Sulaymân，在位於西元1667～1694年）是首席大臣（官僚體制的領導人），他是個有效率的統治者，在他執政期間，犧牲了軍隊和地主階級。

在蘇丹—胡笙國王（在位於西元1694～1722年）時期，政府結構的官僚中央化，因為無能而衰弱，遭高層的頑固人士破壞殆盡。如我們所看到的，什葉宗教學者演變而來的機制已經達到完全獨立於農業

政府的狀態；但是此時政府的什葉合法性受到質疑，必須仰賴宗教學者。其中有些君主試著要藉由宗教學者們的嚴格控制，重新取得什葉帝國的合法性。在無能君主的統治之下，宗教學者們得以剷除這個朝代原有宗教支持（即薩法維道團）最後殘存的影響力，還強化了官僚體制內的對立，君主因此失去了堅定的助力。因為只要沒有有效率的專制政權領導人，甚至連官僚體制都無法再團結一致，無論他們是否強調伊斯蘭法。

　　至此，體系中潛在的脆弱已然顯現。的確，在阿巴斯一世之後，歐斯曼帝國很快地在西元1638年奪走了伊拉克與其聖地。在蘇丹—胡笙時期，邊境逐漸開始發生叛變與入侵；政府似乎變得毫無能力對抗一切的挑戰。最後，叛亂的阿富汗部族勢力從東部橫掃而來，佔領了伊斯法罕（西元1722年），迅速地終結了這個朝代。

表1　至西元1779年的薩法維帝國及其繼承者
The Ṣafavî Empire and Its Successors to 1779 CE

年分（西元）	歷史概況
1502～1524年	薩法維帝國的伊斯瑪儀國王，在伊朗建立了突厥─波斯的什葉帝國，迫害順尼穆斯林，壓迫蘇非道團。
1524～1576年	薩法維帝國的第二任國王塔赫瑪斯普一世，加強了什葉的統治力量；他的朝廷是藝術中心。
1535～1536年	一流的纖細畫畫家比赫扎德逝世。
1558年	什葉神學家宰努丁・阿米里（Zaynuddîn al-‘Amili）逝世。
1583年	浪漫主義與蘇非詩人巴夫格的瓦赫胥（Vahshṣ of Bafq）逝世。
1587～1629年	阿巴斯國王一世擴張了伊朗帝國，把烏茲別克人驅離呼羅珊，把歐斯曼人驅離亞塞拜然與伊拉克，並建立偉大的伊斯法罕城。伊斯法罕學派最著名的畫家禮札・阿巴斯，已經受到西方風格影響。
1590年代	詩歌的「印度」（Sabkh-i Hindi）修飾風格興起。
1620～1621年	「巴哈伊」（Baha'i'，即 Bahâuddîn-Muḥ. ‘Amilî）逝世，他是描述軼聞、有趣的蘇非詩人、什葉神學家、數學家。
1629～1694年	受後宮政治（harem politics）支配的薩法維帝國三位君主在位期間。歐斯曼帝國奪走伊拉克（但多數人口仍維持什葉信仰），但帝國仍然維持著和平與繁榮。
1630年	米爾・達瑪德逝世，他是形上學的照明論、伊斯法罕學派的什葉神學家。

年分（西元）	歷史概況
1694～1722年	薩法維最後一任具有影響力的國王胡馬雍，以什葉的偏狹心態統治伊朗；他的統治引起阿富汗叛變，造成伊斯法罕淪陷，許多波斯貴族遭到屠殺。
1700年	什葉學者與神學家、大臣穆罕默德・巴基爾・瑪吉里西（Muḥammad Bâqir Majlisî）逝世。
1726～1747年	納迪爾國王（Nâdir Shâh，透過魁儡統治至1736年）短暫恢復伊朗什葉帝國的軍事權威，但沒有文化復興的成就。
1750～1779年	須拉子的凱里姆汗・贊德（Karîm Khân Zand）與各地企圖掌政的突厥部族內戰期間，但仍帶給伊朗和平安定。
1779年	穆罕默德・阿嘎汗（Muḥammad Agha Khân）建立嘎加爾朝（Qâjâr dynasty），重建了伊朗強大的中央政府。
1718年	帕薩洛維茲和平期間（Peace of Passarowitz），第二次歐斯曼打敗哈布斯堡（Habsburg）的重大勝利。
1717～1730年	蘇丹阿赫馬德三世（Sultan Ahmad III）與他的大臣內夫謝希爾里・易卜拉欣大臣（Nevshehirli Ibrâhîm Pasha）的「鬱金香時代」（Tulip Age），第一次進行西化改革。1726年，易卜拉欣・謬特菲里卡（Ibrâhîm Müteferrika）建立第一個歐斯曼印刷廠，但改革因為1730年禁衛軍與伊斯坦堡人的帕特羅納反叛（Patrona Revolt）而終止。
1730～1754年	瑪赫穆德一世（Maḥmûd I）在1739年對奧地利與俄羅斯的勝利條約之後，為歐斯曼帝國帶來和平，結果造成歐洲國家分裂。

年分（西元）	歷史概況
1757～1753年	傑出的歐斯曼蘇丹穆斯塔法三世（Muṣṭafà III），雖然致力於和平與穩定政權，仍捲入與俄羅斯的戰爭，最後歐斯曼陸軍全軍覆沒。
1774年	簽訂庫楚克・凱納爾吉（Kuchuk Kaynarji）條約，歐斯曼人失去克里米亞（Crimea），俄羅斯沙皇成為在歐斯曼領土內正統基督教徒的保護人。
1789～1807年	塞里姆三世（Selîm III）奠定往後西化改革的基礎，第一次在歐洲首都成立歐斯曼大使館。

第二章

印度帖木兒帝國：
穆斯林與印度教徒共存

1526 – 1707 CE

其　不同於薩法維帝國，帖木兒帝國與歐斯曼帝國多數人口都不是穆斯林，這兩帝國強大也是衰弱的因素。不過，這因素影響兩者的方式並不相同，因為我認為帖木兒帝國與非穆斯林之間的關係，稍微說明了帖木兒帝國與其他兩個帝國的命運為何不同。

在歐洲，雖然穆斯林已據有幾個比較古老、富有創造力的中心，但其北方和西方的大部分高度文化區域，並不在他們的掌控之中。歐洲文明仍然獨立於穆斯林強權之外。而且，一開始伊斯蘭社會（Islamicate society）相當忽視歐洲地區。相反地，在印度不只是北方的古典創意中心受穆斯林統治，幾乎整個次大陸都是如此，而唯一留存的一些獨立的梵文化都位於次大陸相對落後的孤立地區，即穆斯林還沒有取得優勢的偏遠印度地區；在任何情況下，那些國家對印度文化（Indic culture）的貢獻，並不等同於斯拉夫人（Slav）、拉丁人（Latin）對歐洲人的貢獻。印度文化中心必須將入境的伊斯蘭緊密融入他們的世界觀。然而，甚至在不合宜的環境背景下，印度語的遺緒（如歐洲人）仍然維持活力與創意。印度文化不只在接受穆斯林統治的印度教徒之間被保存下來；最重要的是，在宗教與知識層面，印度文化有更進一步的發展，甚至也可能擴展到一些新的區域，或穆斯林也有助於促進發展。早期印度穆斯林統治者已經透過多元的方言鼓勵梵文文學傳統的發展，帖木兒朝廷更接續推動。無論如何，當代與傳統遺緒的關係總是相當熱門議題。

許多印度教徒（特別是某些神職的種姓階級），即使沒有成為穆斯林，也已經準備好投入伊斯蘭文化（Islamicate culture）。這對伊斯蘭文化（Islamicate culture）本身也產生影響。除了宗教以外，穆斯林與印度教徒通常共享藝術與知識。特別在印度北部，許多印度教徒能

夠讀波斯文（有些穆斯林也看得懂印度文〔Hindi〕）；穆斯林與印度教徒的宮廷繪畫與許多建築、音樂以及許多高階文化圈的禮儀也都漸趨相似；（無論會融入何種印度元素）這樣的文化整體主要是由穆斯林建構而成，大致上也延續了伊斯蘭世界的文化形式。穆斯林與印度教徒的權貴家族認為他們彼此的水準都是相符合的（有某種程度的旗鼓相當）。甚至獨立的印度政治制度，如南部強大的毗奢耶那伽羅帝國（empire of Vijayanagar），就深深受伊斯蘭的影響。[1] 無可否認，這兩方都有著從未被忽略的重要宗教差異。

　　這樣的上層文化是伊斯蘭（Islamicate）文化，因為整體而言，它在伊斯蘭傳統（Islamicate tradition）內部發展；甚至當印度穆斯林（以及他們有伊斯蘭〔Islamicate〕傾向的印度教友人）摒棄了伊斯蘭（Islamicate）的過去，上層文化依舊回應著他們揚棄的過去；這個過程強化了伊斯蘭（Islamicate）內部的對話，而非採用其他對話。同時，這個文化也毫無疑問是印度的，但不太與梵語傳統相聯（伊斯蘭文化〔Islamicate culture〕中有許多元素屬於梵語的，但這些元素在結構層面則屬於次要性質），而是較傾向以嶄新的形式表達，印度作為在歐亞非舊世界的一個區域，持久且獨立存在，並帶有區域本質，不只源自於印度的文化資源，也來自其自然資源以及與舊式界其他區域的長久關係。穆斯林印度的文化，在印度歷史中佔有一席之地，在伊斯蘭歷史（Islamicate history）中也是如此，以下會一一做說明。

1　W. H. Moreland 在 India at the Death of Akbar: An Economic Study (London, 1920), p. 24，指出伊斯蘭滲透到印度教的王國之中。細節可見 H. K. Sherwani, 'Culture and Administrative Set-up under Ibrahim Qutb-Shahi, 1550－80', *Islamic Culture*, 31 (1957), 127－41，特別在安德拉邦地區（Andhra region）。

在印度，涵蓋多元信仰的伊斯蘭文化（Islamicate culture）在農業興盛時期已有全面發展，當時正值官僚的專制主義及其帶來的和平與完善制度達到顛峰。在這樣的背景下，引發了影響深遠的道德問題，關於上層文化的意涵，以及人類在之中能夠達到何等成就，這些問題似乎在較為衰弱的時期幾乎帶有學術性質，除非用於激進的千年至福情感之中；還有，完善的道德倡議也會開展，道德問題與倡議都是為了維持繁榮強盛，讓社會更公平正義或富有成效。這樣的問題與倡議從截然不同的文化傳統裡成形，也必須順從這些文化傳統，尤其是不同的宗教傳統，在宗教傳統中，人們必須尋找願景與理想。因此，在文化複合體的核心，伊斯蘭應該扮演何種角色，長久以來都是相當重要的議題。

可是，繁榮強盛卻是短暫的，農業層次（agrarianate-level）社會的繁盛時期總是如此；創造繁盛的過程也證實了衰亡。而任何不同的道德倡議在繁榮強盛之後，必定會走向衰微。即使除去其他的限制，事實已經說明了那時期道德發展的正反兩面。在某方面來說，符合這個時期的道德挑戰，可以用來在回溯時補充中期的道德挑戰；在中期，軍事造成的政治混亂總是威脅著社會秩序。這兩個時期似乎在相互矛盾的階段裡，呈現了伊斯蘭願景（Islamic vision）在農業時代的所有資源。

在知性和靈性上，印度的帖木兒帝國比較多元、也比較可作為遵循模範的發展成果，都超越了歐斯曼帝國，甚至可能也超越了薩法維帝國，這兩個帝國在農業（agrarianate）方面，都呈現了相似的繁盛面貌；因此，在印度最能夠看清楚道德發展的可能性。因為二十世紀的情勢，這些帖木兒帝國的發展對現在的我們來說頗具啟發性。關於印

度教徒與穆斯林之間的爭議，還有巴基斯坦（Pakistan）建立適不適合社群主義（communalist）或反社群主義（anti-communalist）的穆斯林爭論，帖木兒帝國時期可以作為測試現代理論的基礎。有些學者堅持那個時期的政治與文化成就帶有伊斯蘭特色（Islamicate），有些則是強調印度特色。

要解釋穆斯林強權如何衰弱，向來都是特別具有爭議性的議題。早期的英國歷史學家討論到，十六世紀末的君王（例如阿克巴爾）建立帝國的基礎就是宗教社群之間的相互包容；相反地，十七世紀末的君王（如奧朗吉布）則破壞了這樣的情形，採用個別社群主義的政策，使各個宗教社群分裂。主張穆斯林社群主義的學者在這樣的理論上發展，並且堅持奧朗吉布是他們的英雄（而阿克巴爾則是壞人），這樣的論點是以以下的觀念為基礎：穆斯林社群要維持獨立的純粹性，這甚至比帝國發展更為重要，而奧朗吉布以他的社群主義至少確保了這樣的情況。在那個時期多少傾向社群主義的穆斯林之間，歷史學者也塑造了其他英雄，而且時常誇大這些英雄的影響力。反社群主義的史家（穆斯林與非穆斯林都有），反對那些英雄，甚至是奧朗吉布的影響力，堅信衰亡中無法控制的經濟因素。在兩種立場的陣營中，歷史學家們重新評價阿克巴爾，且評價多元，因人而異。其結果為，研究者儘管很難在爭議中找到合理且中立的角度，但仍能夠找到相當大量且有意義的資料。

行政中央集權化：阿克巴爾的帝國

在印度，新政治形式最重要的創建人是一個阿富汗（Afghân）家

族的印度穆斯林，這個家族是許多在德里蘇丹政權（Delhi sultanate）晚期成為領導的阿富汗家族之一，他們因突厥人的政治式微而成為穆斯林軍人與地主，並握有領導權。謝爾夏·蘇爾（Shêr-Shâh Sûr）因為優秀的行政能力而崛起，統治了比哈爾邦（Bihâr），而且領導了印度人驅逐帖木兒後裔。他於西元1540年建立勢力，直到西元1545年去世之前，他的統治基礎在於稅收與財務政策、組織公共工程、甚至發展紀念碑藝術，讓帝國政府（在巴布爾的帖木兒後裔子嗣的統治下）屹立不搖了兩世紀之久。即使在謝爾夏·蘇爾時期，那些新的政治形式也多以巴布爾為典範，並且以軍權贊助政府的傳統為基礎；不過，這些新的政治形式起初是由當地穆斯林運作的，特別是阿富汗裔的領袖，他們和一些印度教徒合作；後來，轉為對抗以巴布爾為代表的外來穆斯林。儘管有大量外力影響的因素，但最後都在巴布爾及其子嗣的統治下，成為獨特印度穆斯林社會蓬勃發展的結構。

蘇爾朝（Sûr）的統治者——謝爾夏和他那位能幹的兒子有十三年的時間，試圖灌輸他們的阿富汗同胞忠誠的觀念，作為印度北部穆斯林主要的軍事力量，必須有紀律地效忠共同的君主；此外，他們也試著訓練一批行政官員，徹底執行謝爾夏所建立的制度與組織。在謝爾夏兒子死後，阿富汗的顯貴大官相互鬥爭。同時，巴布爾的兒子們與帖木兒帝裔的權貴，在大多數情況下都受到限制，只能待在阿富汗山區，也就是帖木兒勢力殘存之處。然而，最終其中最有能力的人就是胡馬雍，在巴布爾去世之後，經過十年的努力，取得了統治印度斯坦（Hindûstân，印度北部）的權位，控制了喀布爾（Kâbul）；在西元1555年，胡馬雍領導帖木兒後裔勢力進入平原，連結了在德里與阿格

拉（Agra）之間的阿富汗人與重新成立的帖木兒後裔政權。² 幾乎在同一時間，富有冒險精神的胡馬雍逝世，他新建立的勢力就留給他的

2　一般稱巴布爾在印度的政權為「蒙兀兒」（Mughal，舊的拼法為「Mogul」）。「蒙兀兒」是印度—波斯形式的「蒙古」（Mongol）一字，原本是指稱剛來到印度的察合台（Chaghatay）突厥軍隊，因為他們和烏滸河流域的蒙古傳統息息相關，讓他們有所不同，特別是有別於進入印度的阿富汗軍事階級，而不是早先取得權力的洛迪朝（Lodî dynasty）。

當在廣泛的伊斯蘭（Islamicate）脈絡下看待印度歷史時，「蒙兀兒」這樣的用語有些尷尬。在帖木兒及其後裔的統治之下，察合台突厥並不是蒙古人；在錫爾—烏滸河流域，他們完全不同於「蒙兀兒斯坦」（Mughalistan，編註：指的是「東察和台汗國」地區）的蒙古人或蒙兀兒人，儘管他們還是有一些關係。因此，用「蒙兀兒朝」而不是「帖木兒帝國」來描述巴布爾、胡馬雍、甚至晚一點在喀布爾或喀什米爾（Kashmîr）的活動，就不恰當了，畢竟那時候真正的「蒙古人」（或說「蒙兀兒人」）是反對這些活動的。正確的朝代名字應為「帖木兒帝國」，以公認的政權創始人「帖木兒」為名，而他們支持者應稱為「察合台」；但是，對於在朝代中服務的諸多家族來說，只有「帖木兒」才正確，或者是「印度—帖木兒」（Indo-Timurî），意即印度的帖木兒帝國，需要區別早期在伊朗與圖蘭（Irân-and-Tûrân）的帖木兒權貴時，就會使用這個名稱。

接著，「蒙兀兒」這個詞，在印度是用於察合台與其他服務於帖木兒後裔的家族；因此，在印度歷史的脈絡下，這個詞還具有一定的正當性，但仍有些不恰當。「蒙兀兒人」與「蒙古人」只有在拼寫方面有所差異。有些沒有多做思考的學者，改用也沿用「蒙古」。但是，要指阿克巴爾的帝國為「蒙古帝國」，不只造成困擾，還會嚴重誤導。

（編註：帖木兒後裔所建立的朝代通常中譯為「蒙兀兒朝」或「蒙兀兒帝國」。如同這個註釋的說明，作者哈濟生為求用詞精確，且避免與「蒙古」一詞混淆，而主張應該改用「Timurî」〔帖木兒帝國〕，而非「Mughal」〔蒙兀兒朝〕一詞。本套書為忠實呈現作者的主張，統一將蒙兀兒帝國譯為「帖木兒帝國」，但讀者尚須注意，本書中「帖木兒帝國」並非由帖木兒本人所建立，而是由帖木兒的後裔所建立起來的朝代，強調「舊蒙古帖木兒帝國」時才是帖木兒本人建立的帝國。）

小兒子——阿克巴爾（在位於西元1556～1605年）。有四年的時間，一名可靠的攝政大致維持了帖木兒帝國印度政權的完整性。（其中一次他主導的重要戰役是在帕尼帕特〔Pânîpat〕，巴布爾最具決定性的一役也是在這裡。西元1560年，年輕的阿克巴爾在十七歲時正式登基。）

阿克巴爾執政了很長一段時間。在這期間，他完成了蘇爾朝無能達成的功勳（雖然起跑點不同），還有更多其他的成就。他放棄仰賴了以在印度繼承的領地為基礎的阿富汗人，改為直接依靠帖木兒後裔的家族，朝廷中多數的重要人物都是像帖木兒後裔一樣的外來移民。在這樣的基礎之下，阿克巴爾在印度北部（以及伊朗高地的東部）建立了廣闊且穩定的帝國；而這個帝國是以中央官僚控制為基礎，施行有效的專制政體。接著，阿克巴爾讓他的帝國成為人類文明的模範社會，農民享有公平正義，所有的藝術都有最高度的發展。

數年間，除了軍事力量，阿克巴爾幾乎也大量運用外交手段，來建立領土內的個人權威；到了西元1567年，他成了印度北部大部分地區中至高無上的人物。他的統治初期，不僅包含印度斯坦本土最大區塊（恆河平原）與旁遮普（Panjâb），還有恆河平原南方的摩臘婆（Mâlvâ）（昌巴爾河〔Chambal〕上游流域），以及許多邊緣地區。在這個區域裡，阿克巴爾的行政制度相當完善。阿克巴爾一生，帝國持續擴張（併吞了大部分其他的穆斯林朝代）；到了西元1573年，他與強大的古嘉拉特穆斯林政權合作，也征服了位於拉吉普塔納（Râjpûtânâ）的（印度）拉吉普特國（Râjpût states）；到了西元1576年，在比哈爾（Bihar）與孟加拉殘餘的幾支阿富汗勢力互相結合。（在西元1592年，阿克巴爾也征服了奧禮札邦〔Orissa〕。）西元1585年，

因為烏茲別克政權聲稱要直接控制喀布爾（有時候，阿克巴爾也必須讓其兄弟統治喀布爾），並佔領喀什米爾，阿克巴爾再度在西北山區主張帖木兒帝國的權威。到了西元1595年，阿克巴爾取得坎達哈爾城，即巴布爾在該區域剩餘的領地，而這區域過去曾遭薩法維帝國佔領；阿克巴爾也順道征服了信地（Sind，最後是巴魯其斯坦〔Baluchistan〕）。到了西元1600年，阿克巴爾奪取了北德干高原的阿赫瑪德納噶爾王國（kingdom of Aḥmadnagar），也使其他兩個德干高原的穆斯林王國臣服於其強權之下。這是在德里蘇丹政權顛峰時期以來印度最大的帝國，屹立不搖。

胡馬雍與阿克巴爾繼承了阿富汗蘇爾朝統治者的政治成就，就算沒有完全執行，至少原則上也採用公平稅收的模式，由中央政府直接替村莊分配須上繳的稅金，以事先估算的農產收穫來計算，而不是固定的農作份額。在阿克巴爾時期，這已經有所改進；絕大多數他所統治的地區（西元1575～1580年），都採用標準的稅收方式，以每十年為一期的平均收穫來計算。以大部分的農業時期來說，阿克巴爾的稅收很高，大致上是產量的三分之一；但在作物歉收時，政府則會減少村民的稅金，而午收穫轉好時再增加稅收，以達平衡；所有的考量都讓付出與回饋合乎比例。評估的細節是用來刺激比較有效的耕地使用。阿克巴爾安排了具備專業能力的稅務部長（無論是穆斯林或印度教徒），來主導這樣的稅收系統，雖然他四處征戰、不喜增加收稅，但還是能有效率地累積相當的國家財力。

阿克巴爾的財政體制有完善的軍事組織作為後盾。此外，阿克巴爾同時建立了評估標準，將稅收分配給行政官員，特別是軍事官員，意圖要中央全盤掌控。從舊蒙古帖木兒帝國的中央權力角度來看，蘇

丹要有強大的軍隊支持（儘管阿克巴爾在這一點上遵從了謝爾夏的作法），但這也在官僚體制中，得以建立官員分配級等的體系（即官等〔manṣabdâr〕），相當有彈性地將官員分等級。每一個指派的官員都有官等，以此分配土地稅入，（透過事先評估）來確保固定的總額，而這就是他的薪俸。理論上，薪俸配合官員所要求的數量，也會分配一定的軍隊人力，例如五百人，或一千人，或五千人，不過在文官體制裡，總會有無法預期的偶發事件，無法滿足這類官員的要求。

　　儘管官員的薪俸是現金制，但是在承平時期，官員要前往受指派的地方，（根據稅收局的規定）以監督確保他的薪資；這些土地就是他的「受封土地」（jâgîr），也就是印度地區的「墾地」（iqtâ‘）。也許這樣的安排是官員優惠許可權的一部分，讓他與其稅收來源有直接聯繫，以避免稅收局的仲介而額外抽成；其實，帝國幅員遼闊，這樣的方式效率良好，管理過於龐大的官僚體制反而效能低落。這樣的稅收若沒有分配給特定官員時，當然就是固定由中央稅收局代辦收取。（政府一度有意要由中央徵收所有稅金，但並沒有執行。）中央稅收局的主要工作是定期調換官員之間指派的受封土地（這主要是為了避免貪汙），無論什麼情況，薪俸支付的規則都需要視情況而改變：每一次升遷，大量的受封土地就指派到升遷的官員手上，而這也讓所有受封土地重新分配。[3]

　　阿克巴爾制訂了許多制度，以避免朝廷內或官員之間的貪汙或詐欺，確保稅收用於軍事目的，也避免農民階級遭到剝削；特別是阿克巴爾試圖要降低軍隊詐欺的情況（官員習慣虛報軍隊或牲畜的數量），

3　我得感謝Irfan Habib教授對於本章的意見，儘管我跟他的意見不同。

而且他主動關注這樣的情形，效果顯著。他也沒有忽視需要更多機構形式的必要性，以利控管國家。最重要的工作，是要將帝國官僚體制的控制擴張到各個省分，而不是讓各省長與其任命的官員自由行事。阿克巴爾在帝國各地組織了強大、但都附屬中央的省政府（德里蘇丹政權從未出現這種制度），與首都的部門之間存在系統性的合作關係。這樣的系統讓帝國威信得以整體運作。這也讓政府更有效率地阻擋其他統治者的子嗣各自劃分勢力範圍，當作個人資產，在阿克巴爾之前的帖木兒帝國時期，這種勢力劃分是常態。因此，在伊朗與歐斯曼帝國境內，有軍權贊助背景的政府，就形成了官僚體制的專制主義。

就像薩法維帝國，印度帖木兒帝國延續了朝廷以宗教官員介入宗教事務的傳統，統治者指派學者，要負責把土地或薪水授予宗教學者或蘇非導師。在中央政府發展之際，宗教官員希望自己的權威能夠高過更多帝國的官方宗教團體。阿克巴爾的主要作法就是，確保他個人對於宗教官員活動的控制（他的作法是撤換權力過大者，來表明他握有指派與撤換官員的權力）。甚至更為重要的是，重新分配已經給予宗教界人物的補助金；這至少在某種程度上牽涉到一些高額獎勵的重新分配，而且不顧反對聲音，而特別是受益人若想要保有薪俸，那至少要出庭一次。畢竟許多蘇非導師向來不在乎任何朝廷的軍事統治者，這個方式則象徵性地肯定了他們的獨立性，往後印度穆斯林的宗教生活（就像他們其他的上層文化）不受中央政府與朝廷指令控制。當然，市場文化不能完全為朝廷操控，但這會是較為次要的問題。

同時，當整體行政再次組織起來，阿克巴爾幾乎有必要讓他的權力具有法律的基礎。就像薩法維帝國的統治者，阿克巴爾也試圖以伊

斯蘭的原則，作為中央權威的基礎。他在領土內主張當時盛行的哲學教義，認為只要是採用伊斯蘭法——或者廣泛地說，遵循公平正義——的統治者都佔有哈里發般的地位，就如同哲學在中後期的發展，例如達夫瓦尼（Davvânî）的思想。因為阿克巴爾特有的活力與正直個性，他進一步透過本人以伊瑪目身分帶領禮拜儀式，來象徵性地主張他的哈里發地位，這是早期哈里發的作法，但很少有印度的統治者這麼做。有幾年的時間，阿克巴爾特別照顧強調伊斯蘭法的宗教學者，獎勵他們，甚至有一短暫的時期，要求非穆斯林繳納人頭稅（jizyah tax）。他也堅持以伊斯蘭法體系為基礎的革新，並且對伊斯蘭法傳統重新解釋，他說服重要的宗教學者（西元1579年），宣稱若理性主義宗教學者不同意伊斯蘭法學的紛歧意見時，正直的統治者（也就是阿克巴爾）在領土內擁有法律決定權。如果這個方式已經實行過了，那就代表至少農業專制政體能夠融合在伊斯蘭法中。但是，伊斯蘭法結構相當獨立，使得這樣的改革並不容易進行。無論如何，阿克巴爾很快地對宗教學者的期待破滅，也失去了合法化伊斯蘭法的興趣。此時，阿克巴爾傾向於以哲學作為主要權力正當性的基礎。

這樣的轉變發生在鎮壓恆河平原東部穆斯林官員的叛變之後，在這個地區，強調伊斯蘭法的宗教學者對阿克巴爾的批評一直沒有消失；但這個轉變有一部分起因於帝國已經比較不需要仰賴穆斯林支持，以至於比較中立的正當性似乎適合補充不足之處。印度的穆斯林統治者長久以來習慣聘用印度教徒，其次是穆斯林，不只在財政部門如此（承繼了當地習慣的傳統），偶爾還用於軍事指揮。阿克巴爾特別重視此傳統。（外來穆斯林的中立態度，比起當地的穆斯林或印度教徒還更能夠讓事情順利地進行。）財務行政單位必要的擴張，讓印

度教徒成為主要的行政人員。可是，甚至在軍隊裡，以穩固帝國的重要角色來看，未改信的印度教徒人數增多，也逐漸開始任職高階職位。

　　不過，政府依舊是穆斯林政府，最高官位仍由穆斯林擔任。但阿克巴爾特別重用軍事專家與拉吉普特領袖及其手下為重要人力，他們遍布於恆河平原南部的山丘，特別是拉吉普塔納。在梅瓦爾（Mewar），拉吉普特最自傲的幾個家族仍然拒絕臣服；當阿克巴爾逝世時，梅瓦爾英勇的親王（Rânâ）[4] 仍然在逃流浪中，他的故事已經成為傳奇。但是，多數王室的家族仍與帖木兒後裔的王權聯盟，通常是透過聯姻（而且是自願的聯姻，這樣的狀況前所未有），拉吉普特統治者的女兒嫁入統治的帖木兒家族。（晚期帖木兒帝國是由拉吉普特家族傳承。）因此，雖然阿克巴爾的帝國是以穆斯林為基礎，最終掌握權力，但印度教徒與穆斯林有效地合作，一同獲取財富與光榮。普世主義者（universalist）忽視了穆斯林與其他人之間的社群關係，這其實是錯誤的；在阿克巴爾時期，印度富有思想的人愈來愈多，穆斯林與印度教徒皆然。

印度宗教生活的普世主義

　　在那個時代的其他中央強權之間，帖木兒帝國的力量必定有部分來自於大砲具有攻擊性的威力。帖木兒帝國著名的是他們的加農砲，體積前所未有的龐大，如果不具有決定性的影響力，至少也在恆河平

---

*4　編註：「Rânâ」為印度拉吉普特地區君主、親王的頭銜。

原與德干高原間的堡壘中扮演相當重要的角色。最基本的是一定程度的文化修養，讓伊斯蘭中心（Islamicate centre）、特別是中央朝廷充滿魅力。如果沒有能夠高度吸引穆斯林與印度教徒的文化生活發展，甚至沒有在某種程度上迎合他們的道德意識，一個混合了穆斯林與印度教徒的巨大官僚體制，可能就無法順利運作。出色的帖木兒帝國文化傳統很適合扮演這個角色。蒙古統治時期之後，開始重視如藝術創作等人的獨立價值，因此人們不會在意畫家的宗教信仰，即使他受到社會認可，其個人信仰也不會受到關注。因此，非穆斯林可能會進入伊斯蘭（Islamicate）文化生活，甚至還有更為深入的認識，超過自阿巴斯古典時期以來的程度，至少在印度似乎已經如此。可是，阿克巴爾在這個多元信仰的文化修養上，添加了他自己的重要特色。他刻意要透過一些朝廷的範例，甚至藉由律法的途徑，創造高度多元信仰的道德與宗教的層次。

自從偉大的告解宗教在軸心時代（Axial Period）之後崛起，印度的宗教史至少變得如同其他主要的歐亞非地區一樣複雜。當然，若干重要的宗教傳統都源自於印度，特別是印度北部。主要的印度宗教傳統（毗濕奴〔Vaishnava〕與濕婆〔Shaiva〕信仰）都共同承認婆羅門（Brahman）的祭司地位，婆羅門是神聖吠陀（Vedic）文獻的持有者。（任何接受婆羅門擁有這種地位的團體都被稱為「印度教」，不管這些團體有任何特殊的信仰或宗教儀式。）有些教派並不接受婆羅門；其中，佛教在相當早之前就已經在印度消失，但耆那教徒（Jain）持續組成強而有力的團體，特別是在古嘉拉特和康納達（Kannada）。然而，甚至接受婆羅門的教派之中，實際上存在的教派數量幾乎和種姓的數量一樣多，因為每一個種姓都有自己的祭祀儀式與神祇。宗教的

多元性就此扎根。

當告解宗教（就像在其他地方的情形）已經與政治權力有所牽連，還主導社會生活後，就出現了統一宗教的企圖；因此，濕婆信徒和毗濕奴信徒（Vaishnavites）之間產生了一些迫害行為。可是，印度的種姓制度多元性阻止了這些衝突，梵文化傳統的地區最後不再受制於宗教的偏狹。因此，在宗教和地理方面，印度就成為所有宗教教派的避難所，主要來自尼羅河至烏滸河間地區。一般來說，他們的代表以貿易商的身分來到印度，尋求躲避迫害的機會，或至少能夠避開社會的不公平待遇，即使是在相對寬容的伊斯蘭環境下，尼羅河至烏滸河間地區也會出現這些情形，於是這些代表們會留下來，改信且蓬勃發展，結果就形成了新的階級（雖然不屬於婆羅門）。詹姆斯基督教徒（Jacobite Christian）、猶太教徒（Jew）、瑣羅亞斯德教徒（Zoroastrian）、伊斯瑪儀里派的什葉穆斯林（Ismaili Sh'î）都相當多元化，都擁有受到認可的地位與尊嚴。

通常，這樣的寬容多元性得以維持，都是透過嚴厲地隔離數個宗教社群，透過嚴格的階級特徵，以防止過多的社會混雜。儘管如此，對擁有敏銳心智的人來說，這樣的隔離仍然提供了彼此比較、甚至是理解的可能性。特別是在印度原本的社群，印度的宗教思想發展出穩定的普世主義傳統。所有不同宗教形式的概念都代表走向唯一真理的不同道路，在某種程度上這些道路都是有效的。這樣的普世主義當然不是印度獨有；伊斯蘭中前期，許多蘇非行者至少已經接受了這樣的抽象原則。在印度，則是實際用來解釋諸多宗教社群之間的關係。

在十四與十五世紀，印度教的精神性最有創意的形式，就是民間信仰運動，強調內心給予一神的愛，遠超過任何明確儀式或社會情

況。這樣的運動格外適合實際應用普世主義精神。一般來說，所有階級都可以參與這些運動，甚至有些穆斯林也投入其中；實際上，有時候穆斯林還是發起人。有些居於領導地位的蘇非行者，願意接受未改信的印度教追隨者（無可否認，蘇非行者始終不會放棄讓他們改信的目標，這對一神信仰相當重要）。至少，有重要穆斯林參與的運動，例如卡比爾（Kabîr），他公然拒絕伊斯蘭所稱的單一信仰，而運用了穆斯林與印度教徒的象徵意義，並堅持在兩個傳統裡共同的精神性認同。瓦拉納西（Banaras）的卡比爾（1440—1518 CE）來自於某一種姓的穆斯林家庭，可能維持著某些伊斯蘭之前（pre-Islamic）的宗教傳統，在這個例子中，這個傳統是異議者（可能是佛教徒）篤信宗教而強調的自我控制。卡比爾加入蘇非主義的圈子，而去除了一些梵文用詞後，他的立場和那些圈子的立場變得難以區分，同樣敵對某些蘇非與伊斯蘭法的組織。[5] 卡比爾的一生已經說明了，在他加入的圈子裡，表面的宗教效忠沒有精神態度來得重要。

十六世紀初，在這些運動中最強而有力者是錫克教徒（Sikh）的運動，當時已經在旁遮普建立勢力。這是受卡比爾還有其他信仰的領導人所刺激，如同卡比爾特別堅持伊斯蘭與印度教真理的靈性合一。其創建人，拿那克導師（Guru Nânak，生於西元1469年），似乎在所有宗教社群成員之間，扮演了激勵人心的角色；他所宣揚的道理廣為人知，都是非常純潔的倫理，來自於嚴格的一神論。在他死後，錫克教徒便轉向求助於一系列的靈性引導者（錫克語稱之為「guru」，而其

---

5 參見Charlotte Vaudeville, 'Kabir and Interior Religion', *History of Religions*, 3 (1964), 191－201；然而，她對「蘇非主義」的定義過於狹隘，誤會了卡比爾與蘇非主義的關係。

他用詞則是來自波斯語），每一個引導者都為增添了拿那克的精神性遺緒。

可是，這樣的「普世主義」途徑自然無法滿足所有的印度教徒或穆斯林。普世主義的前提牴觸了所謂的「社群主義」（communalist）途徑，儘管對於印度教徒與穆斯林來說，「社群主義」所代表的意義並不相同。對穆斯林而言，傳統上的原則就是只有獨一神可以敬拜，獨一神確保了道德的一致性，所以存在著一個能夠要求人類忠誠的社群，捍衛著道德與精神生活的標準，包括適當的教義。有些要承擔精神責任的人們，同時也要維持神賦予那個社群的規範，這些人可能會認為普世主義的途徑是不負責任的感情用事。對他們來說，排他主義（若不顧歷史發展的定義）的社群忠誠是避免宗教（和社會秩序）分裂的基本防範措施，以防陷入獨斷的單一個人限制。因此，伊斯蘭法主義甚至脫離任何特定的慣例，而去實踐穆斯林社群主義，而社群主義基於相同的原因，也必須隸屬於順尼或什葉派。

至於印度教，同樣防範個人意願凌駕社群的措施表現在對階級統治的堅持，以及對婆羅門尊貴地位的崇敬；而不是特定支持單一社群或宗教。例如，印度教社群主義不需要強調效忠於毗濕奴教或濕婆教。不過，人民也愈來愈少再積極投入實行種姓統治傳統的整體社群，但也同樣可以用「社群主義」一詞來描述。可是必須記得，印度教的社群主義，不像穆斯林，沒有要求統治階級必須具有宗教忠誠，統治階級只要尊重婆羅門，便可以選擇自己喜愛的信仰。

在印度教徒間，類似剛提到普世主義信仰運動的興起，也出現了另一波對立的運動，有一部分無疑是在抵抗穆斯林平等主義所帶來的分裂效果，來使印度教社群內部的社會穩定性與連續性更加穩固。例

如，這個運動以較為嚴格地執行階級統治為形式，反映在針對這時期神聖法（sacred law）的詮釋。此時的社會並不鼓勵所有種姓階級（包括穆斯林）混雜，儘管穆斯林統治階級不願意接受婆羅門知性與靈性的領導，仍在私人儀式的細節中，尋求用來維持固有標準的力量。以穆斯林的角度來看，比較傾向伊斯蘭法主義的人並不信任不拘泥於形式的蘇非行者。在德里，具領導地位的蘇非導師一度都遭到打壓，他們必須、也只能尋找城市的門徒來協助。只要穆斯林不總是明確確信突厥人身為特權戰士以及其保護的伊朗文化佔有至高無上的尊貴地位，那麼他們將一直都抱持著一種意識——必須完成以神的法律為基礎來統治世界的社會任務。

十五世紀末，在洛迪朝期間，來自喬恩普爾的穆罕默德（Sayyid Muḥammad of Jaunpur）自稱為救世主，堅決地宣示伊斯蘭社會秩序的要求。（他的追隨者稱為瑪赫戴維派〔Mahdavî〕。）穆罕默德從《古蘭經》的經文得到靈感，告誡著穆斯林應該需要一個特別的團體來積極投入，以維護伊斯蘭法，這個團體不是由一般的統領組成，也不是一般的大法官（muftî）與法官，應該是由傳道者（preacher）來擔任，而對某些他的支持者來說，應該是志願者，隨時都會為了不公不義挺身而出。為了要自由地讓這樣的功能產生作用，菁英應該要絕對貧窮——（如同某些蘇非行者）絕對信任真主，以及虔誠者為支持他們而完全自發性提供的禮物；不管他們獲得什麼禮物，每天最起碼要做的就是救濟窮人。從這樣超然且公平的角度來看，他們就能對統領，以及最謙遜的穆斯林軍人或工匠，一視同仁，確保這些人都被以一樣簡樸的禮節來對待，並且擁有一樣的伊斯蘭法所制訂的權利。以違反伊斯蘭法的方式取得的任何財產都是非法的；基於世俗特權而非虔信所

產生的家族差異都應該忽視；因此，無論基於名或利，最普遍的社會特權都會遭到譴責。在這樣的標準下，不只是公認的順尼伊斯蘭組織（像是統領與宗教學者）必須逐漸減少，愈來愈多勢力擴大的什葉派家族也必須受到同樣的限制。所有的社會秩序都必須重整。

蘇爾朝的運動透過其追隨者認可、直接的武力干預，已經準備好讓運動的原則付諸實踐，無論追隨者們身在何處，而不期待軍事勝利。這可能是從瑪爾萬朝（Marwânî）時期的出走派運動（Khârijî movement）以來最徹底的嘗試，要明確地讓一般的穆斯林信仰者承擔伊斯蘭的社會責任，並且要打擊所有由財富與墮落所造成的社會價值的扭曲。這個運動引入了新的方法來實踐，如同任何存在不妥協於公平正義之黨派的時代，這些方法無疑相當適當。一連串努力不懈的領導人，耐心地承受苦痛與死亡，而不會放棄他們的身分地位來避免責任；這樣的運動在一般大眾以及恆河平原的軍隊之間似乎已經變得相當普遍；一個世代內，這波運動便已經影響到德干高原南部，在某些穆斯林蘇丹政權的政治之中，也已經成為不可忽視的力量。在這時期，運動的蓬勃發展再次肯定了伊斯蘭特別具歷史意義的使命，如同世界上尋求真理的力量，對抗著其他邪惡勢力。

這兩種方向中，阿克巴爾比較受到普世主義吸引。他對蘇非導師表示尊敬，特別是契斯提道團（Chishtî）的導師，這個道團以普世主義的傾向聞名。人們還聲稱，阿克巴爾甚至非常尊崇那時期的錫克大師。即使是在執政初期，他的改革方向也著重在尊敬其他信仰；相較於一般穆斯林統治者開始新政權時所做的典型改革，阿克巴爾的改革不完全傾向伊斯蘭法，例如他並未廢止伊斯蘭法規範之外的貿易及市場稅等等。他確實盡其所能，在領土境內廢止了這樣的非伊斯蘭法稅

收（多數顯然不合法），還特別針對施加於某些印度朝聖活動的稅金，一般來說跟市集一併舉行（以伊斯蘭法的角度，這樣的稅收也是可議的），但是阿克巴爾也廢除了受保護者（dhimmî）的非穆斯林人頭稅，即使這在法律上並無疑義。不過，在他統治期間，特別在他於西元1580年建立伊斯蘭法之後，許多他支持的改革，甚至是依法加訂的改革，都表達了對於人民尊嚴的敬意，無論這麼做是否符合伊斯蘭法。

阿克巴爾也反對奴役。在印度，印度教在告解社群（confessional community）裡沒有限制奴役，在舊伊斯蘭地區之中，獲勝的穆斯林軍隊不再遵守一般的制度（如有時會以蒙古意識〔Mongolism〕之名來進行破壞，例如帖木兒帝國），並以比較古老的方式奴役戰俘，輕視他們受保護者或甚至是穆斯林的身分；優秀的穆斯林無疑必須矯正這種情形。阿克巴爾做得更多，他企圖減少普遍的奴隸交易（但沒有太多成果）。他執行了一定程度的慈善工作，如興建醫院與帝國大道沿路的旅舍、指派官員去維持監督制度以防叛變、試著在城市市集中擬訂公平的價格；這些大致上都由比較良善且能幹的穆斯林領導人來完成，一般說來都是農業時代的領導人所為。此外，阿克巴爾還擴大對於其他物種的保護，不只是人類；他逐漸放棄個人喜愛的休閒活動，例如打獵，另外也在多數時間內節食。雖然阿克巴爾無法期待他的臣民達到這麼高的道德水準（不過節食在蘇非行者之間相當普遍），但至少他禁止人民在某些日子（例如他的生日）和某些印度教的聖地屠殺動物。這是與耆那教與上層種姓印度教徒友好的方式，他們相當重視動物的生命。不過，在一些同樣基礎的精神上，他的其他措施違背了他們根深柢固的觀念。

阿克巴爾不允許童婚，但這在印度的印度教徒與穆斯林之間，卻

是相當普遍的現象；在印度教的上層階級，若婦人的丈夫去世，會在屍體旁將那位寡婦活活燒死，這種作法相當普遍，而阿克巴爾也禁止這種行為，除非寡婦自願；正因如此，他允許印度教寡婦再婚。他還禁止印度教女性為了嫁給穆斯林男性而改信伊斯蘭；因此將這個穆斯林家庭喜愛的保護政策（他們不願意將女兒嫁給非穆斯林）也延用到印度教家庭。在那時期的社會背景下，阿克巴爾致力於移除任何宗教社群的特殊不利條件，這些是他一部分的努力成果。必須指出，他的道德改革主要無論如何只適用於城市生活，受影響的通常只有上層人士，或德里與首都阿格拉的居民。這些禁令有時只是訓誡作用，例如阿克巴爾不鼓勵娶第二個女人為妻，除非第一位妻子不孕。他也相當容忍那些執著於傳統模式的人。

　　阿克巴爾對於所有的宗教社群都保持尊敬的態度，不只是對順尼與什葉伊斯蘭，還有印度的多元社群，甚至包括激進、心胸狹隘的葡萄牙基督教徒，儘管他們佔領了一些印度港口，而阿克巴爾希望能將他們驅離。他樂意聽取任何宗教傳統代表對於精神生活的看法、捍衛他們特殊的身分地位，甚至允許其中一些人有系統地教導他的兒子。他不僅反對任何形式的迫害，甚至穆斯林改信其他宗教也不會遭處死刑，阿克巴爾還以經濟奉獻的方式去興建不同信仰的廟宇。藉此，他把宗教裡的普世傾向付諸實踐，這形成了宮廷中多元宗教文化氛圍的重要元素。

　　若沒有個人宗教追求、或甚至是阿克巴爾個人的道德成長（他在年輕時相當熱愛血腥屠殺），便很難持續實行普世主義的道德方針；達成這目標的過程中，有些重要的官員也牽涉其中。阿克巴爾的思想不只受到蘇非導師影響，還有一些一般信徒，主要是視野宏觀的學者

阿布勒法茲勒·阿拉米（Abûlfażl 'Allâmî），以及這位學者的父親與兄長。阿克巴爾期望自己理解彼此對立的宗教立場，可能的話，也期望自己能維持各方代表人之間相互理解的和諧狀態，（從西元1575年開始，當他的行政改革持續進行時）他組織了「宗教院」（house of worship），裡頭最初有代表不同穆斯林觀點的學者們，爾後所有宗教傳統的代表學者加入，聚集在此辯論他們重視的信仰與教規。其中，基督教耶穌會代表最為激進，對其他人所重視的各種理念表示輕蔑與敵意，但在這樣的狂熱中，他們卻很少向多元的穆斯林立場妥協。阿克巴爾耐心地持續這樣的會議多年，但最後仍然關閉了「宗教院」。然而，在他個人的追求中，他繼續探索幾個宗教傳統。他娶了拉吉普特的印度教徒公主為妻，作為政治結盟，藉此在他的宮殿裡持續進行印度儀式，阿克巴爾甚至還在日常例行公事裡加入儀式性的特點，這應該是由不同傳統所取得的靈感，主要是把太陽視為神聖光明的象徵。

　　他仍繼續保持穆斯林的身分，主張伊斯蘭的絕對一神信仰，但他最後發覺，真理應該由眾人共享。他成立了一個類似道團的組織，自己為導師，致力於普世主義的願景（獨一神論，tawḥîd-e ilâhî）、[6] 道德純淨，以及作為領袖與統治者的個人奉獻。阿克巴爾將少量跟隨他的弟子收入門下，他們會將他的肖像掛在脖子上，並且致力於完成最低限度的道德要求，例如進行有限制的性關係，以避免生育。他所有的門徒中，只有一個不是穆斯林。大多數的高官都不是他的門徒；似

6　Habib教授指出，「神的宗教」（dîn-e ilâhî）這個詞，雖然現在是伊斯蘭廣為人知的稱呼，但在阿克巴爾時期這個名稱並不常見。

乎在職位晉升這件事情上，門徒絕對不會享有任何高於其他人的特權。

阿布勒法茲勒：蘇非主義與文明

　　表現出阿克巴爾朝廷的知識氛圍，其中最持久且最偉大的文學作品是《阿克巴爾傳》（*Abkar-Nâmah*），由阿格拉的阿布勒法茲勒·阿拉米（1551—1602 CE）所著。就像伊斯蘭法主義者會認為塔巴里（Tabarî）是歷史學家，而哲學家（Faylasûf）會認為伊本—哈勒敦（Ibn-Khaldûn）是歷史學家，我們也許可以說，對傾向蘇非形上學的人來說，阿布勒法茲勒也是歷史學家。如同伊本—哈勒敦試圖在歷史變遷的過程中，運用哲學家沒有時間限制的概論原則，阿布勒法茲勒也試著以一統的密契思想，來看待歷史與世界文明。他可能沒有非常強烈的企圖心，但至少作為一部歷史著述，在該領域中是部偉大的著作，就像塔巴里與伊本—哈勒敦的著作。

　　伊本—哈勒敦與阿布勒法茲勒都以很大的篇幅，來描述他們那個時代的伊斯蘭文化（Islamicate culture）。不過，伊本—哈勒敦撰寫中期乾旱帶的歷史，當時文明總是受到威脅，而衰退為最基本的農業城市共生關係，因此著重的是文明奠基於社會結構而建立，而阿布勒法茲勒則在灌溉充足的環境裡從事寫作，並且處於偉大的火藥帝國時代，他強調文明一旦發展，就會產生物質與精神方面的能量。因此，他掙扎於伊斯蘭認知中最敏感的部分，特別是在火藥帝國時代裡的意識：如何調和蘇非對內在生活的重視，這與歷史的過程通常幾乎毫無關連，但這大致主導了成熟的知性與想像生活，帶有歷史成就的意

涵，展現於偉大的專制帝國及其完善的上層文化之中。

我們將謹慎看待阿布勒法茲勒的著作，因為雖然他的著作表達了相當主觀的視角，雖然就他的著作描繪了這個時代這一點，它特別屬於印度的伊斯蘭世界，但他的著述至少運用了火藥帝國時代（至少是在波斯〔Persianate〕伊斯蘭世界）相當普遍的資料，因此指出整個社會所擁有的可能性。

阿布勒法茲勒並沒有一直遵循蘇非的路線，但起碼他從未停止思考，這使他能夠接受蘇非形上學家的最終極觀念。他的父親是穆巴拉克・納高里大師（Shaykh Mubârak Nâgawrî，西元 1593 年逝世），是信地地區的家族（Sindhî，他聲稱這個家族的男方子嗣後代來自葉門）中相當離經叛道的蘇非學者，他為了保護自己的學生——喬恩普爾的穆罕默德而遭到迫害；但是，穆巴拉克・納高里可能因為獨立於宗教事務之外，特別是他認為任何的宗教立場都可能有缺陷、也可能有真理存在，而導致了他人的不滿。阿布勒法茲勒從他父親那裡學到了宗教獨立性，也受到了其他宗教學者的排擠與攻擊。但是他仍尊重父親的引導，從未停止尋找精神問題的解答。他仍具有從他父親那裡學來的雙重關懷：一是內心修養，二是尋求社會公平正義；但是他解決僵局的方式不同於瑪赫戴維派。

他與他的詩人兄長費伊吉（Fayzî）都跟隨父親在阿克巴爾的朝廷服務。他變成阿克巴爾最信任的顧問，最後受到拔擢。當他被送往甫征服的德干高原去穩定局勢時（因為他的敵人極欲離間他與阿克巴爾），證明他其實是個有能力的人。但是，他的立場始終有宗教爭議，他也承諾完成《阿克巴爾傳》這部偉大著作之後，就退隱到靈性僻靜之地（愈是如此，他就愈不能期望下個執政者會接受他）。可是

他最後仍然無法這麼做，因為在阿克巴爾晚年（阿克巴爾一生功績的歷史還未來到尾聲），阿克巴爾的長子薩里姆（Salîm，即賈漢吉爾〔Jahângîr〕）暗殺了他。

《阿克巴爾傳》的形式是對阿克巴爾的一種頌詞，毫不保留地讚揚他。似乎，在阿克巴爾出生的第一天，他的護士就說這個嬰兒已經會不時微笑；阿布勒法茲勒採用了這樣的記載，並誇大寫成大笑，視之為阿克巴爾歷史英雄命運中的奇蹟預兆。以正面的角度來看，這本書可能單單只是要頌揚；因此，他記下阿克巴爾奉承地把自己的母親比喻為聖母瑪麗亞（Virgin Mary），並在此書完成後對阿克巴爾朗誦這些段落。

阿布勒法茲勒相當明瞭這種寫作方式所蘊藏的意涵。他的重點是，他不會去頌揚阿克巴爾朝廷的高官顯貴，因為他只認同阿克巴爾；但因為他也不希望直言不諱地描述這些重要人士，畢竟這麼做將會提及他們的缺陷與優點，於是他就完全沒有描寫他們。（這個作法也是另一個導致他遭到暗殺的原因，因為這讓阿克巴爾在書中無所不在，而讓其他人黯淡無光。）他也很清楚知道頌揚所代表的不只是隱藏其他事實，而且也接受了某些含糊的說法，至少家族系譜就相當無關緊要。不過，（如同任何一個好的讚頌者）他不允許自己頌揚怪力亂神或瑣碎的事物；如果他必須讚揚可能會引人反感的行為，他就會先以正面的方式來描寫，再開始讚揚這些行為確實值得稱許的部分。似乎是為了彌補頌詞的矯揉造作，他坦率且充分地表達出他個人的渴望與不確定感，所以我們會看到他寫作時那種栩栩如生的風格；當然，也因此他所說的就像他要達到的標準一樣，只有優秀的讀者才能理解這本重要著作的真正意圖，書中的模稜兩可必然是刻意所為。

除了全然的頌揚，我們也可以分辨這部著作兩個層次的意圖。第一，阿布勒法茲勒在描述一位理想的統治者；的確，就精確的意義而言，描寫了哲學家傳統的哲學家國王（philosopher-king）。第二，他在描述蘇非主義的「至上者」。

　　即使是在第一個層次，他仍堅持真正的王權是真主的特別眷顧，並以古代伊朗關於王室光輝的概念呈現，只要國王維持與其地位相稱的言行價值，王室光輝就會照耀在他身上。而這份眷顧特別屬於阿克巴爾，因為他是真正的「哲學家」，能夠理解人類存在的意涵，同時也知道如何有效地引導人們正確無誤地遵守「哲學思想」原則的基礎。

　　《阿克巴爾傳》分成兩個部分：一是列出阿克巴爾祖先的編年史，特別是巴布爾與胡馬雍，以及阿克巴爾本人；第二部分著重在阿克巴爾時期所建立的體系（後半部分稱為「阿克巴爾體系」〔Â'în-e Akbarî〕）。這兩個部分以不同的方式反映出阿布勒法茲勒的目的。在第一部分的編年史中，阿克巴爾的事蹟（只要有留下紀錄）無論是否確實發生過，都呈現得有如真實事件一般（特別是動機）。所有事蹟栩栩如生、鉅細靡遺，甚至呈現出可靠的「君王典範」，也就是說國王應該如何統治的實際形象；但和多數這類著作不同，這本書不只謹慎的描寫，還以哲學的方式來描述這個形象（訴諸於有潛力的統治者最高層次的本能）。（無可否認，我們必須和阿布勒法茲勒本人一樣，承認阿克巴爾具備適合描繪的優良典範。）而在第二個關於體系的部分，更呈現出不只是君王統治的形象，而是整個文明的理想形象，這是一位理想的君主應該去促進、達成的目標。

　　文明被視為是所有提供給人類生活的自然可能性最完整的發展。阿克巴爾不只是新制度的創建人，還讓生活機能更加穩定（雖然有些

制度歸功於其他同時期的穆斯林，但在多數情況裡，阿克巴爾無疑是唯一贊助發明的人）。他鼓勵在印度培植的一些水果，巴布爾曾經抱怨過其產量稀少或質量不佳。伴隨自然培育發展的可能性，讓人際關係更加和諧，可以用晚近的蘇非用詞來總結——「普世和平」或「普世和諧」（ṣulḥ-e kull）。這對阿布勒法茲勒而言，不代表要減少衝突（因為這假設了有些邪惡的人必須被壓抑），而是一種對所有人的寬容與原諒，因此沒有任何爭吵的空間。最大的錯誤是偏執頑固：只因為創建者的錯誤信仰就否定了他的人類成就，因為他的信仰違背了文明人的良善觀，也有違整體和諧的基本要求；因此，阿布勒法茲勒在書中也曾引用印度教傳統來表達論點。在阿克巴爾的朝廷裡，波斯文（伊斯蘭世界中具有禮儀文明的語言）翻譯是重要活動：無論是否帶有宗教色彩，翻譯著作來自突厥文和阿拉伯文，也有印度語系的著述，特別是梵文；而據說阿布勒法茲勒本人也翻譯了部分的聖經經文，雖然他所著的歷史著作中，並沒有顯現出他具備這方面的知識。

當然，所有的生活養成都以農業優勢為基礎：這些生活水準的提升是為了收稅人的利益；阿布勒法茲勒所誇耀的改良水果，就是為了提供給奢侈品的市集；雖然這是希望享有特權的人們，可以因此感受到要對農民的基礎福利負起責任。的確，在這本著作中是用軍權贊助政府的特殊觀點來看待生活養成；這不只是因為這本書對君王的贊揚，也是因為社會就是如此建構而來，而阿布勒法茲勒所描繪的廣大文明圖像，起始於君主與他的家族及宮廷，再拓展至更寬廣的範圍。

但在特權階級的生活觀點所產生的限制之中，這樣的觀點相當自然，特別富有人性。在對人的重視之中，阿布勒法茲勒的著作跟隨了蘇非主義的引導，但更進一步延伸。在整段歷史之中，阿布勒法茲勒

的確接受了不正常現象的可能性，可能會帶來具有意義的徵兆。亞當（之後還有其他人）可能沒有父母就出生（進入已有人類居住的世界），因而歷史進入，但這樣的奇蹟唯有在不損及完整的人類存在觀的前提之下，才能接受；也就是說，這些奇蹟並未引入在人類一般經驗之外的事件範圍。阿布勒法茲勒委婉地反對在亞當之前沒有人類的觀念（他堅稱中國與印度的史料可以反駁這種觀念），他也不相信以諾（Enoch，即伊德里斯〔Idrîs〕）在沒有死亡的情形下，軀體就進入天堂。

他也採用了哲學的立場，包括哲學在這個世界所有元素的象徵性秩序。這部著作在一開始就表明主題，定義了整本書的面貌：首先是一段演說的頌詞，作為人類與神祇兩方面的自我表述；其次，解釋讚美真主最好的方式，就是讚美祂偉大的表現或創造，那就是一位好的君主；接著則是對科學方法的鑽研，描寫阿克巴爾比前人都要優秀的占星術。必須承認的是，自然科學不是阿布勒法茲勒的強項；他能夠毫無困難地使用哲學傳統的用詞，只是因為在他的年代，哲學已經成為一般知識的一部分，尤其是在蘇非形上學家的學問中，更是如此。但是，哲學家的觀點已經被賦予了關鍵的角色，因此無論是描述在開創生活中不同的良善價值的族長（阿克巴爾的祖先）的故事，或者較為近期在天文研究由人類經年累月觀察而來的改良成果，他都樂意提出人類能夠及時改進的可能性。雖然他相當重視伊斯蘭之前的時期，但他認為他們的智慧就是跟一般人一樣，無法與嘎扎里（Ghazâlî）或伊本—阿拉比相比。在此，他修改了蘇非形上學家在人文主義上的觀點——他認為其他人類能夠以富有人性的方式超越古代。宗教在人類成就的層面便得以呈現。

尤其，理想的君主（一般而言是世俗教化的守護者）地位超然於任何特定的社群信仰之上。雖然他可能因為家族而天生就是穆斯林，他必定不能偏袒穆斯林以及他們對於人類安樂與智慧的貢獻，而忽視其他社群及其特殊貢獻。（阿布勒法茲勒不斷以「穆罕默德的宗教」來指涉伊斯蘭，只是眾多宗教的一種；顯然「伊斯蘭」一詞在這本書中，只用於最原初的意涵，那就是「順服於真主」，這個概念其實適用於每個傳統，但卻很少有傳統能夠完全實踐。）國王一定要承認個人及文化的價值，無論是何處的價值。阿布勒法茲勒引用了蒙古的傳說，讓這個觀點合情合理。（異教徒的）蒙古人的女性祖先以一道純潔的光芒（在蒙古的傳說中是太陽）孕育了她的兒子們，阿布勒法茲勒由此歷經世代，追溯到阿克巴爾，就像是追溯最原初的穆罕默德之光（Light of Muḥammad）。這是對蒙古遺緒的尊重，這樣的概念在朝廷中不會受人直接抨擊；然而，在阿布勒法茲勒筆下，這樣的觀念顯然讓皈依伊斯蘭成為蒙古世系中一位前人的額外作為，伊斯蘭只是為他的光輝錦上添花。

相較於這高超的論點，關於阿克巴爾體系中印度教哲學的補充說明不甚嚴謹，在這本書的其他部分也沒有完善的整合。這是因為阿布勒法茲勒仍然沉浸在學習伊斯蘭的觀點（那就是阿布勒法茲勒所釐清的，大部分的觀念都可以回溯到希臘人），也不熟悉印度教的概念。（他甚至還偶爾取笑比較粗俗的印度教聖人。）這則補充說明純粹是刻意要證實印度教徒是一神信仰的主張，也給予印度教適當的特權，而確實在印度教徒之間蘊藏許多文明的智慧，但他所採用的比魯尼（al-Bîrûnî）思想遠遠更具學術價值。

在第二個蘇非至上者的層次，阿布勒法茲勒描述了不只是理想的

世俗統治者，還有在民間象徵真主的國王。這類的描述已經出現在詩歌之中，但現在變得更有系統；於此，這部著作已經深深融合了蘇非主義的前提假設。第二個層次貫穿整本著作，始於最初關於人與神的頌揚，雖然不總是十分顯眼。第二層次（在阿布勒法茲勒看待事物的過程中）並非與第一層次相反，也並非對立於自然主義與人文主義，而是給予「人」的定義更深遠的面向。阿克巴爾這位完美的世俗之主是真主的象徵，就像是太陽是祂在自然界的象徵。讚美阿克巴爾，就等於是以人類可以理解的層次來讚美真主。

在第一部分的編年史中，阿克巴爾的行為總是值得欽佩，也無疑總是正確無誤；但他的行為其實無可預測，因為是源自於一股充沛的能量，所有偶然引起他注意的事物都影響著這股能量。的確，他的行為通常相當不可思議；特別是他的征服行動，總是很少人為其辯護，除非是他的臣民，雖然征服最終都有助於建立帝國的普世性。但因為他依舊保有良善，如果有人信任他，最後都將善終，不過這也是暫時的。因此，阿布勒法茲勒描寫，阿克巴爾有次嘲笑在拉吉普塔納的奇托爾（Chîtôr）的親王之子（兒子人在帝國的朝廷中），當時一場對抗他父親的征戰即將開始，因為他的父親未能讓人臣服。這一部分帶有嘲弄的用意（如阿布勒法茲勒所說），一部分則是要掩飾他征服各地之企圖的主題故事；但在故事中，這位年輕人把阿克巴爾的嘲笑當真，並一走了之，因此不會顯得他協助阿克巴爾，來對抗自己的父親。阿布勒法茲勒堅持，如果親王之子信任阿克巴爾，所有的事情（無論他自己或他父親的）都會順利解決；但是，因為受到驚嚇又反抗，他讓自己與父親必須承擔阿克巴爾的憤怒所帶來的後果，奇托爾也因此被佔領。如同每次命運的波動都該被完美詮釋，國王的所有作

為也該如此；可能因此，阿布勒法茲勒對於阿克巴爾行為的特殊讚美，很明顯地是以讚賞的態度，來解釋不利的預兆。（有些人可能會補充道，在哲學家國王的層次上，這樣的故事比較模糊，特別因為這個不幸的親王之子被以正面的方式來描述；可能在這個層次上，這樣的故事透過對阿克巴爾心照不宣的譴責，包含了理想王權的課題。）

在這部著作中，阿克巴爾的確代表神聖命運的實踐。神意不只引導了他人生中的個人事件，還賦予他自其先祖以來就具備的完美德行，阿布勒法茲勒將其先祖所處的、模糊不明的時期詮釋為謙卑之楷模，而阿克巴爾從中受益。阿布勒法茲勒甚至抱持著信心，認為阿克巴爾可能會成為人類革新者，他也許就是末世引導者（Mahdî），在亞當之後七千年到來（最初什葉派計算以一千年為單位，共出現六位偉大先知，包含穆罕默德；以這個概念來看，在六千年那天結束時，會出現偉大的千禧年安息日〔sabbath〕）。但是，比起任何千年至福概念還更重要的是阿克巴爾在體系中「至上者」的呈現，整個世界都圍繞著他運轉。這不只是因為他是國王，又是藝術與科學的主要贊助者，尤其因為他是那個時代的精神引導，而導致文明的描述主要是以阿克巴爾為中心，甚至當他的注意力沒有帶來物質上的直接作用而影響所有創造物時，他的關懷也已經具有精神性的影響，遍及所有事物。此外，透過敬愛阿克巴爾，如同門徒崇敬其蘇非導師，人們都能獲得精神成長，導向他所體現的完美。

不過，這些蘇非主義的觀念，透過人類文明光輝之中延續，而轉變成關注的焦點。在探討這本書比較外在的層次時，人類在宇宙中的角色轉變已經受到注意；這也發生在內心層面。阿布法茲爾身為阿克巴爾的門徒，以蘇非典範來評論內化的倫理，在這個典範中內心的良

知比遵守規範更為重要，但倫理通常是運用在社會中的生活，甚至是在朝廷之中。阿克巴爾所帶來的普世和諧，不只是政治與社會成就（這是阿克巴爾作為一位模範統治者的目標），更是阿克巴爾對門徒的精神引導，教導他們保持個人的道德狀態，也就是面對所有人時，都要內心平靜，無論他們對其他人的態度為何（這對阿布勒法茲勒來說，是一種躲避人類荒謬言行的心境）。下一個更高的層次是普世之愛（mahabbat-e kull），無論他們，這是一種比較正面且具建設性的情感，來促進所有人及其物質福利的進步。（阿布勒法茲勒認為阿克巴爾也已經到達這個層次。）

然而，轉而傾向蘇非主義，似乎主要只影響著比較當下的生活領域。正是透過這些社會美德，而不是透過純粹的個人苦修規範，一個人才能到達比較高層次且艱困的蘇非層級，被真主全盤接受，最終帶來獨一的意識。這些蘇非層級成為各種創造的終極目標，而因此也是所有富庶文明的目的。相應地，阿克巴爾「至上者」的靈性角色基本上就是普世可見的典範，也是文明的孕育者；但最終，他無疑在更形上學的層次上，也會是至上者。

阿布勒法茲勒的著作，顯然帶給阿克巴爾朝代之後的統治者偉大的影響力。這部分是因為阿布勒法茲勒寫作的波斯風格，不斷有人模仿他，雖然（據我所知）都沒有成功。非常注重他的風格，也瞭解這樣的風格和過去的手法都不相同。這種風格主要的輪廓至少被修改成以下的樣貌：它極盡文雅，而更有空間使用優雅的修辭和成對的美麗詞組，卻沒有充滿純粹賣弄聰明的比喻或是不相干的詩句；也就是說，這種風格在形式上相當典雅，但不仰賴瑣碎或多餘的效果。這就是我們所說的文明化。

阿布勒法茲勒風格的理念，是來自他的兄長費伊吉（西元1595年逝世），費伊吉是阿克巴爾賦予殊榮的桂冠詩人。費伊吉是個那時期兩、三位著名波斯詩人的其中之一，他創造了詩歌的「印度風格」（雖然這種風格的元素已經在伊朗詩人之間流行了約莫一個世代）。如同我們在探討薩法維帝國詩歌時所提到「印度風格」扮演的角色，其隱喻意涵發展成為一種不會令人困窘的高尚文雅；也有人說，已經成為標準詩歌元素的隱喻，現在已經被翻轉，而能夠利用其文學歷史的優勢，產生新的精緻效果：一種隱喻本身的隱喻用法。這種詩歌無疑帶有貴族的特色，只適用於已經世代養成品味的特權階級社會。費伊吉與當時的伊朗詩人烏爾非（'Urfi，他也在印度寫作），大約在接下來的整個世紀，深深影響了歐斯曼突厥詩歌，儘管他們在伊朗的重要性較低。

普世主義文明與伊斯蘭社群（Ummah）

阿克巴爾開啟了文化與道德生活的普世主義，這大多是以穆斯林與印度教官員的宮廷生活為基礎，不會與伊斯蘭相互矛盾。的確，這種生活是以伊斯蘭（Islamicate）用語來表達，主要吸引了穆斯林的支持，而非印度教徒。不過，這種生活必須以伊斯蘭的另類解釋為前提，因為這包含了生活與文化，排除了比較傾向排他主義（particularist）、社群主義對伊斯蘭在世界上的任務的詮釋，這通常是由伊斯蘭法主義者所主張（而且在賽伊德·穆罕默德的瑪赫戴維運動中，已經表現出一定的成果，雖然多數伊斯蘭法主義者並不接受）。

這樣的限制對宮廷並沒有造成太大的影響；整體而言，阿克巴爾

能夠在文化甚至是宗教政策上，讓宮廷支持他（雖然政策不總是他個人的主意），至少只要是符合大眾期待，就能得到支持。軍事統治制度發展自蒙古的軍事政府，其基礎既非宗教也非種族，而是對統治家庭的服務，在這樣的制度中，文明的觀念逐漸開花結果；有個前例可以追溯至歷史學家拉胥德丁・法茲勒拉（Rashîduddîn Fażlullâh）的時代，以及他所寫的、客觀公正的世界歷史。這個制度的意義可以描述為蒙古渴望偉大之心態的展現。至於在統治機構之外的穆斯林（與印度教徒），甚至是相當具有特權的人們，在多數情況中，他們很少涉入宮廷的高層文化及其多元的道德要求。就全體社會而言，這種上層文化並非必要，也不適用。儘管如此，宮廷是先受到大眾潮流影響，爾後再對於一般社會產生作用。關於伊斯蘭的普世主義詮釋，不管對宮廷多麼無害，仍可能讓在帖木兒帝國領土內宮廷與一般穆斯林階級的關係受到質疑，而這些穆斯林極端支持這樣的詮釋；此外，也讓宮廷與更廣泛的穆斯林社群的關係動搖，這些社群的整體活力足以讓穆斯林成為強權。

帖木兒帝國統治下的印度所著重的伊斯蘭（Islamicate）上層文化，其主要的焦點絕對是在宮廷，而不是市集或是廟宇；宮廷具備持久的能力，能夠發展其合法化的模式，而其餘部分的社會必須接受之。伊斯蘭文化（Islamicate）與商人階級之間，具有歷史意義的連結正在消失當中。伊斯蘭世界已經大為擴張，而乾旱帶中部現在僅僅佔了其中一小部分；三個偉大的穆斯林帝國之中，有兩個帝國在尼羅河到烏滸河區域以外、灌溉良好的區域發跡。但甚至在乾旱帶中部的中心，專制主義在薩法維帝國時期復甦，重建了薩珊帝國與阿巴斯朝早期的農業穩定性。結果，至少隨著時代變遷，印度的伊斯蘭社會

（Islamicate society）有能力持續從整個伊斯蘭世界中汲取能量。阿克巴爾宮廷中許多最有意義的文化特色，確實都來自其他地區，特別是薩法維帝國之外。

　　這時代所有的穆斯林強權組成了一個寬廣的外交世界。最強大的勢力有歐斯曼人、薩法維人、烏茲別克人、蒙兀兒人，在他們之間為了不同目的而訂定不同策略，在沒有相互對戰的情況下，彼此都試圖保持友誼，或者取得聯盟。雖然所有的統治家族都是突厥人，但外交語言卻是波斯語文；此外，彼此還擁有相同的外交禮儀。歐斯曼人與烏茲別克人一同對抗薩法維人（在這樣的結盟中，歐斯曼的強大勢力反映在烏茲別克人對待他們的模式上，烏茲別克人通常比較奉承，而歐斯曼人則姿態較高。）蒙兀兒人相對中立，對其他的任何一個陣營都是如此；有時候他們與薩法維勢力結盟，有時候則是烏茲別克；當他們致信薩法維帝國時，出於禮貌，會省略平常對前三任哈里發的問候語，除非他們有意要開戰。（歐斯曼人、薩法維人、蒙兀兒人之間至少都保持正常的溝通。不在戰時，彼此地位都是平等的。這導致每一個政權都有可能互稱對方為世界之王。）可是，蒙兀兒人（自從他們很早以前就與葡萄牙人結盟）大多冷淡對待歐斯曼人。有一度（西元1628年），帖木兒帝國嘗試重修舊好，然而歐斯曼帝國的回應委婉但高傲，幾乎帶有攻擊性（除此之外，歐斯曼人已經使用突厥語，而帖木兒朝廷認為突厥語相當粗鄙），結果談判破裂。之後，歐斯曼人試圖以比較軟化的語氣結盟（來對抗薩法維帝國），但沒有任何結果。[7]

7　很遺憾，我們沒有這個時期國際法與外交的研究（實際上，不存在任何伊斯蘭歷

世界維持著一個文化整體，因此形成一個外交整體，不過每個帝國都有意在宮廷裡發展獨特的區域文化。在這整體中，薩法維帝國無疑佔有核心地位，但印度比較接近文化影響力的核心。重要人士從其他帝國前往印度，並定居下來，但除非要去聖城漢志，很少人會離開印度。相應地，印度的書籍四處流傳，在歐斯曼人之間也相當盛行，但歐斯曼人的著述在印度卻乏人問津。在這時期四、五位偉大的波斯詩人之中，先前提過的費伊吉幾世代之前就屬於印度家族，而烏爾非雖然出生在法爾斯（Fârs）的須拉子，他所有的著作都在印度完成。而且在印度，不只是詩歌的風格，連梵文翻譯也相當完善，對伊斯法罕的思想有深遠的影響。至少，到了十八世紀，在印度完成的伊斯蘭法相關著作，在歐斯曼帝國變得相當重要；一系列奧朗吉布施行的飭令（fatwà）在那裡相當受重視（有一位歐斯曼帝國的作家還把奧朗吉

史時期關於這個領域的研究，至今只有討論最早期哈里發政權的外交政策，也就是在各種不同的穆斯林政權興起之前）。到十六與十七世紀，當穆斯林政權之間的國際關係變得越來越重要時，這方面的研究仍是缺乏。Aziz Ahmad, 'Moghulindien und Dar al-Islam', *Saeculum: Jahrbuch für Universalgeschichte*, 12 (1961), 266－90，已經討論了那時期許多的外交文件，雖然有些相當實用，但很可惜並沒有多加闡述。他論述很謹慎，在許多方面相當有名氣，不同於這領域過於單調的情況，相當令人欽佩。由於受早期西方學者未切中要點的假設所困擾（雖然他不排除參考現代的西方學術著作），他沒能看出自己提供的資料中所隱含的意思，也沒有提出相關質疑。他試著以長期結盟與權力平衡的角度，來描述穆斯林各大強權之間的關係，這適用於同時期的歐洲政權系統，卻不適合伊斯蘭世界（他甚至認為奧朗吉布是需要外國「承認」的「僭越者」）。尤其，他仍然假設，歐斯曼人聲稱自己是阿巴斯朝以來，歷史上唯一的哈里發政權，為了找尋對這假定的認可，耗費許多文字在華麗贅詞上。Aziz Ahmad, 'Akbar, hérétique ou apostat', *Journal asiatique*, 1961, pp. 21－38, 受到同樣錯誤觀念（「派系」概念等）的影響。

布尊為「信仰者的領導人」，如同古典時期的哈里發）。納各胥班迪道團（Naqshbandiyyah）分支的穆賈地迪道團（Mujaddidî），由印度（經過漢志）進入歐斯曼帝國。相反地，一些歐斯曼文化中相當實際的細節似乎已經傳入印度。偉大的歐斯曼建築師希南（Sinân）的徒弟，據說參與了泰姬瑪哈陵的修築工作，而從歐斯曼帝國來的大砲工人也受到帖木兒帝國重用。

不過，雖然帖木兒帝國印度的伊斯蘭文化（Islamicate culture）盛行於伊斯蘭世界，超越原始的區域，但即使在普世主義的層面（也是在伊斯蘭社群領域之中），其中普世主義的趨勢形成了一種特性。非社群文明與穆斯林社群之間的問題，在印度變得相當敏感，特別是在文明幾乎跨越社群交界的地方。即使在政府基礎中最不重要的轉變，也能夠允許政府以及與伊斯蘭法無關的社會模式合法化，有些實際情況確實如此，但這樣重視平等、反對貴族的社群主義基礎，依舊在衰弱的體制中持續下去。當然，伊斯蘭認知還能如同以往，維持反對派的立場；伊斯蘭傳統逐漸讓穆斯林，對於宮廷的愚昧、不公不義與奢華鋪張，都相當敏感。許多穆斯林不滿阿克巴爾的政策，以及他的繼承人，認為他們偏離了伊斯蘭，而且這些抱怨在政治上沒有太大效用，只讓往後幾世紀產生愈來愈多文化質疑。

在整個印度的帖木兒帝國時期，什葉伊斯蘭有如洪水猛獸。順尼穆斯林之間對於什葉伊斯蘭充滿怨恨。阿克巴爾幫助來自伊朗的移民（當然，可能是突厥），安置在他的軍隊之中；當他們在印度服務時，有時甚至還保有在收取伊朗土地稅金的權利。這一類的人們可能都是什葉穆斯林，而來自烏滸河流域察合台區域的人們（稱作圖蘭人）可能都是順尼穆斯林。在阿克巴爾及其繼承人的宮廷中，「伊朗」與「圖

蘭」貴族之間的政治鬥爭，有時候已經是什葉派與順尼派的鬥爭，也是薩法維帝國與烏茲別克的鬥爭。可是，當普世主義的文化觀點與什葉派連結時，政治對立（直到奧朗吉布時期之後才變得嚴重分歧）就不是相當重要。這種傾向也許和什葉派反對以及千年至福觀的背景有關，他們會助長實驗性的宗教改革。但是，當伊朗以什葉派為主體，這種傾向就連結了舊伊斯蘭地區的上階層貴族文化；而什葉派的普世主義文化觀點，的確在印度宮廷文化中也扮演重要角色。普世主義的文化此時不只承繼了道團蘇非主義中、效忠阿里及其後裔的意識，與什葉伊斯蘭還有更緊密的連結。即使連結尚未成熟，其反對者很快就發覺這樣的關係。

在阿克巴爾宮廷的外國人謠傳，阿克巴爾要摒棄伊斯蘭，當時大眾已經產生這樣的質疑。有些作家意圖抨擊阿克巴爾的冷血。有些關於他的宗教政策的傳述極盡扭曲，而且已經影響了多數穆斯林的意見，包括現代學者對阿克巴爾的評價。關於阿克巴爾的評論（特別是來自伊斯蘭法學者與朝臣巴達伍尼〔Badâonî〕[8]的評論），總括了他各式各樣的行為，或多或少帶有宗教色彩，例如維持某些宗教體系控制的政策，類似於那些在薩法維與歐斯曼帝國所發生的事情；阿克巴爾實行的那些宗教寬容政策，無論如何都不是前所未有；任用印度行政人才與軍人的政策，以及結盟印度拉吉普特統治者的政策，也不是前所未有；他在穆斯林之間的爭論中維持中立立場，以及對於其他宗教教師的開放心態；他也主張遵守道德原則不是伊斯蘭法所要求，但也

---

*8　編註：巴達伍尼是帖木兒帝國的歷史學家，代表作為《巴達伍尼的歷史》（*Târîkh-i-Bada'uni*）一書，關於穆斯林在印度的歷史，並在第二卷評論阿克巴爾的行政手段。

不與伊斯蘭相互矛盾；最後，阿克巴爾個人靈性洞見的表達，還有他對於親近好友的教誨（有些現代學者認為，這是要傳播一種新宗教來取代伊斯蘭，但其實並不必然帶有這樣的意涵，有兩件事可以證明這一點：阿克巴爾的繼承者延續他的某些特殊儀式，而奧朗吉布還將這些政策融合到一位蘇非導師的宗教實踐之中）。阿克巴爾的批評者甚至抨擊他引進太陽曆，可能是因為他以「神聖的」（ilâhî）形式呈現之，但陽曆並非與宗教改革直接相關；這事實上是財政改革政策，這是能幹的穆斯林統治者的典型作為，不斷以必備的陽曆來進行財務計算，但這樣的方式時常導致調整失靈，因為少了伊斯蘭陰曆的優勢。[9]

如先前所提及的，針對阿克巴爾的宗教敵意在西元1580年形成了強大的叛亂運動，有不少宗教學者支持。有些阿克巴爾的對手批判他

9　關於阿克巴爾改革最重要的資料就是阿布勒法茲勒的《阿克巴爾傳》，說明阿克巴爾體系的內涵，陳述他政權的整個政治網絡，但有時候掩飾了不欲人知的事實。不像他陣營的其他人，阿克巴爾沒有留下任何回憶錄，而阿布勒法茲勒必須為他完成（但這本書各種版本的翻譯都不好）。有許多資料以及對阿克巴爾（及其繼承人）的政策合理公正的評價，可以參考 Sr Ram Sharma, *The Religious Policy of the Mughal Emperors* (Oxford University Press, 1940)，但是，作者狹隘地解釋「宗教性」為只是宗教忠誠，還特別關注對印度教徒的迫害或印度教的缺席——在 Ram Prasad Tripathi, *Rise and Fall of the Mughal Empire* (Allahabad, 1956) 的相關章節，也可以看到這一點。Tripathi 是「修正主義者」，不重視奧朗吉布早期廢止的政策，但修正主義的傾向沒有某些人強烈。Tripathi 的 *Some Aspects of Muslim Administration* (2nd rev. ed., Allahabad, 1956) 也同樣審慎，但不大量依靠想像，這部書偶然提出了使用「蒙兀兒」，無異等同於「蒙古」，指出這種用法並不恰當；有時候他甚至認為，似乎拉吉普特、蒙兀兒、順尼穆斯林是三個對立的團體，他似乎還期待印度「蒙兀兒」藉著古老異教徒的蒙古概念而存續。

絲毫不重視傳統。例如，巴達伍尼刻意扭曲事實，抹黑阿克巴爾與他的友人。但是，他受到的控訴是腐敗的宗教學者所做出的普遍控訴的一部分。我想他所代表的道德主義世界觀，以最微弱的光芒對抗著道德或物質方面的奢華文化。社群主義的批判，實踐在高度神學的層次上。批評阿克巴爾最為著名的，就是阿赫瑪德・希爾辛迪（Aḥmad Sirhindî），他的追隨者稱他為「Mujaddid-e Alf-e Sânî」，意即「（穆斯林）第二個千禧年的革新者」。

在阿克巴爾政權晚期，希爾辛迪變得相當積極，他明顯地感覺到，最有影響力的穆斯林都與他所代表的嚴格目標相結合。他譴責阿克巴爾與印度教妥協，但他認為阿克巴爾的態度來自於伊斯蘭信仰，特別是蘇非主義。雖然他自己是名蘇非行者，他不像許多嚴屬的人在中後期持續的作為，那些人以純粹伊斯蘭法的立場來攻擊蘇非的普世主義，否定所有內在生活的教義，希爾辛迪反而盡力維護蘇非主義的固有形式。他特別抨擊伊本—阿拉比的一元論（monist）教義，因為伊本—阿拉比接受了阿拉伍丁・希姆納尼（'Alâuddîn Simnânî）所提出的獨特教義。從密契生活核心經驗的角度，希爾辛迪在在伊本—阿拉比系統的基礎上確保「存在獨一論」（waḥdat al-wujûd），只對應了密契主義長期追尋的一個階段。他自己要求要跨越這個層次，提升到比較高或比較深層的範疇，以進入深刻密契層次理解；而他也瞭解到，這樣的經驗能夠引導出能確定真主與其創造物之間的終極區別。在密契經驗中所發現的獨一性，其實是「單一見證論」（waḥdat al-shuhûd），而不是「存在的單一性」。

在這個基礎上，希爾辛迪試著與非常個人的密契經驗妥協，對此，蘇非主義佔有重要地位，其積極的社會運動是伊斯蘭法中的伊斯

蘭所要求的。最高層的信徒與真主之間的鴻溝已經填補，而外在法律認定的至高權威，超越了聖靈（Spirit）的內在行動。希爾辛迪加入了甫進入印度的納各胥班迪道團，也建立了新「穆賈地迪」分支，該道團也承認他是這個時代的「至上者」。這些納各胥班迪道團的成員散播了希爾辛迪的觀念，連同其他道團，敵視帖木兒帝國統治下的印度伊斯蘭的主要模式。

當時，像希爾辛迪這樣具有影響力的人相當稀少。[10]阿克巴爾的兒子兼繼承者賈漢吉爾監禁了希爾辛迪，但後來又反悔，轉而對他表示敬意，並且讓他回到他在旁遮普的老家，那也是許多人支持他的地方（不久之前，他們才因為鬧事而遭到鎮壓）。寬鬆的道德與普世主義方向，深深建立在宮廷的生活模式以及帝國的組織之中。在十七世紀，受重視的順尼宗教學者運用理性判斷的權利，來解釋伊斯蘭法對印度教徒權利的支持。另外，在偏遠地區出現的情況是：一個馬茲達教徒（印度的帕爾西〔Parsi〕社群，代表著它們之間特殊的教派），以波斯文寫下一份宗教調查報告（西元1657年）——《宗教派別報告》（Dabistân-e Mazâhib），描述了所有宗教真理的終極一致性，友善地對待異議分子如伊斯瑪儀里派，這也一直是馬茲達教保持的色彩。但

---

10 希爾辛迪的追隨者誇大了他的影響力。這些誇張的事蹟，對於非政治的Subhan印度蘇非主義研究也帶來影響。關於希爾辛迪的傑出思想，在英文研究裡，最重要的著作是Burhan Aḥmad Fârûqî, *The Mujaddid's Conception of Tawḥîd* (Lahore, 1940; 2nd ed., 1943)。可惜Fârûqî的研究不夠嚴謹又極端偏執。（在他寫作這部著作那個時期〔巴基斯坦騷動〕的氛圍，完全顯露在他嚴肅的語句中：「伊斯蘭處於災難之中。不信者能夠公開愚弄、譴責伊斯蘭與穆斯林。」）可是如此的歷史斷言完全沒有價值。

是，在一個完全伊斯蘭（Islamicate）的形式裡，這樣的態度必定會以一句一般穆斯林的慣用語來表示：「以至仁至慈真主之名」。這部著作在穆斯林與部分印度教徒之間相當受歡迎。穆斯林愈是對統治者沒有意見，穆斯林統治階級對於普世主義傾向的敵意，也就成為內部反對特殊政策的重要意見，但並不會對印度的伊斯蘭命運造成問題。

趨於完美的印度伊斯蘭藝術

　　相應地，帖木兒帝國的勢力在阿克巴爾去世後仍然能夠存續。賈漢吉爾（在位於西元1605～1627年）是阿克巴爾唯一存活的兒子，卻讓晚年的阿克巴爾頗為失望，賈漢吉爾放縱個人慾望，這是阿克巴爾向來不齒的行為，他自己從未如此；賈漢吉爾在最後幾年變本加厲，抗拒父親安排他即位，同時也沒有表現出他的能力。然而，阿克巴爾所建立的系統在主要的執行線上並沒有大幅衰微；賈漢吉爾似乎沒有智慧去選任能幹的大臣，他還拒絕了一些最優秀的人士。整體而言，雖然他特別不去違反對伊斯蘭的尊崇，但他還是維持著他父親的宗教與文化政策，可是手段相當軟弱。一開始，他甚至試圖維持阿克巴爾的蘇非道團儀式，要求門徒以他為模範；不過，他並未具備阿克巴爾的人格特質，以至於這樣的意圖完全不可行。有時他會陷入直接的偏見之中，但宮廷文化的方向，並沒有因為賈漢吉爾缺乏個人影響力而有所改變。

　　賈漢吉爾的兒子——賈漢國王（Shâh Jahân，在位於西元1627～1658年）可能大致上維持著相同的傳統，無論是政治或文化傳統。翻譯印度語文書籍、提倡印度詩歌都仍是宮廷活動的重心（甚至有些是

把伊斯蘭自然科學著作翻譯成梵文！），印度教也在高官間傳播。但在宗教領域中，他偏好更為嚴格的伊斯蘭法主義，至少表面上是如此。賈漢國王鼓勵人們改信伊斯蘭，帶動了某種偏執對抗印度教的風氣。他也公開仇視什葉穆斯林，部分是因為他加強阿克巴爾南向擴張的政策，而犧牲了德干高原的穆斯林蘇丹政權，當地的什葉伊斯蘭相當強盛。無論如何，帝國的軍事力量與其行政效果，似乎對於統治者與表面政策沒有任何影響。

帖木兒帝國勢力最偉大的表現，是在同一時間宮廷文明最偉大的成果，也就是精緻藝術領域，尤其是繪畫與建築藝術。國王及其貴族贊助了視覺藝術的所有類別，這些作品源自於最珍貴的才華。在此，伊斯蘭（Islamicate）的啟發變成多元宗教文化生產力的基礎。正是在藝術領域中，我們最清楚看到外來的伊斯蘭（Islamicate）啟發（這種啟發是朝代的象徵，而政權也總是贊助其發展），結合了該區域中一種獨立的印度伊斯蘭文化（Islamicate culture）的不斷形塑。在印度，通常透過印度教徒的主導伊朗的伊斯蘭藝術（Islamicate art）傳統，時而溫和、時而劇烈地產生了獨特的印度—伊斯蘭藝術（Indo-Islamicate arts）之複合體；這在帖木兒帝國之前的時期就已經出現，但在此時達到鼎盛——準確來說，這是屬於外來模式自主介入的情況。

在謝爾夏時期，已經逐漸出現了與印度帖木兒帝國相關的建築風格；在阿克巴爾時期，這些風格有了全面的發展。帖木兒後裔們懷抱著對察合台祖國的緬懷之情。當時，有些王宮顯貴陵寢興建計畫採用了帖木兒帝國統治下、烏滸河流域的圓頂設計；但此類作品的細節延續了印度—伊斯蘭傳統（Indo-Islamicate tradition）。此外，比較能夠起催化作用的，可能會是帖木兒後裔的精神。阿克巴爾承繼了帖木兒家

族固有對贊助藝術的熱愛，更對細節感興趣，他個人的品味具有影響力。對於臨時的首都法泰赫普爾・希克里（Fatḥpûr Sîkrî），他相當引以為傲，這座城市自從他的年代幾乎完整保存至今，表現出近乎獨特、在建築方面最令人印象深刻的印度傳統，這包括了發亮的平滑石材，以及建築低矮但又鮮活的宏偉氣勢，還有尼羅河至烏滸河地區中，伊斯蘭藝術（Islamicate art）的拱門與明亮色調。這不是僅僅是大略的模仿，還是其大膽概念之具體解放。

在建築方面，阿克巴爾顯然樂見印度模式在各地廣為模仿，儘管是在伊斯蘭（Islamicate）精神之下重現。在繪畫方面，阿克巴爾保有對先祖的崇拜。他的父親從伊朗帶來了最精良的畫家，阿克巴爾尊重父親的作法，如同他後兩任繼承者，都從伊朗與錫爾河及烏滸河流域，帶來許多人才。然而，阿克巴爾大幅干涉印度畫家的訓練，這些畫家都由伊朗老師教導，這對他來說有可能讓印度學生脫離傳統方向的窠臼，以創造出獨特的印度—伊斯蘭繪畫學派。

阿克巴爾的兒子賈漢吉爾，提倡繪畫也不落人後；為了朝向較偏風俗畫風格的藝術，在印度與薩法維帝國伊朗都出現了一些同樣的實驗，但（就像在伊朗）它們沒有完全取代帖木兒帝國繪畫純粹的視覺性。然而，即使是這些試驗也必然經過修改；例如，印度畫家比較強調富有人情味的細節。忠實的個人肖像素描可能在薩法維帝國的伊朗會受到某種約束，但在帖木兒帝國的印度成為重點發展。到了顯著的程度，連形式都有所修改。空間的概念也引進了，特別是背景（前景還是維持著圖像表面自主的傳統），即水平面放低的手法（觀者可以比較關注圖中的人與物），甚至有些繪畫運用了遠視效果。在那些轉變之中，有些細節是學習歐洲的手法，以及華麗的自然主義，在藝術

精神方面則是學習印度。

　　但是，不管刺激來自何處，新的元素讓藝術也扮演了新的角色。在印度的農業專制政體裡，如我們所見，帖木兒裔的統治者已經能夠建立他們政權的獨立合法性；這似乎在藝術之中已經表現出來，特別是肖像素描。阿克巴爾著重在向訪客展現他自己的肖像，以示其莊嚴的姿態；他堅持所有朝臣也要有個人素描，來作為榮耀或甚至是彰顯他朝廷的永垂不朽。前面已經說明了，玫瑰成為帖木兒帝國代光輝的象徵，及其彰顯的美麗，而當賈漢國王凝視一朵玫瑰，不只是美感上的偏好，而是具有象徵性的姿態。也就是說，印度帖木兒帝國的藝術若不是帶有宗教目的，至少也是為政治、政權服務，已經在某種程度上成為紋章藝術，客觀的象徵主義從中重新獲得一席之地。[11]

　　這種藝術尚未被大幅修改，人們沒有忽略先前已經達到的偉大藝術成就。藝術讓伊斯蘭文化（Islamicate culture）的印度特色私毫無差地表現出來，甚至以這次要的方式，反映出富庶印度的農業穩固性。拉吉普特的各個宮廷提倡了風格接近帖木兒帝國宮廷的繪畫學派，帖木兒帝國的風格確實影響了整個印度。[12]

11　Alvan C. Eastman, 'Four Mughal Emperor Portraits in the City Art Museum of St Louis', *Journal of Near Eastern Studies* 15 (1956), 65－92一 文 從 Eric Schroeders, *Persian Miniatures in the Collection of the Fogg Art Museum* (Harvard University Press, 1940)一書中，取用了一些洞見，另外也參考了 'The Troubled Image' in *Art and Thought*, ed. G. K. Bharata (London, 1947)，表現出我在此指出的紋章藝術之要點，儘管他可能不同意我的論點。

12　詹姆士‧艾佛利（James Ivory）優美的電影 'The Sword and the Flute' (Film Images, 1959) 屬於印象主義，生動且巧妙地用了帖木兒帝國與拉吉普特的繪畫作

我們很難確定，在何時更多變的藝術領域中（如音樂與舞蹈），出現何種發展；我們只知道這些藝術領域都受到極大的關注。印度與伊朗—閃族音樂長久以來關係密切，時常相互影響（例如，崇高的巴格達哈里會獎勵受過嚴格訓練的印度女歌手，而且可能在薩珊帝國時期就已經出現這樣的情況）；的確，以廣義的角度來看，從印度到地中海整個區域的音樂都採用一樣的音階和共同的樂器家族，也以類似的方式使用曲子的調式，直到西方音樂的複音改變了這種情況。不過，在印度，音樂已經朝向一種特殊方向而提升，每一種調式都有各自細膩的情緒與象徵重點。以一般性的基礎來看，很難認定穆斯林對印度北部音樂傳統貢獻的多寡（很明顯不同於印度南部的音樂傳統，而且多由印度教徒贊助），但直到十四世紀，在印度北部，穆斯林與印度教徒都用同樣的形式創作音樂。據我所知，在隨後的幾個世紀裡，在穆斯林的贊助支持之下，這些格式隨著時代轉變，一直在改進當中。

　　和音樂相關的藝術類型是詩歌，以書寫來記錄；關於詩歌，我們能夠掌握的資訊就比音樂多出許多。如我們所見，精緻的純文學標準是以波斯文來保持，吸引了穆斯林與印度教徒深入研究；如果比較優秀的波斯詩人沒能在薩法維帝國的贊助下發揮足夠的特色，他們還能在帖木兒朝廷中找到熱情的賞識。同時，本土方言（特別是印度語〔Hindi〕），也受到大方的贊助（而且不只來自印度教徒）。當蘇非行者們用印度文寫作時，他們有時不會忽視源自印度意象的精神意涵。

　　當建築藝術發展到最為細膩精緻時，賈漢國王成為最重要的贊助

　　品，去表現那個時代的氛圍和畫家的理念，仍帶有一些重要觀點。

者。無可否認，其實在他執政早期，他讓剛剛興建完成的印度廟宇被毀壞殆盡；而在征服行動中，他也熱愛褻瀆各地的廟宇；不過，他熱愛純粹的伊斯蘭風格（Islamicate style）建築（建築建構於拱門與圓頂之中，不過受到印度生動的風格影響），他的品味必定極為簡潔且宏觀，而建築師要發展出大量充分的技巧，才能達到賈漢國王的標準。在賈漢國王在位期間，可以看到非常印度風格，同時也非常伊斯蘭（Islamicate）風格的形成過程。從展現完美雕刻工藝的小規模清真寺，到無可比擬、位於阿格拉的泰姬瑪哈陵（Tâj Maḥall），各種令人驚奇的建築都是為了他而建造；泰姬瑪哈陵在白天已經時時刻刻吸引著熱切的目光，而當神奇的月光灑落在入口處的白色大理石上，更是讓人看得目不轉睛。就像當時的許多人，賈漢國王深愛著一位女性，泰姬瑪哈陵就是她的陵墓；賈漢國王似乎計畫在賈木納河（Jamunâ）的另外一側，以黑色大理石興建自己的陵寢，但他的兒子如同幾個印度帖木兒後裔的兒子，也像賈漢國王本人一樣，阻擋了興建計畫。

賈漢國王在他晚期被他的兒子奧朗吉布（在位於西元1658～1707年）囚禁；在牢裡，他只能透過鏡子從很小的窗口看著他所建造的美景，而且還有許多宏偉的建築物都停止興建。奧朗吉布不喜愛藝術，在他執政期間，藝術的高額贊助逐漸減少，而過去最美好的時期所創造的細緻完美也隨之消逝；接著，特權階級之間，帝國政權威望所依賴的普世主義文化的宏偉盛大也連帶衰退。

印度的資產

　　在世界大多數人的想法中，包括從尼羅河到烏滸河地區的穆斯林，印度是塊富庶的土地。根據民間故事所述，印度儲藏了大量的金子與珠寶。印度的富有統治者，生活相當奢侈鋪張，無人能比。（當然，這假設了各處的窮人都一樣貧窮，而有錢人享有特權。）印度財富的概念其來有自。比起乾旱帶的任何一個部分，印度的鄉村相當富裕，因為農業發展不只在一、兩個地方，而是在廣大的地區發展；此外，不同於水源充足的北方，通常一年都有超越一期的收成。

　　印度以工藝品聞名，例如珍貴的手工作品、鋼鐵器具和各式各樣的豪華物品。貿易在整個區域相當活躍也很有收穫豐碩，即使是大部分的日常必需品，在鄉村之間的貿易也相當頻繁。不同的印度鄉村都有很多元的特色。孟加拉出口食物與營造氣氛的藥草，且以價格低廉著稱，而且鮮少發生飢荒。古嘉拉特大部分的糧食依賴進口，而出口經濟作物像是棉花、染料等；這個地區以城市頻繁的貿易和特別嚴重的飢荒聞名。摩臘婆（Mâlvâ）是從古嘉拉特往東的內陸地區，當地居民採用不同的發展模式，雖然其所扮演的貿易角色不甚顯著，但以不曾有過飢荒著稱；因為摩臘婆位於多丘陵的河川流域，能夠在自然或人工湖泊中獲取水資源，作物的灌溉相當豐沛。恆河上游平原盛產糧食作物與經濟作物；阿格拉是偉大的帖木兒帝國時期最長期的首都（也是泰姬瑪哈陵的所在城市），色調以靛青色為主，染料來自於在城市四周種植的槐藍屬植物。不過，所有鄉村提供的資源都讓身處帝國中心的統治者變得更加富裕。旅人們總是強調，印度北部的大城市，例如阿格拉、德里、拉合爾（Lahore）等，都遠遠大過其他城市，無

論是在尼羅河到烏滸河之間的地區，或是歐洲。

有了這些經濟活動，就能夠生產各式各樣的奢侈品，讓印度幾個鄉村地區的器具，甚至在較遠的地區也很受歡迎，而像是古嘉拉特、孟加拉、恆河平原等地的鄉村會出口貨品到遙遠的歐亞非舊世界，以及印度其他的鄉村；而因為來自遠方的加工產品通常只是依照印度原有的貨品重新製作，那些遙遠的地區通常需要以珍貴原物料來支付，例如黃金，這在任何地方都很受歡迎。那麼，印度區域所吸引的就不只是人，例如自尼羅河與烏滸河之間地區而來的異教徒社群、從伊朗高地來的移民等，更吸引了從世界各地運送而來的珍貴金屬與珠寶。

當印度落入穆斯林手中，印度穆斯林宮廷也就成為伊斯蘭世界最富有的地方。特別是當統治力量擴大到印度各地，帖木兒政府確實擁有很豐富的經濟資源，以此為基礎，建立了穩定的農業社會與政治秩序。到了十七世紀，宮廷生活極盡奢華之能事。可是，在賈漢吉爾與賈漢國王在位時期，有些權力根基已經漸漸衰微。到了十七世紀下半葉，政府則遭遇財務困難，一部分是因為政府支出的比例高於過往，一部分則是因為經濟狀況確實較令人不滿，可供支出的資源也較為匱乏；這絕大多數是肇因於帖木兒帝國的政策。

帖木兒裔的特權階級的文化生活與政治政策，皆逐漸變得愈來愈昂貴。為了要維持軍隊士氣與紀律，持續征戰是最適當的方式（不過，對於中期尚未發展成熟的軍事政府而言，征戰確實較不具必要性）。不若薩法維帝國，印度帖木兒帝國有效地維持活力，以維繫強大的軍隊，並讓帝國變得更加完美。可是，隨著軍事活動範圍擴大，行動也變得愈來愈昂貴。尤其是在試圖維持對德干其他政府的霸權時，軍隊編制愈來愈龐大；大砲作為強大中央力量的象徵，也變得笨

重。此外，行政管理以農業社會（agrarianate）的交流方式，很難控制遙遠的地區：例如，當奧朗吉布把政府總部遷移至德干高原時，曾面臨一個嚴重的危機，那就是軍官匆促執行他所忽略的法令。透過這些作為，即使缺乏某些快速的行動力（這是巴布爾與阿克巴爾許多行動的特徵），軍隊仍然能夠維持效率；但這不只更耗費財力，軍隊也變得更難管控；龐大行政體系的誠信可能正在逐漸衰微。

同時，宮廷文化本身也變得比較需要財力支出。從一開始，帖木兒帝國不只已經鼓勵了宮廷中的外國學者與藝術家，還促進了各式各樣奢侈品的收藏。具備任何天賦的人才，如果在伊朗或錫爾—烏滸河流域得不到充足的贊助，將能夠在富裕的印度受到溫暖且豐厚的歡迎，就像貿易商所受到的歡迎一樣，他們從中國或歐洲或這兩地之間的任何一處帶來商品。因為在帝國的普遍區域裡，建立了高度內部秩序與政治可靠性，宮廷奢華才能漸漸增加，這如同薩法維帝國的情形。

但是，這不必然是印度經濟整體的優勢。帖木兒帝國政府（如同薩法維帝國）為了維持宮廷的奢華鋪張，在印度開拓最龐大的製造產業，也在印度增加了工業投資。作為佔有主宰地位的農業強權，帖木兒政府很少依賴貿易利益，但其實貿易在這個時期仍具有一定的重要性。從胡馬雍與葡萄牙人結盟對抗古嘉拉特開始，帖木兒政府便很少注重海路控制（征服古嘉拉特後，那裡的地方勢力必須放棄海上活動），這讓葡萄牙人得以壟斷商品，並提高價格。然而，就像在伊朗的情形，商人可以致富，但農業經濟才是最為重要的。

土地稅收逐漸增加，必須繳納超過原來規定的三分之一產量；至少在阿克巴爾領土比較中央的地區，這樣的稅制已經成為常態。稅收

上漲，農民對此的感受最深，他們的收穫量約莫在十七世紀逐漸下滑。貨幣貶值（大概是因為美洲的銀）導致稅收評估的金額相對大幅上升，但稅收確實也已經提高。這時期的評論似乎將稅金增加歸咎於不當指派土地給軍官，他們不顧對未來的影響，意圖要索取最多的稅金（雖然當土地收穫增加時，政府已經給予他們獎勵）；這是因為等級和薪俸的中央官等制度，內含了受封土地快速輪替的特性，而這種特性會減少他們暫時的持有地所帶來的利益。農業層次（agrarianate-level）的行政管理機構過度擴張（雖然必須如此才有可能延續中央化的軍事紀律），似乎會導致和紀律崩壞一樣帶來相同的災難性結果。無論如何，比較高額的稅金索取也可能導致有些作物的產量降低；據說有許多農民四處遷徙到較不受政府管制的地區，這大多是難以觸及的已開發地區（一般來說政府都視這些地區的農民為暴民），或是較少高官顯貴提供保護的地區，這些顯貴只有有限的金額可以繳納給帖木兒帝國政府，例如位階較低的印度統治者。偉大的國王難以找到足夠的土地，來依照龐大的統治機構所要求的數量，分配給官員。[13]「世界之王」（'Âlamgîr）奧朗吉布即位後不久，就面臨了積累許久的危機，他執政晚期幾乎變得一蹶不振。

13　印度—帖木兒帝國經濟史的研究，可見 W. H. Moreland 的 *India at the Death of Akbar*（見本章的註釋1），以及他的 *From Akbar to Aurangzeb: A Study in Indian Economic History* (London, 1923)。農業經濟的部分，最重要的就是 Irfan Habib, *The Agrarian System of Mughal India* (1556－1707) (London, 1963)，這部著作是相當細緻且宏觀的研究，包含了所有相關議題。

奧朗吉布與反叛分子

　　帖木兒家族中有許多成員通曉阿克巴爾的哲學觀；賈漢吉爾試圖要維持這個狀態，儘管他沒有任何特別的天分。賈漢吉爾的兒子——胡斯洛（Khusraw）也許心胸較為寬大，卻被當作反叛分子而遭殺害。賈漢國王最喜愛的兒子是達拉・胥庫赫（Dârâ Shikoh），他加入了嘎迪里道團（Qâdiri），寫下一份證明，論證《奧義書》（Upanishads）中包含對真理的公開表述，而且和蘇非主義所聲明的真理相同；他並不是沒有能力，而是缺乏如阿克巴爾或巴布爾的魄力。他最後遭到兄長奧朗吉布冷落、殺害。每次在這種衝突中，都會有人支持任何兩方聲明中比較強調伊斯蘭法的人，精確地說是以伊斯蘭的名義發言的人；而雖然這沒有導致任何爭端，穆斯林統治階級之間、對抗朝代普世主義傳統的壓力仍然持續，而且可能會越趨強大。

　　奧朗吉布沒有立刻改變前朝的一般政策，但他個人是伊斯蘭法主義者和穆斯林社群主義者，甚至心胸狹隘。他與源自於阿克巴爾的契斯提道團蘇非行者有密切關係，他也接受了在唸記（dhikr）儀式中使用音樂的做法，反抗市場監察員（muḥtasib）的決定；但是，他也似乎對納各胥班迪道團的穆賈地迪分支（即希爾辛迪的追隨者）相當友好。他允許伊斯蘭法學專家控制稅金等類似的收益，賦予他們獨佔權；他也針對順尼派所定義的異端，處死了許多人（這在當時帖木兒帝國統治下的印度仍相當少見），也反對伊斯蘭曆一月悼念胡笙的什葉儀式。要下決策時，他會傾向支持伊斯蘭法主義，以及順尼的社群主義。

　　當奧朗吉布仍是他父親在德干高原的代理人時，試著壓制兩個殘

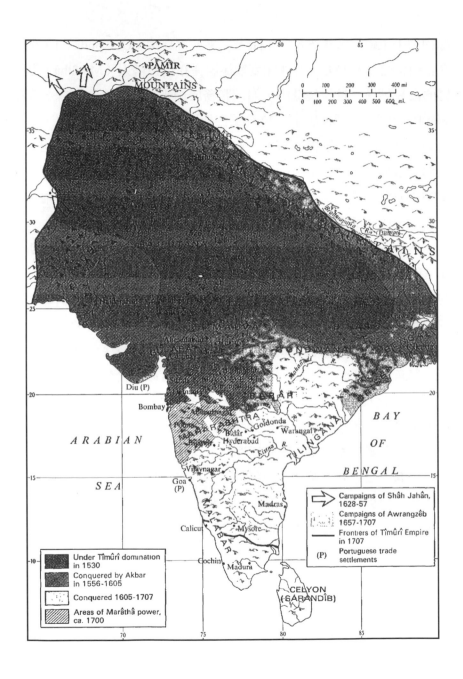

圖 2：印度帖木兒帝國，西元 1526～1707 年

餘的德干王國（比賈普爾〔Bîjâpûr〕與戈爾康達〔Golkondâ〕），他們在當時仍是反對勢力。有些印度教徒居住在瑪拉塔人（Marâthâ）為主體的海岸地區，且擅長登山，他們服務於德干蘇丹政權的軍隊，而不滿新的帝國。他們推出了一位希瓦吉地區（Shîvâjî）的領導人，他是信仰印度教的瑪拉塔指揮官，在帖木兒帝國統治下無法展現才能，而在他的領導下，這些山區居民在高地上建立了獨立勢力；他們自此突擊帖木兒裔政權，以及位於比賈普爾（Bîjâpûr）的德干蘇丹政權。反抗人士（包括穆斯林）都從德干高原而來，抵抗著壓迫的力量。

奧朗吉布可能會意識到，要對抗這樣的威脅，就必須加強穆斯林陣營的紀律，對他來說，這包括比較嚴格的宗教紀律。無論如何，他的宗教立場逐漸影響了他的政策；例如，他制訂禁酒令，來糾舉放蕩的行為，這比賈漢國王還要嚴格（但他默許某些逃避禁令的人，例如一群無法戒酒的西歐槍手）。不過，有一種在伊斯蘭法標準裡的放縱行為帶有特殊意涵，這種行為就是促進與印度教徒合作的可能性。在這個層面上，他起初相對謹言慎行，先減少他所參與的印度教節慶數量（以君主的身分參與），以穆斯林占星師取代宮廷的印度教占星師；最後，他在軍營裡禁止了所有印度教節慶。奧朗吉布對印度教商人收取兩倍的稅金，但穆斯林的稅額仍然很低。他雖然聘用印度教官員，但不讓他們負責太多事情。然而，自西元1679年起，他有意壓制印度教徒，也就是在伊斯蘭法中稱之為非穆斯林的受保護者，最具象徵性的作為就是恢復對個別受保護者徵收的人頭稅；這通常是重稅，帶有差辱的意味，甚至在軍隊中服役的受保護者也必須繳納。他最受人注目的一個政策，就是假借不同的藉口來大規模破壞印度教廟宇。

這些宗教政策讓經濟陷入困境。無可否認，對立的宗教政策無助

於解放他們，推崇奢華風氣也讓農民悲痛。上層社會的普世主義樂意讓不同傳統與信念的特權階級，共享優越的文化，這種普世主義似乎對於高度特權階級中微小層面以外的人道關係，沒有太大作用。普世社會正義的古老夢想，不必然會由這樣的文化來實現，無論這文化多麼友善。一切不滿似乎已經在政權晚期各省分中少數特權階級之間，逐漸上漲。很遺憾，伊斯蘭法社群主義的狹隘頑固也沒有讓這過程有所改變。雖然在理想上，伊斯蘭法的精神也許會降低宮廷支出，果斷地減少稅收，但不是那種更新的伊斯蘭法主義會實際帶來的動力。

處處可見少數農民規避並抗拒承擔責任，但主要的農民抗爭在此時才出現。民間廟宇遭到破壞，導致在阿格拉的恆河平原與賈木納河之間的杜阿卜（Dôâb）農耕地的印度教徒，形成主要的反抗勢力。令人難以接受的稅收教人失望，然而，這就是反叛的主要動機。利用村莊內部階級的穩定性，農民與小地主共同合作，驅趕了收稅人員，甚至襲擊其他城鎮；西元1669到1689年間，他們保有獨立性。西元1670年代，在賈特（Jât）村莊的小丘陵地西側，有一宗教狂熱崇拜現象，即印度教信仰運動，改變卡比爾及普遍的普世主義宗教形式，導致薩特納米派（Satnâmî）農民叛亂；否則，這與賈特人的模式仍非常類似。

不過，最堅定強大的反叛勢力其實是錫克教徒（Sikh）。在阿克巴爾執政期間，錫克教徒在他們導師的指導之下，已經在旁遮普發展出光明的社會前景；他們提升工藝與貿易發展，並呼籲群眾忽視軍事高官的要求。最後，他們建立了自己的城鎮——阿姆利特撒爾（Amritsar），讓信仰印度教的農民融入整個社會秩序中，逐漸在比較普遍的印度社會中自給自足。在賈漢吉爾的統治下，他們第一次與朝

廷正面衝突，並開始在他們的好戰分子之間制訂軍事紀律。在賈漢國王在位期間，他們一度公開與帖木兒帝國政府宣戰，而且並未大敗。他們建立的普世主義最後幾乎淹沒在對某些體制非常積極的特定忠誠之中，創立這些體制的目的是在旁遮普建立社會秩序，至少在城鎮居民之中，發展平等的公平正義，而透過某種手段確實也在錫克政府得以興盛的地區建立秩序。這樣的政治幾乎無可避免地一直在對抗著穆斯林統治勢力，在實際的情況下，再一次批判了任何向普世主義妥協的傾向。在奧朗吉布統治期間，特別是西元 1690 年代起，帝國面臨的衝突再次升高，規模龐大；在他執政晚期，錫克教徒變成帖木兒帝國勢力在旁遮普最主要的威脅。

自西元 1679 年以來（人頭稅法令公布的那一年），儘管有這些挑戰，或說再次因為這些挑戰，奧朗吉布的宗教政策似乎成為他施政的主要考量，他所鎮壓那些叛亂其實都是他的政策所引起的。有一度，他似乎能夠大肆施行這樣的策略，而不須承擔後果。奧朗吉布盡可能將所有事物伊斯蘭化的願望，表現在傲慢專橫的暴力上，最重要的例子就是拉吉普特地區的繼承。他試著改變主要的拉吉普特政府，成為一些拉吉普特人認為的穆斯林省分，他破壞廟宇，否則則是表達伊斯蘭法主義的偏執。他因此促使了許多拉吉普特地區的領袖進行叛亂。從帝國的主要軍事與政治支柱來看，這些暴動變成他政策的致命對手。穆斯林已經預見這樣的發展會是個災難；奧朗吉布之子以恢復拉吉普特聯盟為名，相當笨拙地進行叛亂行動，但沒有獲得有力的支持。在這些事件中，奧朗吉布大力請求強調伊斯蘭法的穆斯林，對抗印度教徒的高官權貴。

就在拉吉普特人遭到壓制的那段時期，奧朗吉布再次取得德干高

原，以及什葉派的蘇丹政權與信仰印度教的瑪拉塔人。他控訴蘇丹政權，竟幫助異教的瑪拉塔人一同來對抗他。奧朗吉布致力於加強帝國的力量，他在西元1686年到1687年之間，不斷壓制反叛分子，找到新的土地來分配給他的官員，讓效忠於舊朝代的官員與群眾四處流散，還有一些例子則有瑪拉塔勢力加入。大約到了西元1691年，他也發起襲擊行動、佔領一些山區瑪拉塔人的大本營，他們尚未找到合適的人選來繼承希瓦吉（西元1680年逝世）的位子。奧朗吉布似乎因此讓帖木兒帝國在印度的領土更加完整，也壓制了所有的叛亂活動。然而，約莫在同一時期，反叛陣營也有了新的力量。瑪拉塔人開始比以往還要勇於襲擊，錫克教徒則能不被擊潰。到了西元1707年，當奧朗吉布逝世時，帝國的資源似乎耗盡，而帖木兒帝國的勢力也每況愈下。

我認為，奧朗吉布逐漸否定普世主義之後，可能摧毀了整個帝國，也可能需要快速地再次奠定基礎（沒有特別的作法，便很難在這個朝代的末期有所作為）。如同以往，奧朗吉布的政策有效地付諸實踐，徹底動搖了許多舊勢力。一旦君主賦予高官顯貴的穆斯林領導地位，他們之中伊斯蘭法主義的元素就足夠強大，能夠讓社群主義政策取得優勢；雖然對於叛亂的回應基本上不屬於宗教性質，但也帶有捍衛宗教的英雄色彩。帝國已經無法不顧經濟困難，還在維護特權階級利益的基礎上保持團結一致，任何這樣的機會都已經被破壞殆盡，經濟已經限縮到最大的程度。在西元1707年，也就是奧朗吉布逝世那年，帝國已經嚴重衰弱；雖然已然放棄社群主義的政策，帝國確無能全盤恢復元氣。奧朗吉布承認自己忽略了伊斯蘭法是保護農民公平正義的目標。他也將保有或建立伊斯蘭法主義的順尼派統治視為第一任

務，不過即使是這個目標他也未能達成。[14]

---

14 關於在奧朗吉布統治期間及其之後的時期的研究，Jadunath Sarkar頗具權威性，
他是一位沒有政黨派系的作者，對於經濟細節很感興趣，也關注人文事物。他以
紀念文的形式，評論奧朗吉布是名偉大人物，沒有導致帝國瓦解。（他對於伊斯
蘭概括的認知相當過時，也有許多錯誤。）可以參考他比較大眾性的著作 *Mughal
Administration* (Calcutta, 1920)，還有他的 *Studies in Aurangzib's Reign* (Calcutta,
1933)；Sarkar涵蓋長時間的歷史著作，因為長度遠遠超過 Beni Prasad, *History of
Jahangir* (Oxford University Press, 1922)，但這部著述擲地有聲，但主要描述政
治。對於奧朗吉布之後的歷史且對早期有用資料的介紹可參見Satish Chandra,
Parties and Politics at the Mughal Court 1707－40 (Aligarh Muslim University,
1959)，特別描述底層階級的叛亂，以及專制主義的經濟自我矛盾（或多或少地
採用了馬克斯主義的立場）。

表2　至西元1763年的印度帖木兒帝國
The Indian Timurî Empire to 1763 CE

年分（西元）	歷史概況
1526～1530年	巴布爾從他在法爾嘎納（Farghânah）的帖木兒帝國政府被驅逐，而在喀布爾重建他的勢力之後，在帕尼帕特戰役（battle of Pânîpat）後，進攻信仰伊斯蘭的印度北部，接著建立了印度一帖木兒（蒙兀兒）帝國；他也是傳記作家，還是在他那個時代最著名的突厥文作家。
1530年	巴布爾逝世。
1539～1555年	謝爾夏（1545年逝世）和他的蘇爾朝中斷了蒙兀兒政權，而且在印度北部延續了穩定的行政管理。
1556～1605年	第三任蒙兀兒君王阿克巴爾（其統治始自1562年）崛起於印度，穆斯林文化、宗教重新融合，讓帖木兒帝國的制度體系趨於完善，領土納入了古吉拉特，以及有些北印度帝國比較南方的區域。印度一波斯藝術學派蓬勃發展。
1590～1591年	穆罕默德・烏爾非逝世，他是一位風格華麗但不晦澀的波斯詩人，其形上學風格成為印度風格，影響了歐斯曼詩人納法伊（Nafʾi）與其他人。
1595年	印度風格詩人費伊吉（Fayżi）逝世。
1602年	阿布勒法茲勒・阿拉米（費伊吉的兄弟）逝世，他是阿克巴爾統治時期的學者、朝臣、歷史學家，視阿克巴爾為哲學家國王與「至上者」。

年分（西元）	歷史概況
1605～1658年	賈漢吉爾（在位於1605～1627年）與賈漢國王（在位於1628～1658年）統治期間，賈漢國王是阿格拉泰姬瑪哈陵的建造者，他們延續蒙兀兒帝國的阿克巴爾政策。藝術達到了完美的鼎盛時期，特別是肖像素描與建築。印度統治階級廣泛使用來自整個北半球地區的外國奢侈品。
1625年	阿赫瑪德・希爾辛迪逝世，他是反對阿克巴爾（反對普世主義）的改革者，以傳統定義上的蘇非主義為取向。
1658～1707年	最後一位蒙兀兒君王奧朗吉布在位期間，他改變了與印度教徒合作的政策，試圖讓全印度伊斯蘭化；在1681年之後，他專注在德干高原，壓制了殘餘的穆斯林勢力，但引發希瓦吉領導的瑪拉塔人進行長久的印度教徒叛亂。
約1700年	蒙兀兒宮廷官方使用的烏爾都語文，結合了伊斯蘭的德干高原上、文學的大眾烏爾都語文，進而在接下來幾世紀，烏爾都文學興起。
1707～1712年	蒙兀兒君王巴哈都爾（Bahadur）在位期間，儘管有些成就，卻無法翻轉帝國的衰弱情勢，在1720年就失去了南部與東部省分，只保有形式上的宗主權。
1739年	納迪爾國王（Nâdir Shâh）掠奪德里，終止了蒙兀兒帝國在印度的殘餘勢力，在該世紀其餘時期，與瑪拉塔印度教邦聯、旁遮普錫克教派的宗教勢力、阿富汗穆斯林侵略者，都有軍事衝突。

年分（西元）	歷史概況
1762年	夏‧瓦里烏拉（Shâh Valî-ullâh）逝世，他是蘇非改革者，試圖以伊斯蘭法主義為基礎，融合不同的穆斯林傳統，並採用許多希爾辛迪的觀念。
1763年	英國人在七年戰爭（Seven Years' War）擊敗法蘭西人之後，擴大了他們對於獨立印度政權的控制。

第三章

歐斯曼帝國：
伊斯蘭法－軍事結合

1517－1718 CE

繼蒙古主宰的動亂時期後，數個偉大專制政體在動盪中崛起，其中以歐斯曼勢力最強、歷久不衰。如同薩法維帝國與印度—帖木兒帝國，歐斯曼的中央政權與文官體制有相當密切的關係。在薩法維帝國時期，這種關係的基礎是革命性原則，最後當此關係成為常態時，軍事政治權力與社會合法性的代表之間的鴻溝則再度出現。印度帖木兒帝國時期，這種結合是基於世俗政治的原則，或多或少帶有普世性，比伊斯蘭合法權威所能結合的程度更高。歐斯曼帝國以伊斯蘭法為原則的軍事層面作為基礎，不太可能出現如同其他兩個帝國一樣的弊病。事實上，歐斯曼帝國在某些時期，甚至達到前所未見的顛峰。但歐斯曼帝國的成功並不持久，農業層次（agrarianate-level）社會的困境最終還是出現。在此，人們的生活一如既往，追求比過往繁華更為優越的狀態。

軍事專制統治與奴隸家族

在歐斯曼帝國的專制主義中，政府的軍事特性基本上與其他政府相仿，然而其獨特之處在於其特殊形式。就像其他政府一樣，歐斯曼帝國的專制主義按慣例建立於中央集權之上，包括所有行政部門，如同一個龐大的軍隊；且這支軍隊只以君主為唯一效忠對象。[1] 從歐斯曼帝國的例子來看，此概念中的某些觀點在實踐時特別一致。

---

1 Stanford Shaw, 'The Ottoman View of the Balkans', in *The Balkans in Transition*, ed. Chas. And Barbara Jelavich (University of California Press, 1963), pp. 56－80，生動地描述歐斯曼帝國裡出現的這種情況。我必須感謝他對我所撰寫的歐斯曼帝國初稿給予評論指教，著實獲益良多。同時也要感謝 Richard Chambers 熱心地幫我看稿。

初期的歐斯曼帝國確實是屬於軍事性質，不屬於任何類型的專制政體。但是帝國的軍事基礎特性已經有所轉變，專制主義逐漸強加於戰士（ghâzî）的後代身上。當歐斯曼勢力的軍事活動開始投入主要戰役時，因為距離遙遠就需要中央組織的指揮，參與征戰的這些非常規的戰士軍隊中，或多或少逐漸傾向於回歸一般放牧和農業階級，同時他們的領導人變成富裕的地主，掌握有系統的軍事授予土地。由於他們社會地位改變，態度也隨之改變；他們組織完善，因而不期待英雄式的領袖，而是接受一個既定的君主。同時，他們的權力已然淡化。

邊境戰士的軍事傳統屹立不搖。軍隊依然認為他們的使命是征服異教徒，而現在可能是鎮壓薩法維帝國的什葉派異端。但是他們逐漸不再是穆斯林冒險家和世襲的拓荒者。軍隊由兩方相互矛盾與對立的族群所組成。隨著帝國的擴張，舊的戰士家族已經成為坐擁土地的突厥貴族，逐漸獨立於他們的領袖之外，並滿足於此結果。在一般君主形式之下，他們很樂意能夠掌管自己私人的土地。

梅赫美德二世（Mehmed II）為了從根本保衛中央政府，依靠的是不同的權力來源，這是歐斯曼帝國得以異軍突起、一蹴而成的原因。其中包括了部分巴爾幹（Balkan）曾經是基督教徒貴族的舊家族，但在十六世紀成為穆斯林。更重要的是藉由使用火藥凸顯了一批新族群。在火藥武器發展之後，步兵變成重要的武力。自梅赫美德二世時期以來，經過了蘇萊曼（Süleymân）時期（西元1520～1566年），步兵團因不同的徵召方式，而增加其數量與多元性。在他們之中，受過最嚴格訓練的步兵團就是禁衛軍（Janissaries），是軍隊的核心。以薩法維帝國為例，禁衛軍與其他步兵都是外來者（多半是出生於底層階級的基督教家庭），遠離社會權力階級之外。他們由國庫支付薪俸，

任由君主處置卻沒有保障，不同於其他軍事授予土地的擁有人，彼此關係也沒有太多連結。拜占庭（Byzantine）在伊斯坦堡（Istanbul）建立了穩固的朝代，於是得以重申其部分的政治理念，同樣具策略性的機會與問題皆再度出現。不過，政治理念是完全以伊斯蘭（Islamicate）的形式再次呈現。

拜占庭早已經是個專制主義政權，這不只是該歸因於帝國性質的策略，更起因於專制主義的形式。在梅赫美德二世統治時期，已經發展出精細的宮廷儀式，取代其祖先的單純簡樸；除了仰賴戰士後代之外，還依賴帝國的各種資源，梅赫美德二世不僅削弱了國家高官顯貴近乎獨立的權力，更致力於組織國家之中央與階級制度。雖然他以拜占庭儀式為範本，但他的基本政治理念是來自偉大的穆斯林政權傳奇：大塞爾柱人（Great Seljuḳ）與安那托利亞塞爾柱人（Anatolian Seljuḳ）、蒙古人（曾是戰士領袖歐斯曼〔'Osmân〕與歐爾汗〔Orkhan〕的直屬君主）、或許也含括帖木兒本人及其後裔。

當塞里姆（Selîm）擴張帝國時，中央權力結構最重要的部分由單一軍隊所組成，並由君王（pâdishâh）領導[2]；在軍隊裡，不只是軍人，還有許多類型的行政官員享有軍階，以軍事分配土地作為報酬，愈來愈多人也受到軍隊聘用。權力的獎賞顯然是從軍事角度設想，整個帝國的財政收入是按照歐斯曼統治階級成員的軍事貢獻來做分配：一個原本的確適用於戰士的概念，在君王統治之中卻依照軍權贊助的形式來重新運作。然而，官階地位的名稱錯綜複雜，甚至不像印度的

2　「蘇丹」（sultan）一詞，一般是指自塞爾柱時期以來的獨立穆斯林統治者，而不再適用於火藥時期的大帝國；他們沿用早期先祖的作法，有時候會將「蘇丹」的頭銜指稱宮廷中比較次要的人物。指稱君王最普遍的用詞是「pâdishâh」。

官等體系，沒有任何假定的分級。因此，政府的所在地就是君王與他的軍隊所在。當君王與軍隊出征時，一般首都的主要官員（負責維持各個地區的治安及正義），甚至管理中央財政帳目的主要負責人，也要隨侍在側。（他們留下職務代理人做平常的例行公事。）

這樣的「軍隊」被稱為「統治體系」，這個體系中同時存在政府官僚（kalemiyyeh）與軍事（seyfyyeh）的元素，執掌所有中央權力於一身。可惜的是這個體系可能不會有進一步的發展，因為其代表了與穆斯林宗教體制的強烈對立，而穆斯林宗教機構（如「宗教學院」〔'ilmiyyeh〕）仍完善地整合在專制政體之中。[3] 所有專制主義的公職人員形成了獨立自由的個體，像「軍人」（'askerî）一樣不必繳稅，理論上受到軍事紀律以及他們專屬法官的控管；官僚體系裡的高層主管與軍事機構（seyfiyyeh）最為實際相關。就像在印度的帖木兒帝國，這些帝國公僕被視為專屬於歐斯曼文化的傳播媒介。

但是，不只是中央權力作為單一的征戰軍隊。伴君（companion）也就是指軍隊為君主效勞的概念，是由軍事傭兵傳統的密集經營而加強，從阿巴斯朝晚期開始發展，並在伊斯蘭中前期有其重要性。除了擁有土地強權的軍事家族，無論是士兵或政府官僚裡的高階行政人

3　「統治體制」（ruling institution）這個詞彙由 Alber Howe Lybyer 在 *The Government of the Ottoman Empire in the Time of Suleiman the Magnificent* (Harvard University Press, 1913) 首先採用，後來 H. A. R. Gibb 與 Harold Bowen 的 Islamic Society and the West (Oxford University Press, 1950 and 1957) 也有使用，反而不是用「政府」（government）一詞來指出中央集權組織之所在；不同於幾個其他組織（特別是幾個信仰的宗教機構，還有他們的司法功能——穆斯林稱「宗教體制」〔religious institution〕，以區分不同於基督教觀念裡的「教堂」〔church〕），比較有統治的意思。

員，「武裝軍人」真正隸屬的軍事部門主要是由君主的個人奴隸所組成的；個人隸屬君主的制度以他們作為代表逐漸擴增，甚至影響到武裝軍人，尤其在軍事方面，即使他們不見得是君主合法的奴隸。

歐斯曼帝國在這方面變得相當有系統。禁衛軍與某些其他軍團，尤其是大多數中央行政單位的高層，幾乎都相當排外，伴隨著忌妒保護的心態，來徵召基督教家族中未成年的男童，主要是在巴爾幹省分（這種徵召稱為「血稅」〔devshirme〕）。這類徵召的重要性隨著帝國發展而增加。男孩通常是送去鄉紳的農村家庭接受初次受訓，他們學習歐斯曼突厥語並皈依伊斯蘭（他們很少抗拒皈依，有些家族甚至樂意看到他們的兒子有晉升的機會）。接著，他們再回到伊斯坦堡接受特別訓練。他們大部分必須留在步兵團，但較為優秀者則會獲選為未來軍官人選，包括國家各種高層官職；這些男孩受到全面的伊斯蘭文化（Islamicate culture）教育，並可能取得最高的職位。

「軍事」帝國的奴隸階級也是徵召自購買來的奴隸，例如喬治亞人（Georgian）；在這些歐斯曼帝國核心組織裡，有一定數量的人是來自自願皈依的外來基督教徒，有時候是訓練有素的人員。但是所有這類的人，除非透過君王本身，否則都缺少與歐斯曼帝國社會的連結。受訓人員、士兵以及官員一同形成龐大的奴隸家族，原則上作為君主國內常設編制的一部分。受訓人員從事像是照顧君王的花園這類的工作。禁衛軍不得結婚，避免他們疏於與共同家庭的聯繫。（比較中立、性質類似的附屬家族可能是由年長的高官顯貴來維持。）

無可否認，君王的個人角色因大臣（grand vizier）的存在逐漸失去重要性。這樣的官職在梅赫美德二世時獲得最高權位，並且在蘇萊曼在位時期，掌有無人可以匹敵的最高權威。大臣位居整個體系之

首：在戰爭時是最高指揮官，承平時是財務專家，甚至握有執法權力。他身旁有權位比較低的官員，只擁有很少的獨立權力。軍隊由兩位（後來是三位）將軍所指揮，也稱為「將中將」（beglerbegi），一位在魯米利亞（Rumelia）擁有優越地位，另一位則是在安那托利亞；法官由兩位「軍事法官」（ḳâżi 'asker）指派，同樣一位分派於魯米利亞，一位在安那托利亞。不過，大臣的地位遠高於此；（按照一般的伊斯蘭〔Islamicate〕習慣）若從禮儀方面來看他的地位，透過縝密精心的儀式與優雅精美的服飾，顯示出他所受到的敬重僅次於君王。他的總部被稱為「崇高之門」（High Gate，法文是「Sublime Porte」），意指重要的結構，外國人以這個名稱稱呼歐斯曼政府。不過，在專制主義的原則裡，君主仍然監督與決定著他所有奴隸的命運，包括大臣；在實際的運作中，某種程度上，地位崇高的大臣有時也會被處死；很遺憾的是（在其他專制體制中也是如此），諸如此類的事件，比較可能是因為後宮（harem）陰謀所導致，而不是君王的個人猜忌。

　　塞里姆統治時期的領土擴張加重了專制主義中個人贊助的風氣。奴役家族的軍事「外來者」形成了很穩定的階級，與突厥貴族階級相抗衡。國王與他的高層從屬官員讓兩方勢力互相對抗，以控制整個帝國。可是，隨著帝國擴大，新的領土（特別是阿拉伯地區）不再擴展舊突厥軍事貴族階級，而是指派了毫無地緣關係、可隨時調動的官員前去，如此才能夠最有效地掌握當地情況。這樣的指派（iltizâm）不同於純粹的軍事獎勵（timar），其產生的收益是直接進帳至中央國庫。此外，舊的貴族階級聯合現在的次級軍事武力，也就是騎兵，另一方面「外來者」則是與不同的專業步兵團結合，最後由外來者取得勝利；這成為蘇萊曼時期帝國的普遍情況。到了十七世紀，排斥擁有舊

貴族家族身分的人士幾乎是指派高層歐斯曼官員的必備條件（除了強調伊斯蘭法的立場之外），儘管仍必須是穆斯林。這樣的必備條件經合法保障之後，官員正式為君王個人之僕人（在法律方面，沒有任何生而自由的穆斯林可以成為君王僕人），而君王可以決定，是否沒收僕人的繼承權，來排除其後代。官員的繼承人應該都會進入歐斯曼帝國的仕紳階級（實際情況確實也是如此），排除在政府信任的職位之外。從這點來看，如果舊家族的子孫希望提升政治勢力，他們必須透過特許，像許多人一樣合法成為君王的「奴僕」。

可是，（如同薩法維帝國政府）同樣的變化強化了中央權力，也削弱其軍事特徵。帝國奴隸（以及帝國國庫的直接收益）的優勢，犧牲了完全掌握軍事封地的舊家族，給予政府日益平民化的形象，儘管形式上還是屬於軍事結構。在「武裝軍人」當中，雖然一般官員永遠不可能升到最高職位，但通常是（但不總是）那些已經受過教育的軍人得以掌控國庫，並在在軍事方面擁有優先權。在印度也是如此，哲學家達夫瓦尼的著作在宮廷中相當盛行，他主張君主專制就是「真正的哈里發體制」（true caliphate），能夠維護正義，並把士兵歸為從屬地位。這樣的政府觀念相當強烈，而能夠獨立於權貴人士的短暫威望及其家族之外；這支撐了一個朝代存續好幾個世紀，官僚結構中心可以越來越不需要依賴君王而運作。政府相當獨立，不只獨立於君王個人，還特別獨立於以軍事統治的家族之外，因此人們開始爭論，若歐斯曼家系滅絕，哪一個家族可以正當繼承他們在伊斯坦堡的地位。[4]

4　歐洲基督教徒習慣於固定不變的繼承概念，有時也會採用慣用律法；因此會假設克里米亞的君主（Khans of Crimea）是歐斯曼家族（Ošmânids）的另一支後裔，歐斯曼帝國的朝代政策導致衰亡可能隨時發生。A. D. Alderson, *The Structure of the*

儘管如此，就目前可得的資料，中央權力體制仍是採取軍事方面的立場；在整個十六世紀，還有大部分的十七世紀，官方行政單位仍與軍隊有密切關連，這形成了中央權力的軸心。反過來看，軍隊仍憑藉侵佔戰利品來維持士氣，甚至是維持他們一般薪資的標準（尤其是必須增補禁衛軍團的低薪資，否則他們隨時準備罷免不願意慷慨付出國家財富的領導人）。此外，將專制主義與更多社會重要階級結合的意識型態，加強了軍方的前景──從某一層面來說，這也過於依賴軍事勝利來維持活力。軍人與行政官員是國王的合法僕人，他們認定只效勞唯一天生的統治者，而該統治者會慷慨地與他們分享戰利品。宮廷知識分子可能會以後期哲學理想中的正義君主政體，來詮釋這個政權。對於仕紳階級與勞動階級來說，國家的目的是要保衛伊斯蘭，最重要的就是散播其影響力：真正的君主仍是最優越的戰士，不同於當時領土邊境的領導人，而是合法建立的伊斯蘭法代表，也因此是宗教學者的代表。[5]

Ottoman Dynasty (Oxford, 1956)，有不少的討論，但無法脫離一般的西方觀點，必定存在一些不變的繼承規矩，神聖不可侵犯。

5　在十八世紀之前所有歐斯曼體制的研究裡，我們會先看Gibb與Bowen最有價值的 *Islamic Society and the West* 一書。因此，我們必須瞭解其中不足的部分。我的印象中，這本書是從某個傳統的論述開始，雖然這會讓讀者對他們的想法產生困惑，但這本書卻無法顧及這一點。我會特別引用的三個論點都反映在不少細節裡：首先，伊斯蘭世界的中心文化傳統，幾乎可以在阿拉伯人之中看到，特別是順尼派的阿拉伯人；因此，在接下來的幾個世紀，就大約會呈現在敘利亞與埃及的阿拉伯人身上。這個概念部分導致了，（舉例來說）作者比較歐斯曼體制與「過去」的傭兵政權，而不是相比於較中央地區的塞爾柱─蒙古─帖木兒帝國傳統；雖然這一部分，也是為了瞭解比較中心地區的傳統的相關研究。第二，中央專制主義政

伊斯蘭法與專制君權的整合

　　伊斯蘭法在所有帝國制度發展中扮演了主要角色；在歐斯曼帝國，對伊斯蘭法的共同重視，不只用來連結宮廷生活與更大眾的都市生活（如同其他地方的情形），也變成宮廷生活較上層文化形式裡最具影響力的刺激與啟發，其角色可比擬薩法維帝國的什葉派千年至福觀念，以及印度的蒙古野心傳統。在歐斯曼帝國社會裡，宗教學者享有相當高的地位。

　　佔有優勢的宗教學者一直傾向接受伊斯蘭社會（Islamicate society）實際上的軍事統治者及其暫定協議，這通常等於雙方公開的結盟。在哈里發盛期（High Caliphal）政權衰弱之後，宗教學者指稱，這表示在最小的範圍裡由統領所組成的權力具有一定程度的合法性；同時，統領應該將宗教學者視為不得侵犯的個體，也不得干預他們在當地管理的範圍。在繼承蒙古遺緒的政權統治下，宗教學者發現他們在龐大的軍事政權裡，屬於比較次要的地位；在往後的大帝國之中，他們一度失去了自主性，僅以文化的形式進入帝國體系之中。在薩法

府的利益與戰爭與歐斯曼社會可視為一體，不必質疑其原因或是在何種層面；因此，中央權力衰弱可以視為帝國在軍事武力與社會力量的衰敗。Gibb 與 Bowen 指出體制極具重要性，不同於專制主義，但沒有全部跳脫專制主義。第三，由上述兩個認知的思考模式：一專制主義中心周圍情勢的研究，加上最主要順尼派阿拉伯省分的特別研究，例如敘利亞與埃及（這正是本書的範疇），能夠產生整個帝國情況合理也合適的面貌——的確，在作為一個整體的「伊斯蘭社會」中確實如此，而這是為了對應名為「西方」的社會整體。然而，諸如此類的選擇大多來自於研究素材有效性的偶然因素，只能勉強接受。但是讀者一定要注意不能全然相信其研究結果。

維帝國裡，什葉派宗教學者首先取代了順尼宗教學者，附屬於政府權威之下，但完成這個改變的方式卻與強調伊斯蘭法的什葉派概念相悖——宗教學者逐漸讓自己不受政治束縛。最後，如果有結盟出現則是由宗教學者所主導的。在印度，宗教學者由阿克巴爾控制，他們的角色因文化普世主義標準的影響而受到限制，因此伊斯蘭法的完整實踐應當不會削弱使帝國興盛的穆斯林—印度教徒之結盟；結果，宗教學者中固執己見的人改變立場致使系統崩壞，至少表現在他們對於政治的態度上。

在歐斯曼帝國裡，宗教學者與軍事統領的結盟維持著相對比較平等的情況，也確實幾乎等於完整的綜合體。政府掌控著宗教學者，但學者們因此把伊斯蘭法帶入了國家社會的中心。早期順尼派與統領結盟再次證實帝國或多或少取得較普遍的權力，包括在社會的伊斯蘭法層面有較為全面的控制；而相反地，伊斯蘭法及其代表充分受到軍事統治者的認可。在薩法維帝國時期，與印度帖木兒帝國比較起來，宗教團體沒有變得獨立，也嚴厲地對待任何穆斯林與基督教徒的結盟。他們的代表可以感受到整體來說帝國是他們的。

自古以來，帝國之中的矛盾根深柢固。像是歐斯曼帝國、印度的帖木兒帝國，甚至是薩法維帝國，皆由蒙古盛世的政治結構衍生出來，反映當初那個時代的各種政治情勢：帖木兒軍事專制政體的征服與內部分化；薩法維帝國的軍事化道團，主導著城鎮的地方機構作為基礎。以歐斯曼帝國的例子來看，其根基當然是邊界的戰士政府。每一個帝國的統治形成理念，絕大部分由帝國創建的歷程中修改原先的傳統而來。印度帝國受到蒙古與帖木兒家族的宏偉輝煌激發，提高了印度帝國強盛與完善的程度；薩法維帝國則是受舊伊斯蘭中土的什葉

派改革鼓舞；歐斯曼帝國因戰士長年駐守在邊境抵抗基督教王國的使命而激發動力。

可是，儘管在前兩個例子裡，政府歷經嚴重的混亂與重新組織才建立了帝國，相較下歐斯曼帝國政府則發展得非常緩慢。因此比較大的帝國體系所要經歷的不只是內部因素的刺激，還需要穩固且持久連結當地的政府體系。附帶的效果是就連在帝國裡加倍嚴密控制的區域，最終分成兩個部分：一部分是安那托利亞與魯米利亞的核心省分，另一部分是晚近取得的東南方區域，主要是阿拉伯地區；只有在這些核心區域中，獨特的歐斯曼制度得以全面發展。可能比較意義深遠的結果，是社會的特色與體制中有許多相對深層的根基在政府之中形成。這不只有效地整合了各式各樣不同的傳統，這樣的整合還呈現在許多獨立體制上，這些體制透過習俗在地方建立且為人尊崇，而且不需要其他新利益的龐大壓力，就得以改變當地居民。

尤其，人們可以深刻感受到，能夠追溯到戰士（無論已經如何轉變）之公共精神的社群主義觀念，而且其分支綜橫交錯；不過只有在社群主義觀念緊密與其他衝擊交織在一起，並受到責任的長期經驗規範時，這種情形才會發生。宗教學者與政府的關係不是自新政權的突然施壓而發展出來，而是發展自緩慢的演變，戰士最初對富有學養的宗教學者漠不關心，到後來轉變為深切的敬意並認定他們為社群團結的支柱。但是戰士的中心理念仍然主導著歐斯曼穆斯林的開創動力。當城市取代部落與營地成為歐斯曼社會生活的重心時，強調伊斯蘭法的宗教學者受到愈來愈多的請求，希望他們定義生活規範，而不是好戰部族與邊境民族的蘇非大師蘇非行者（bâbâ darvîsh）。但戰士奮鬥保衛的一直以來都是穆斯林社群整體，而宗教學者確實代表著穆斯林

社群。歐斯曼帝國的目標在當時仍然相似於好戰分子的伊斯蘭目標。隨著世代演進，政府愈來愈深刻銘記這一點。因此，不論是特定的社會體系，或中央化帝國的道德標準，皆由當時塞里姆征服阿拉伯地區（西元1517年）後扎根留下，成為整體伊斯蘭世界的第一要角。

戰士擁有土地的後代似乎已經接受城市上層階級的宗教領袖，他們追隨強調伊斯蘭法的道團以及順尼宗教學者。對他們來說，伊斯蘭對抗異教徒的目的是穆斯林社群的主要目標，在本質上儼然成形。有些戰士精神的古老形式在禁衛軍團之間留存，禁衛軍雖然是應徵入伍的士兵，但仍保有一定程度的皈依者的熱忱。這些軍團逐漸透過貝克塔什蘇非道團（Bektashîs）的觀點，來理解自己所捍衛的伊斯蘭；貝克塔什是一個什葉派蘇非道團，反對任何形式的伊斯蘭法主義，他們與禁衛軍團有非正式的長期合作。不過，禁衛軍團自己代表著社群主義的原則，他們因此不再徵召基督教徒，改召穆斯林，這在早期歐斯曼帝國時期已經擴大施行。而且在同一時期，次要的基督教徒徵召由穆斯林軍隊取代，擁有歐斯曼帝國封地的基督教徒逐漸皈依（特別是西元1500年以後）；因此擁有土地的軍事階級都由穆斯林獨佔。接著，歐斯曼帝國特別不同於印度帝國的印度將軍與土地擁有人及其下屬，建立了穩固的穆斯林自治的前線。在塞里姆的統治下，如此對社群伊斯蘭的重視也帶來了內部歧視這種符合邏輯的觀念：歐斯曼人不只應該是穆斯林，還必須是順尼穆斯林，甚至是哈那菲法學派（Hanafî）的穆斯林；他們甚至大肆屠殺什葉穆斯林，這是前所未有的情況，強化了遵從社群主義的趨勢。（即使擁有絕對服從貝克塔什道團的禁衛軍，塞里姆仍然沒有在這股趨勢中獲得全面的成功。）

塞里姆的繼承人是「立法者」蘇萊曼（Süleymân 'Qânûnî'，在位

於西元1520～1566年)(在西方，他是有名的「高貴者蘇里曼」〔Solyman the Magnificent〕，他在位時完成了帝國的組織架構，但這一點比較少人知道，多以他輝煌的功績聞名)，他在歐斯曼全盛時期主導這個帝國，這個時期最能將中央體系以伊斯蘭法與社群主義觀念編篡成法典。他統治時期的精神的決定性可與晚一世代的印度的阿克巴爾君王相比擬，印度的精神相當不同，不過在歐斯曼政府出現的精神比較是透過發展以及對既有形式的鞏固而來。甚至在文學與藝術文化裡，蘇萊曼的統治使得歐斯曼社會成為社群主義伊斯蘭具體化的顛峰時期。

伴隨著對社群主義的強調，自然會出現提高伊斯蘭法地位的現象，因為社群是透過伊斯蘭法來向外表現共同生活。宗教學者擁有優越地位，也就擁有權威性，甚至握有較大的權力。長期的訓練、正式監督與測驗，都是進入官員階層的基本條件；就像法官與大法官的職位可免受責罰，也有完善組織。人們公認領土中的首席大法官(被稱作「伊斯蘭的導師」〔shaykh al-Islâm〕)有資格罷黜不適任的君王，他確實偶爾會行使罷免權(如果他有強大的勢力支持)。

與此同時，他們與國家政權緊密結合。他們在帝國之內的組織集中在伊斯坦堡，他們的項上人頭可由君王隨意處置。宗教學者佔有偉大的核心地位，並給予受過訓練的宗教學者、一定數量的地方職位，都根據以下條件分配：詳細且穩定正式的晉升體系(cursus honorum)，包括了學問研究的排名，而後有首都地區經學院教學的排名。因此在帝國之中，某些被分配到職位握有任命所有主要伊斯蘭法職位的權力；無可否認，許多由宗教基金(waqf)支持的職位是由基金創建人私下恣意控制。在相當的程度上，宗教學者的當地組織保有

他們的自治性，但是即使如此，當地的首領擁有正式權力，而能夠從受到認可的宗教學者組織中驅逐出任何一位宗教學者。[6]

　　這個整個伊斯蘭法制度確實獨立於專制主義的政權主體之外。不像專制主義，維繫伊斯蘭法制度的職位都是由出生於歐斯曼帝國的人來擔任，他們大多數是社會中重要家族的成員；確實只有將終生的職業生涯投入此領域，才能讓歐斯曼人有明確的機會取得最高的職位。同時，奴隸家族的軍事職業生涯，還有歐斯曼宗教學者的伊斯蘭法學研究生涯，除非直到其中一方取得國家相當重要的地位之前，都不會有對立紛爭。可能正是這樣的人員分隔，讓專制主義在中央管理制度有了自由空間，同時也是讓國家的個人與宗教學者能夠以平等尊嚴的

6　塞里姆一世承繼了埃及最後的阿巴斯朝的哈里發頭銜，這個傳奇長期以來都遭到駁斥，這個頭銜代表了能夠支配所有（順尼）穆斯林的終極領袖地位。然而，這樣的概念仍以模糊的形式留存，歐斯曼人確實有這樣的說法。有些人引用歐斯曼國王在麥加與麥地那的控制——確實給了他們優勢地位——但歐斯曼人使用相同的頭銜，稱呼那些比較中立的傭兵君主，即「聖城守護者」。這個由政體與伊斯蘭法組成的特殊歐斯曼綜合體確實符合了哈里發體制的觀念，但只有按照哲學家、以及後期受哲學啟發的法律學家的標準下，塞里姆一世的哈里發頭銜才得以成立，那個時期其他的偉大君主也是如此，他們在其領土內全都獲得哈里發的頭銜。歐斯曼人，有如所有農業專制主義一樣，不太願意接受他人統治；他們習慣於傲慢的形式，並喜愛諂媚。但是在十八世紀末之前，甚至到十九世紀，沒有一位君主可以作為獨一無二、具有歷史地位且至高無上的哈里發。可以參見Sir Thomas Walker Arnold, *The Caliphate* (Oxford, 1924)，特別可以參考H. A. R. Gibb論述完整、清晰的短文，'Some Considerations on the Sunni Theory of the Caliphate', *Archives d'histoire du droit oriental*, 3 (1939), 401－10，重新刊載於Gibb, *Studies on the Civilization of Islam*, ed. Stanford J. Shaw and William R. Polk (Boston, 1962), pp. 141－50.

立場密切合作的不可或缺的基本要素。

　　伊斯蘭法在國家扮演的角色，可與其代表的角色相比擬；也就是說，伊斯蘭法的權威性已經高度制度化，而在私領域之外，其地位沒有減少為偶發的干預情形；但起初仍是為了保持專制主義的直接權威而建立伊斯蘭法的地位。至少自從蒙古統治時期，君主的權威已經運用了伊斯蘭法用詞「習慣法」（‘urf）；歐斯曼當時的用語是以「世俗法」（qânûn，這是早期的阿拉伯文，源自希臘文的「canon」〔法律〕一字）來指稱將地方習俗合法化的帝國行政法令。該法律是行政的主要依據。此法歷久不衰且中立客觀，可以預期的是君王所頒設的世俗法命令會由他的繼承者沿用。現在，世俗法法令由定期指派的宗教學者詳盡證明其完全符合伊斯蘭法，於是仍長久穩定地維持著對伊斯蘭法的敬意。舉例來說，土地所有權的分割通常是伊斯蘭法土地繼承制度的結果，雖可以避免，但不是訴諸於非伊斯蘭法的習俗，而是透過虛構的政府擁有權，因此土地繼承人所繼承的只是一個不可分割的租約。（有些情況下，地方習俗〔‘âdah〕當然可以伊斯蘭法為基礎而合法化：早期社群的生活方式包括了某種程度認可這類習俗。）儘管如此，雖然如蘇萊曼等統治者的世俗法法令很謹慎地不違背伊斯蘭法，但世俗法的起源仍然不同於伊斯蘭法傳統。[7]

　　伊斯蘭法法庭的所有權限還是有許多限制，有些來自民間。而在帝國的許多部分，地方的法庭盛行哈那菲之外的學派，雖然這些學派

7　Halil nalcik, 'The Nature of Traditional Society: Turkey', in *Political Modernization in Japan and Turkey*, ed. Robert E. Ward and Dankwart A. Rustow (Princeton University Press, 1964)，涵蓋許多重要主題，其中包括關於古典歐斯曼社會理念、相當有益的討論。

不屬於伊斯蘭法階層，也沒有具約束性的權威，但都獲得合法的公認地位。不過，就算包括這些，所有伊斯蘭法法庭依然帶有自我限制的框架。社會由不同的團體組成，不只存在非穆斯林的宗教社群（millet，即有組織的受保護者群體），還有穆斯林村莊、行會、市鎮中心等等，各自都有內部解決紛爭的方式——無可否認，通常都是以伊斯蘭法為基礎。在其他方面，以政府立場來說，仍有申訴法庭（maẓâlim）與其他基本的行政法庭，不必完全依照伊斯蘭法的程序；這些法庭原則上會做出符合伊斯蘭法判決的審判，但（如同在其他的帝國裡）仍會有官員濫用之，來施加最極端的懲罰，包括所有種類的酷刑，而且全憑個人意志。（至少從梅赫美德二世開始，通常是君王在從事這些專制殘暴的惡行，儘管強悍的君王都曾試圖禁止這樣的行為，卻不曾自我管束。）然而伊斯蘭法仍受到認可，並且大量保留有效的制度。受過訓練的法官就像地方上的行政官員，需應付廣泛且各式各樣的職務，就像在伊斯坦堡顧問中排名最高的兩位高階法官與一位大法官，他們不受大臣管轄。

在薩法維帝國裡，什葉派法律取代了哈那菲與夏菲儀學派的法律；而在歐斯曼帝國，哈那菲法律變成官方法庭採用的唯一律法，排除夏菲儀、瑪立基（Mâlikî）法學派與什葉派的法律。（無可否認的是，每一個家族或行會或是比較一般的任何區域，如果是不需要進入歐斯曼法庭的事件，都持續使用當地認可的先祖法律，由特定學派裡接近官方階層的宗教學者來做解釋。在北非〔Maghrib〕，瑪立基法律太過於根深柢固因而無法推翻，除非是牽涉到歐斯曼人本身的案例。）但是在薩法維政權裡，宗教學者沒有共識什麼是合適的什葉法律，哈那菲學派法律還是很穩定。這經過進一步編纂，以減少哈那菲學派之

中許可的多樣性，還有讓合法的審判比較有效力。因此，隨著帝國世俗法統一，支配一切的伊斯蘭法系統統一也與之相稱。結果就是有一廣泛的、日新月異的法律系統適用於帝國的所有不同的地方。不只是中央權威，還有所有歐斯曼社會的各種的法律機構都採用完整合法的伊斯蘭法。

帝國最偉大的法律權威是阿布—蘇伍德・和卓・切勒比（Ebü-s-sü'd〔Abû-l-Su'ûd〕Khoja Chelebî，1490—1574 CE），他是主要統治結構的創始人，而蘇萊曼蘇丹正是因為他才取得「立法者」的稱號。他是安那托利亞一位著名學者的兒子，西元1545年在蘇萊曼時期成為首席大法官，並在餘生一直保有這個地位。他擬定了讓伊斯蘭法得以在國家內部施行的原則；特別是法官的的權力源自君主授予的教條，在他的指導下勢必實施伊斯蘭法。相較於阿克巴爾幾年後在印度施行的原則，切勒比的法律更加嚴厲，而且在歐斯曼帝國明顯更為成功，可能因為伊斯蘭法同時獲得也失去了部分的權威：主要的例子如上述提到的土地擁有權之法律，就包含了阿布—蘇伍德的政見。他也建立了歐斯曼帝國對於不同少數異議團體的政策，他們受到保護的非穆斯林地位不被承認，但是帝國裡中央化的順尼派並未忽視他們；特別是在什葉派道團，仍然很受歡迎。在這樣的情況下，阿布—蘇伍德的社群主義誕生：他為殺害亞濟迪派（Yazîdî）成員以及一些蘇非行者的罪行開釋，而最後終於違反與異教徒的約定；亞濟迪派是位於庫德斯坦（Kurdistân）的分支派系，他們的成員通常遭人遺忘，而那些被處死的蘇非行者則是因為唯信仰論的教義而過於放蕩不羈。在自蒙古統治時期以來發展出的新社會情勢之下，人們要求他決定伊斯蘭法的立場，甚至干涉個人層面。在依舊穩定維持社群規範的地方，他可以訴

諸伊斯蘭的領導原則而不泯滅人性。他拒絕譴責飲用咖啡的行為，並包容逐漸氾濫的木偶劇；而他也讓清淨主義者（purist）譴責的各種財政安排趨於合法。

在他自己的法律著作之外，他撰寫了《古蘭經》的新詮釋著作（後來也有其他人加以闡釋），而如同他父親，他也在蘇非主義領域有一定程度的耕耘。在他執政的時期還有接下來的世代，他的門徒在國家中擁有很高的地位。

因此專制君主的古老理念，現在在蒙古精神的影響下，而被賦予整體的軍事形式，得到宗教學者全數支持，並且融入了伊斯蘭法以及其所代表的精神。這些元素的融合發展到目前為止，協議可能變得較為真誠友善，而整合也比以往早期重要的穆斯林國家還要完整。專制主義包含了對於文化發展自由的限制：梅赫美德二世擁有文化利益的普世主義以對應著帖木兒君王的普世主義，但是在塞里姆之後，在宮廷之中已經捨棄這樣的傾向。接著宗教學者接受了伊斯蘭法的制度化，對抗傳統的無政治意義的自由，也對立於所有負有責任職位的批評及其固有需求。我們幾乎可以說宗教學者潛藏對傳統的反對意見都暫時遭到壓制──儘管順尼穆斯林已經將伊斯蘭在世界上的優越性視為對社群的認可，多於對統治者的認同。有些類似於伊斯蘭政治權力與公共意識的結合，即使無法由瑪爾萬朝維持，而阿巴斯王朝無法恢復，但在這個時期至少在區域基礎上已經實現。

歐斯曼帝國的興盛

在這些情勢中的專制主義發展到鼎盛時期，能夠相當有效地統治

與管理整個帝國。首先，官僚體制已經充分演化為一個完善複雜的體系，讓君主能夠高度掌控。在十六世紀，地方省長受到的不只是各種中央指派的次級官員限制，甚至也有駐紮於領土中的軍隊指揮官之間權力分裂的限制。大多數的省長仍大權在握，然而地方濫權通常在帝國與伊斯蘭法制度的基礎上都得以遏阻；任何省長的惡名昭彰與專橫獨斷，都會有人通報中央，也立即下達懲處。

中央機構本身所關注的不只在防範濫權與確保公平稅收，還有帝國社會的各個繁榮層面。帝國內所有居住區的人口與資源、工藝產業的狀態、土地或任何農人需求的壓力都有定期調查。在這些調查報告基礎上，有時候是為了政治結果（例如，塞普勒斯原以基督教徒人口為主，遭侵佔之後出現伊斯蘭化現象）或經濟目的，政府大量將一地的居民（不一定出於自願）從一區域遷到另一區域；也因為只有最繁榮強盛的時候才能夠完整保有國庫財力。

當歐斯曼帝國擴大，在其統治之下的領土一般來說都經歷了逐漸繁盛的過程，大多數西方訪客都留下這樣的印象。十五世紀的巴爾幹半島在歐斯曼政府嚴謹的規範之下，基督教主教將舊斯拉夫貴族（通常很不負責任地）遷移，以利直接管理基督教徒農民，似乎因為新的居住地更適合農耕而提升了生產力，也可能使人口增加。在十六世紀，敘利亞與埃及的經濟狀況由更為嚴謹的官僚體制控制，逐漸促進日益增長、有益於城鎮居民與農民的繁榮景況，這與傭兵政權晚期所出現的衰弱現象行程很強烈的對比。[8]

8　關於歐斯曼行政管理的效率，Bernard Lewis 與其他人的研究有豐碩的成果。阿拉伯民族主義有時仍然促進了一些沒有縝密思考的行動，西元1517年「突厥」征服埃及，取代了「阿拉伯」統治，導致了政府管理不善，終結了繁榮強盛。有些錯誤

這樣的繁榮強盛當然是眾民所望，也成為帝國持久優越的基礎。可是，嚴謹的控制不是一直都能奏效。就廣泛的層面而言，伊斯蘭法的公平正義在這樣的基礎上足以決定何謂濫用特權、何謂個別的公平正義；這缺乏關於群體（村莊及其競爭對手、行會、城市各區及軍營）的考量，如此一來農業時代的個體利益就必須自行想方設法。法律規範中某種程度的偏差，在伊斯蘭法標準中是貪污腐敗，是為了建立可能的基本群體特權，同時也取決於特別是在阿拉伯區域的地方性團體競爭。有時候，一位通常相當嚴格的省長，耐心會被消磨殆盡，因為他必須介入地方上具破壞性的紛爭猜忌，而且難以處理壓制。

在東歐區域的伊斯蘭社會（Islamicate society）（不同於南方海域〔Southern Seas〕或者北部區域）已經開始出現軍事與擁有土地的階級，數量比商人階級還多。這樣的情況無疑是較濕潤地區相對較高的農業密度所導致的結果，而這些情形都強化了帝國的歐洲特色與一定程度的矛盾，那就是其基礎結構與舊伊斯蘭的伊朗─閃族地區盛行結構之間的差異。鑒於從前戰士邊境政權的高層文化菁英，為了領導權與權勢而依賴舊伊斯蘭區域，現在隨著帝國茁壯，歐斯曼人控制的阿拉伯省分至少在某些時候會因為落後簡化而遭到輕視。但有個比較外顯的因素也正在發揮作用，讓歐斯曼帝國帶有繁盛卓越的農業特質。

在十六世紀，通商生活的確非常活躍甚至繁榮。突厥人與阿拉伯人擅長從事商業貿易與手工藝，帝國的希臘與亞美尼亞受保護者也是如此。不過西方城市在伊斯蘭中前期結束時獲得的地中海盆地通商優

的觀念，應該是來自於A. E. Crouchley, *Economic Development of Modern Egypt* (London and New York, 1938)。

勢，不但穩定成長，也增加了北邊西方腹地在文藝復興之後一直發展茁壯的繁榮。值得注意的是，甚至早在十六世紀，由西方而來的奢侈品就帶給穆斯林製造商強大的競爭壓力。在那個世紀，可能西方的商業競爭在地中海當地仍然比南部海域來得嚴重。雖然如此歐斯曼海軍控制了地中海多數地區，特別是在塞普勒斯衰微後，都沒有出現嚴重的中斷現象，一直掌權到十七世紀。

擴張征服之結構

帝國專制主義的穩定得以匯集所有資源投入到征戰的中央軍隊中，作為持續佔領的力量以及實踐願景的驅動力。軍事力量在官僚體制支持下運作得相當有效率，廣大的營區與印度帖木兒帝國一樣組織完備，其裝備有可能還比帖木兒帝國還要優越許多。西方人讚嘆的是歐斯曼軍隊在全盛時期似乎不只是滴酒不沾，也不碰賭博甚至嫖妓，一般來說，這些都是維持軍人士氣不可缺少的條件。蘇萊曼所繼承的帝國是個主宰東歐政治的帝國，主要的區域是地中海海岸，甚至還有紅海與波斯灣地區。在蘇萊曼統治時期（西元1520～1566年）以及他兒子塞里姆二世（Selîm II，在位於西元1566～1574年），甚至在那之後，歐斯曼帝國的勢力往各個方向推進。對多數地區來說，任何特定的征戰規模都相對較小；同化的速度很慢，但通常很有效。經過幾個世代之後，這種四處征戰擴展到更廣泛多樣的區域，這是除了帖木兒帝國之外、哈里發盛期政權之後，更加遠離政治中心的穆斯林強權。

一般認為軍事力量的主力是陸軍。只有在陸地征戰，君王才會親自擔任軍隊指揮官（這個角色相當符合他的地位），在前頭帶領士兵

前進。領土邊境有特殊優勢。這樣的戰役有兩個方向：一是從多瑙河（Danubian）邊界進入歐洲，對抗基督教勢力；二是進入尼羅河至烏滸河區域，對抗薩法維帝國。因為距離的關係，一般來說，在下一個行動進行之前，都能保障邊界上的和平（但並非總是如此）。

有些人認為，運用於征戰的龐大軍事系統，讓固有的地理條件限制了歐斯曼帝國擴張的區域，這不同於俄羅斯，或早期的蒙古。歐斯曼人適合單一龐大的軍隊編制，由君王領軍，作為主要軍事運作最關鍵的手段；但同時他們必須在將一個首都城市設為龐大官僚結構集中運作的中心。結果，主要的活動只能在單一季節才能進行：春天的時候軍隊最遠只能抵達維也納（Vienna）與摩蘇爾（Mosul），並在冬天返回首都。比較遠的地方（甚至是已經佔領的地方），若是有強烈反抗勢力就無法長久控制。如果事實確實如此，造成此結果的原因主要是地理因素：軍隊不只是實際上必須保持勝利和戰鬥的狀態來維持士氣，還要提供固定獎勵。因此當面臨地理限制而併吞無法持續，軍隊在這樣的風紀下必然失敗，以此為基礎的整體專制主義結構就會開始腐化。

可能是因為這樣的情形讓十七世紀的專制主義緩慢衰微。然而，讓軍隊在索非亞（Sofia）或阿勒坡（Aleppo）停留到冬天，以擴大遠征的範圍，這種做法是可能的，儘管在這樣的情況中會面臨到物資運籌與兩面作戰的問題增加。重要的領土再度由次級的軍隊佔領，例如黑海地區（Black Sea）一帶；這有助於財政與帝國的優勢，雖然不一定有助於君王個人優勢。總之，單一龐大編制的地理限制最為有助於破壞專制體制。

從歷史的角度來看，征服西北邊對歐斯曼帝國最具意義，因為這

延續了征服異教徒領土、以虔誠與神聖法來進行統治的戰士傳統。(然而,歐洲歷史學家一般總是太過強調征服西北部的重要性,以至於他們的研究幾乎忽略了歐斯曼與薩法維帝國的對戰也同樣重要。)十五世紀晚期的強大敵人是匈牙利(Hungary),也就是來自貝爾格勒(Belgrade)以北的多瑙河中段富庶平原上的拉丁基督教王國。巴爾幹地區一直以來無法抵禦匈牙利的謀略與入侵。西元1512年,歐斯曼人最終拿下匈牙利的南方據點——貝爾格勒。西元1526年,他們在摩哈赤(Mohacs)擊潰匈牙利軍隊並短暫佔領、燒掠其首都布達(Buda)與佩斯(Pest)。隨即有兩個派系開始爭奪匈牙利王位,歐斯曼勢力在西元1529年前去支持其中一方,條件是要承認蘇萊曼為匈牙利的最高統治者,因此他們順利在布達安置了君主人選。不過,遭擊潰的派系成為維也納哈布斯堡(Habsburg)的領袖,哈布斯堡是多瑙河中部平原前緣之地的奧地利首都。在維也納的哈布斯堡地理位置相當優越,他們的高地住民能夠以軍事力量控制平原。要掌握匈牙利就必須讓維也納臣服,否則將會再次無限期地臣服在奧地利時期之下。

雖然歐斯曼人在晚春時展開併吞活動,他們下定決心要立即推進至維也納。很可惜,那是個相當濕熱的夏天,而歐斯曼砲兵陷入泥濘之中,而被迫放棄最龐大的幾座大砲。最後一刻,維也納獲得日耳曼的援助。不過突擊城牆相當有效,幾乎使城市投降,可是禁衛軍卻焦急於趕在在冬天來臨之前返家安頓,導致蘇萊曼被迫退位,維也納也驚險脫困。這次突擊之後,就再也沒有機會征服維也納。結果,此後歐斯曼帝國在日耳曼與義大利的活動僅侷限於單純的突擊戰;幾年後的和平條約裡,哈布斯堡得以保住匈牙利的北方與西方邊境。然而,西元1541年時,匈牙利較廣大且富裕的區域仍遭到歐斯曼帝國併吞。

在東部邊境，伊拉克已經被征服——這如同取得匈牙利領土一樣重要。在伊斯瑪儀去世之後，薩法維帝國衰弱，歐斯曼勢力趁虛而入，兩次佔領伊朗舊首都塔布里茲（Tabrîz）。雖然他們最後被驅離塔布里茲，但歐斯曼勢力在次高加索（sub-Caucasian）高原區域的影響力仍然相當大，任憑薩法維勢力在該地的活躍抗爭中依舊不減。更重要的是，歐斯曼人佔領了巴格達（Baghdad）以及整個伊拉克（最決定性的時刻是西元1534年），而且維持了將近兩個世代。然而，伊拉克南方的巴格達，仍是什葉派勢力的範圍，與薩法維社會保有文化聯繫；十七世紀早期，阿巴斯國王統治時期，伊拉克重回薩法維帝國的控制之下，持續了一個世代，雖然有過數次中斷。

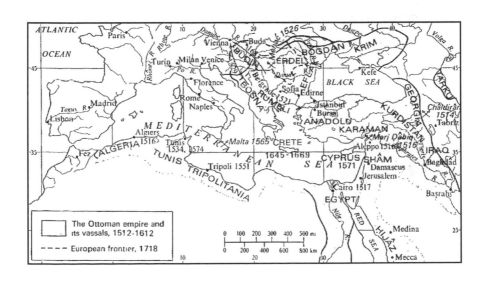

圖3：歐斯曼帝國，西元 1521～1718 年

十六世紀時，歐斯曼在其他方向上的進步比上述兩項顯著，甚至是在沒有君王親自領軍的情況下；也就是說，遠涉重洋是由部分或是整支海軍領軍征戰。蘇萊曼即位時，西方人仍然在東地中海地區掌有重要強權。歐斯曼在愛琴海（Aegean）受海盜侵擾，海盜為羅德島（Rhodes）的聖約翰騎士（Knights of St John）所保護；西元1522年，海盜勢力才減弱。威尼斯共和國（Venetian republic）是比較強大的對手；西元1540年之前是威尼斯共和國保有愛琴海領土的最後時光，那時候他們握有的甚至不只是貿易強勢——逐漸被視為與歐斯曼帝國的利益共同體——而且還非法掌控克里特島（Crete）與塞普勒斯，但歐斯曼海軍勢力很快地抵達更遙遠的地區。

歐斯曼帝國擴張的企圖是要對抗南部海域的葡萄牙人。雖然在取得埃及之後產生了某些立即的風險，歐斯曼帝國無法真正進行如此遙遠的征戰，除非歐斯曼人控制了其海域，而且甚至在那時，歐斯曼政府也明瞭他們必須取得的不同種類的船隻與海軍兵力。此外，在埃及建立歐斯曼勢力的初期相當草率，仍缺乏一個持久穩固的基礎。而這是在蘇萊曼統治早期就已經達到的成果，當時允許了當地的傭兵政權一定程度的獨立自主，還容許他們直接進入伊斯坦堡權力中心，但也確保了歐斯曼帝國全面的財政與管理控制。埃及的繁榮景況迅速再起，至少持續了一段時間。於是歐斯曼帝國不只可以控制紅海海岸，特別是葉門（Yemen），搶先阻斷了葡萄牙人的控制；同時也能夠派遣軍隊到先前提過的更遙遠的擴征。但是在印度洋他們只享有短暫的成功。以地理的角度來看，歐斯曼勢力主要位於歐洲，而海權則是在黑海與地中海。

黑海很早就納入歐斯曼帝國的版圖中。愛琴海在蘇萊曼統治早期

就已經在歐斯曼帝國的控制之下；而威尼斯保住了克里特島，理所當然成為歐斯曼帝國的貿易盟友，但他們在東地中海地區的宗教信念與勢力之爭仍然相當嚴重。不過早在塞里姆一世統治時期，就已經開始由遙遠的西地中海地區的北非（Maghrib）海岸支持歐斯曼帝國的利益。在那裡，穆斯林抵禦著在十六世紀全盛時期的西班牙君主政體，西班牙在不久前與美洲人和西歐最強的軍事武力一同掠奪擴張，而控制大半的義大利以及附有經濟效益的荷蘭。西元1492年，西班牙南部的小國格拉納達（Granada），是在半島上最後一個穆斯林政權所在地，殘存了二個世紀，最後為基督教西班牙侵佔；接下來的幾十年間基督教徒跨海到了北非（Maghrib），奪走若干港口城鎮，威脅著穆斯林要完全佔領地中海極西海岸。西班牙基督教徒對伊斯蘭（和猶太教）的敵意相當強烈；半島上大數人口都因為不願意改信基督教而遭到驅逐，包括許多生活清苦勤奮的階級。在接下來的一個世紀當中，穆斯林與多數的猶太教徒皆逃往伊斯蘭地區避難，請求庇護的群眾成千上萬，許多都在遷徙途中喪命。

在最遠的西部地區（摩洛哥），一個新的貴族後裔（sharîf）朝代興起，聲稱自己是阿里的後裔，他們帶領全國人民反抗葡萄牙與西班牙的基督教徒，成功將他們逼退至北方的幾個港口。在北非（Maghrib）的其他地區，積極抗拒基督教徒侵略的人們轉而求助於歐斯曼帝國。黑魯丁（Kheyr-ud-dîn）是一位效忠突尼斯（Tunis）統治者的歐斯曼船長，因此在他的艦隊打敗仗之後擔任歐斯曼官員，以歐斯曼之名領導穆斯林對抗入侵的基督教徒，在海上的行動中有歐斯曼的支援。這樣充足的支援在幾次峰迴路轉之後，非常有效地驅逐了西班牙人，也確保歐斯曼帝國在世紀結束之前持續主宰大部分的北非

（Maghrib）地區，當時的西班牙勢力開始衰退。在西地中海地區緊接而來的是穆斯林與基督教徒勢力的僵局。歐斯曼人與法蘭西人短暫結盟打破了僵局（在這期間，歐斯曼人在法蘭西的土倫〔Toulon〕港建立了海軍基地），雙方的海盜廝殺了超過一個世紀，他們多少都有官方支持，侵犯對方船舶，恣意擄人來勒索贖金或作為奴役。

　　蘇萊曼死於西元1566年，就在大規模海軍包圍馬爾他（Malta）的失利（西元1565年）之後，馬爾他是進入西地中海的關鍵地區，而遭到流放的聖約翰騎士佔領之，鞏固作為避難場所；當時也正時值匈牙利邊境對抗哈布斯堡的勝利當中。蘇萊曼並非殘暴之人，但是就像許多藉著征戰而取得統治地位的君主，蘇萊曼的家庭生活並不幸福，是典型的君王世家。後宮陰謀鬥爭屢見不鮮，他最寵愛的妻子參與其中，她先是讓蘇萊曼親自下令，處死最有能力且最可能繼承王位的兒子，只因為他是另一名妻子所生；接著又處死了他另一個能幹的兒子，因他自己過於自信地認為自己最有機會繼承王位。因此，塞里姆二世即位（在位於西元1566～1574年），是因為王位爭奪的悲劇所賜；他醉醺醺的形象廣為人知。然而，他沿用他父親最後一位大臣梅赫美德‧舍可呂（Mehmed Sököllü），因此征戰從未停止。

　　黑海北方的土地也逐漸納入歐斯曼帝國行政管理的範疇之下，或是由陸軍遠征隊控制部分地區，但陸軍只是次要的遠征隊，而部分則是由海上控制。克里米亞汗國就在歐斯曼港口之外，是世代相傳、臣服歐斯曼政權的盟友（自西元1475年以來）。在塞里姆統治時期，曾經試圖要重新奪取阿斯特拉罕（Astrakhân），但並未成功，該地區方才遭俄羅斯人佔據；他們還在頓河與窩瓦河最接近的地區興建運河，連結兩條河川（因此也連結了黑海與裡海），藉此嘗試與烏茲別克人

（薩法維帝國的可敬敵人）合作（並為貿易商和朝聖者開啟更佳的路線），但也以失敗告終。這些遠征隊皆無法有效阻擋俄羅斯，俄羅斯正在以專制主義取代早期東歐平原的波蘭貴族（Polish aristocracy），他們在城市連結農業擴張區域中採取比波蘭人更廣大的規格管理運作。不過，在世紀結束之前，歐斯曼帝國卻成功了，他們強勢介入逐漸衰弱的波蘭政權。（在接下來一個世紀當中，有一段時間他們甚至控制了烏克蘭〔Ukraine〕，該國既效忠波蘭又臣服俄羅斯。）

歐斯曼帝國奪得塞普勒斯只是一次小型行動，但在農業時代裡是相當典型的戰役，在此不多做贅述。比起阻斷已經計畫好的紅海運河，或者不再協助某些從西班牙來的難民重回家園，在西元1570年，帝國的資源全數用於將威尼斯人從某一島嶼上驅逐，即使威尼斯人抱持不同的想法，他們仍威脅到穆斯林對於東地中海海岸的控制。據說這個決定背後的理由與塞里姆未能完成的心願有關，他特別喜愛塞普勒斯的酒；打擊基督教海盜大本營則是最正式也最合理的理由。當歐斯曼軍隊登上陸地時，有些應是替威尼斯人耕作的當地居民毫無抵抗地投降。（東正教〔Orthodox〕的希臘農民的確不怎麼喜愛他們天主教威尼斯的領導人。）威尼斯人在一次報復性的夜襲中，大肆屠殺男人，並帶走女人與小孩，以懲戒迅速投降的村莊。可是，首都尼古西亞（Nicosia）很快便遭到包圍並擊敗。（威尼斯政府不敢派出援軍，唯恐歐斯曼帝國攻擊其他威尼斯領土。）當已經無法進一步反抗時，一些當地的威尼斯領導人物考慮著要接受投降便能獲得寬恕的保證，所以開始放下武裝，但卻遭到無情地屠殺。有整整八天的時間，尼古西亞處於遭到掠奪的情況中；倖存下來的人，特別是女性，都成為奴隸。其中一名女性放火焚燒一艘載滿戰利品的船，當彈藥倉庫爆炸時，上千

名新進奴役擠在船上，連同周遭的船一同被火吞滅，或沉入海中。其他城市一個接著一個遭到佔領之後，歐斯曼帝國重新劃分省分。他們認同希臘教會的權利以對抗拉丁教會，不過同時也帶了大量穆斯林來島上定居，讓人口增加到可以作為一國人力使用的人數，也確保居民的忠心程度。無論如何，克里特島在西元1645年時脫離威尼斯的掌控。

歐斯曼帝國是海上強權國家，但它可以成為強權是天性使然，並非透過抉擇或計畫；因為強大的中央軍隊是以土地為運作重心，特別在十六世紀後，與陸軍相比海軍相對受到忽略。在地中海的戰爭仍然相當棘手，船上兵力都來自於陸軍，時常都是由不懂航海的人來擔任領導指揮的職位。儘管如此，歐斯曼知道如何供給所需資源給他們的海軍。西元1573年，於愛琴海的勒班陀（Lepanto）罕見地慘敗在西班牙與威尼斯聯軍之下（部分責任英該歸咎於不懂航海的指揮官太過自以為是），多數的艦隊被摧毀，損失的船隻在一年內整頓換新，船舶也載有更先進的武裝設備；基督教徒在這場戰役中毫無所獲，卻意外提振了他們的士氣。在三個強大帝國之中，歐斯曼帝國獨自維持在南部海域的重要獨立強權。在歐斯曼統治階級中，對歐斯曼帝國的效忠熱忱與高水準表現，比起偉大的海軍船長傳統一點也不顯著，船長們的名字甚至長存在西方敵軍的心中，人人欽佩。

伊斯蘭法主義與帝國的文化表現

富有哲學思想的歷史學者伊本—哈勒敦，注意到伊斯蘭的到來代表著新的文明開始出現在高度文化的古老大地，這是由新的人民與新

的文化傳統所帶來的。他也察覺到已經不是第一次出現這樣的革新；他知道希臘與波斯的制度與文化傳統，很早以前就曾經取代過古埃及與巴比倫傳統，現在則由伊斯蘭取代。伊本—哈勒敦研究直到十五世紀穆斯林勢力勢力興起的情形，他假設新文明出現的過程，包含同樣重要的轉型，在他的時代可能即將發生。結果出乎他想像之外，諸如此類的假設的確出現在火藥帝國的時代，但新時代裡第一次受到推翻並轉型的社會是西歐社會。伊斯蘭世界的制度與文化傳統，在某一時期當中多少是原封不動的。伊本—哈勒敦所引頸期盼，或憂慮掛念的事情似乎還未實現。

歐斯曼帝國當時轉型的政治與社會情況帶給他們更加優異的新文化風采。但是這個充滿想像力的繁榮景況仍然未能突破保守精神的主宰，因而被大幅限制於某一範疇之中；一般而言，在文化的農業層面（agrarianate level）上實現的轉型機會在蒙古強權時期已經出現。至少對我們來說，蒙古統治時期的限制沒有比在歐斯曼帝國更加明顯。就像其他帝國一樣，歐斯曼帝國也有著文化光環圍繞的形象，特別是永垂不朽的建築成就。同時，伊斯蘭法主義者也表明其最堅決的態度，意圖以統一與普羅大眾主義（populist）為導向。這使得伊斯蘭法意識必須對抗像是以傳統的戰士崇拜為代表的地方色彩（localism）；當伊斯蘭法意識（正確來說是在歐斯曼帝國）協力支持專制體制與以宮廷為主的特殊區域性文化，它仍象徵著具有世界主義特色的伊斯蘭世界之社群團結統一。因此伊斯蘭法意識也捍衛並對抗中後期認知中任何異於一般伊斯蘭傳統的外來者。在歐斯曼帝國，首次面臨的外來者就是跨越亞得里亞海（Adriatic）盛行於義大利的文藝復興，尤其後來還有西方技術時代（Technical Age）的轉型，這樣的情勢其實就算不完

全是命中注定，也必定是一絲機會。

　　不論文化傾向為何，歐斯曼社會確實幾乎已經加入十五世紀與十六世紀初葉的整體文藝復興運動（更不用說十六世紀晚期開始的普遍革新）。文藝復興（就像晚期的轉型一樣）是以西方文化為前提的發展；其主要特色唯有透過意志才能向外人證明其頗具意義，像是必須跨過任何主要文化的屏障。如同我們先前看到的，在任何情況下，與其他地方的當代文化相比，文藝復興本身在歐亞非城市區域裡比早期幾個興盛的文化還不顯著；同樣地，復興文化在一開始興盛之時，在西方之外並沒有特殊的吸引力，反而不如哈里發政權之外的伊斯蘭化文化。儘管如此，歐斯曼人似乎確實因為他們的相似性，沒有警覺到在西方正在發生的事情，可能比印度的帖木兒帝國還缺乏警覺心。與此同時，當時這樣的西方文化元素對局外人而言顯然也相當重大，甚至還能引起歐斯曼人的注意；確實，不會引起經學院裡伊斯蘭法主義者的關注，在專制主義圈內的人士也是如此。

　　當然，歐斯曼上層文化的中心就是宮廷；而宮廷是附有奴隸家族的專制機構，在其中，其學派系統與伊斯蘭法經學院分庭抗禮。就像在伊朗與印度相對應的學校，這些也教授伊斯蘭法規範與廣義的藝文文化。除了波斯語文之外，也謹慎地引進了歐斯曼宮廷使用的優雅（具波斯文色彩）突厥語文；所有突厥政權統治的國土——即使當地人口大多以突厥語為主要語言——只有歐斯曼政府將波斯語替換成突厥語，作為上層文化的主要語言。（這個過程自西元1455年開始，但到了十七世紀晚期仍尚未完成。）出身於宮廷學派的統治菁英受到完善的人文教育，有時仍受到藝文階級的批判。有些菁英的知識水準就算沒有跟上他們那時代最好的歐斯曼地理學家，至少從古老的經典文學

中也能夠學習到地理知識；同樣地，是文藝訓練，而非科學或伊斯蘭法訓練，導致一些朝臣將基督教的勝利歸功於優秀的占星師。但是學校絕對不是只教授文藝知識，重要的是將軍事技藝傳授給所有學生。

當時最好的歐斯曼歷史學家可能與伊斯蘭世界最好的史家一樣知識淵博。他們其中一些人似乎已經將履行事務管理常規的政策視為自身的任務，也包括了戶口調查；十七世紀時，官方歷史學家的確都受到指派，去記錄特定的戰役，一般說來是帝國的事件。較好的史家會藉由過去歷史中的錯誤示範來教導後代。為了填補有關歐斯曼統治的歷史或是關於歐斯曼外交關係的空缺，有些歷史學家轉而求助西方的資料來源；但現代西方史本身幾乎沒有這方面的研究。十七世紀初，許多史家試圖要分析專制主義及其權力何以明顯腐敗的原因，而往前追溯到蘇萊曼時期政府體系貪污的問題。

甚至在十六世紀，歐斯曼帝國的自然科學著作主要是從阿拉伯文與波斯文大量翻譯成歐斯曼突厥文，但並非全部。蘇萊曼建立了醫藥學校，高水準的醫藥知識都受到妥善保存；至少在不久後，這些醫生之中就有人採用了當時西方醫學革新的元素——在十六世紀甚至是十七世紀時，西方醫學基礎無疑還不足以超越希臘—阿拉伯的傳統，即使在西方，拉齊（al-Râzî）與伊本—西那（Ibn-Sînâ）的知識也尚未過時。西元1579年，一座天文台建立了，占星師都期待要改進烏魯—別克（Ulugh-beg）在撒馬爾干（Samarqand）的觀測技術。雖天文台遭到迷信的大臣所破壞，但無損於早就蒐集到的豐富資料。在義大利處決了焦爾達諾・布魯諾（Giordano Bruno）的隔年，一位因為提倡宇宙自然法則決定論的科學家也遭到處決，因為他較重視哲學傳統而不是《古蘭經》傳統；不過幾乎只有他一人遭受這樣的命運，但他不

是唯一一位尊崇哲學傳統的學者。

　　同時，在十六世紀期間，穆斯林與西方人很少互相交流地理方面的資訊。海上的船長如先前所述都相當活躍，自然相當關注他們的葡萄牙與西班牙對手在海洋上的新發現，並傳播其中的一些知識。最關注這類新觀念的學者是卡地卜・切勒比（Kâtib Chelebî, 1609 — 1657 CE，又稱作「朝聖者的哈里發」〔Hâjjî Khalîfah〕），他是百科全書編纂人，試圖全面涵括阿拉伯文、波斯文和歐斯曼突厥文的知識。同時，他也嘗試引進介紹基督教徒之間近期發展中最引人關注的廣大知識，特別是地理學與占星學。當然，他來自於宮廷的藝文圈，而不是伊斯蘭法的經學院。不過在當時他的成就還是有所侷限。在十七世紀時，少數關心的人知道了西方自然科學逐漸發展出的優越性，不只是繪圖法，還有占星術與醫學。同一時期，已經成熟發展的科學傳統（儘管在當地並非具有高度創造力）現在卻快速衰退，該傳統充分理解試驗操演及類似事物的重要性。

　　強調伊斯蘭法的宗教學者雖然與宮廷緊密結合，卻也在經學院奠定基礎，特別是政府行政管轄下首都裡的經學院，也包括國際道團階層的蘇非中心。如同在印度，較老的當地階層受到刺激，並在這時期有一部分被像是嘎迪里與納各胥班迪這類大道團所取代。一些道團仍維持著他們的獨立性。自十五世紀中葉以來，瑪拉瑪提道團（Malâmatî）試圖透過改革，質疑許多權宜的妥協方案而引起騷動。對於傳統瑪拉瑪提道團避免謊稱宗教的立場——通常表現出來的態度是不招引人注意，也不特意表示虔誠或是明顯不敬——他們也公開其支持激進的存在論者（Wujûdî）的立場（一般來說蘇非行者會接受存在論，但對缺乏這種知識的人不會表露其立場）；藉此，他們會直接批

判當時的傳統宗教狂熱的整體結構。在充滿活力與紀律活動的十七世紀之後，他們受到迫害而不得不放棄這個企圖。我們已經注意到，在民眾之間頗受歡迎的貝克塔什道團（Bektashî）不拘泥於形式的自由主義（latitudinarianism）也在禁衛軍之間受到推崇；毛拉維道團（Mevlevî）對詩歌的奉獻，是由城鎮裡的特權階級所培養出來的。有些蘇非中心（突厥文為「tekke」）作為教育機構增補了經學院的缺乏，為了教育詩人而設立常制的學校，並提供波斯文課程（但經學院專攻阿拉伯文）。但是道團不得完全獨立於政府之外；他們的領導人一定得經過伊斯蘭導師認可。[9]

然而，是大規模的國際道團決定了宗教的官方立場。這些道團融合了蘇非主義與伊斯蘭法主義，整體而言是為了捍衛社會強調伊斯蘭法的觀點（當然從未脫離蘇非主義的脈絡），而就像在印度的情形，伊斯蘭法主義帶有穆斯林社群主義的色彩。自主的伊斯蘭法主義者曾一度攻擊所有的蘇非主義思想，這樣的作法甚至在中後期各地都相當盛行，例如肥沃月彎的一些漢巴里法學派人士（Ḥanbalî）似乎長期蟄伏。某種程度來說，伊斯蘭法的宗教學者大部分都是蘇非行者，以堅持蘇非主義來捍衛自己的立場。然而，這樣的立場仍然屬於社群主義，而且以現今的觀點來看相當保守。

伊斯蘭法主義的文化在歐斯曼帝國可能特別興盛。不像薩法維帝國也不像印度帖木兒帝國，在歐斯曼帝國裡，中世紀晚期的波斯（Persianate）與阿拉伯文化區的傳統有所展現。無可否認，波斯

9　F. W. Hasluck, *Christianity and Islam under the Sultans* (Oxford, 1929)，提到許多有關民間的宗教（雖然觀念陳舊過時），包括不同形式合併而成的信仰儀式。

（Persianate）傳統是主導力量，在所有突厥統治的社會中相當突出。不過，兩者的傳統已經結合，所有文化都如同社會所需地集中在首都。阿布杜—嘎尼・納布魯西（'Abd-al-Ghanî al-Nâbulusî，西元1731年逝世）是一位敘利亞詩人以及密契主義書籍的批評家，曾經是北非（Maghribî）神學傳統的學生，也是以梅赫美德・比爾潔維（Meḥmed Birgevî）為代表的波斯—安那托利亞詮釋傳統的弟子。梅赫美德・比爾潔維是個觀察細微的神學家，曾對阿布—蘇伍德的見解有不同的爭論。這些評論都是以阿拉伯文撰寫；然而整體來說，阿拉伯區域在歐斯曼文化裡扮演的只是邊緣角色，儘管在肥沃月彎有豐富的知識生活，但有時候是與比較廣泛的圈子較為相關，與經學院的關係則比較疏遠。

在蘇萊曼統治時期之後，中央經學院的傳統限縮了範疇。教科書比較沒有哲學的內容，而由一些神學家（例如塔夫塔贊尼〔Taftâzânî〕）的作品取代，以及更多符合已在阿拉伯區域發展的更為嚴格的傳統內容。某種程度來說，經學院強調伊斯蘭法的社群主義與宮廷學派比較開放的觀念變得特別顯著。雖然專制主義本身也帶有伊斯蘭法觀念，伊斯蘭法代表的狹隘立場，並沒有排除對所有較為自由類別的研究內容。儘管如此，經學院變成某種不允許創新試驗的中心，也影響了整個歐斯曼文化。宗教學者也得以禁止印刷伊斯蘭書籍，當時是參考類似基督教印刷的規範，此規範出現在西方世界之後很快被引進歐斯曼帝國首都。透過這種方式，他們封鎖了在文藝復興時期西方醞釀的附屬產物，規避這些可能可以拓展眼界的作品。當然，對他們自身來說，印刷不能形成任何根本性的轉變（最多只有像在中國那樣的影響），但是這可以準確地強化更廣泛的歐斯曼文化，以對抗著伊斯蘭

法主義所帶來的限制。

這些限制在付諸實踐時產生的結果還不全然確切，隨著時間而改變；但是，顯然比起伊朗或印度，在歐斯曼實施這樣的限制往往比較有效。人們可以在瑣碎的負面道德形式中感受到這些限制，但他們可能也希望這些只是需要承擔責任的階級之中較為正面穩健的外在特徵：穩健的性質讓首席大法官甚至可以不受懲罰地反對殘暴者塞里姆的冷血無情。據說，多數穆斯林下棋通常用小塑像，而許多歐斯曼人則是使用簡單且沒有顯著不同的棋子。技術高超的肖像畫家在所有的帝國都受到重視；伊朗與義大利畫家靠著繪製歐斯曼宮廷的官員肖像來賺取生活費，其中也包括國王。不過，帖木兒裔君主賈漢吉爾派遣他最好的肖像畫家到薩法維宮廷表示友好，似乎沒有記載顯示這場真誠的交易在歐斯曼曾經兌現。在歐斯曼統治階級圈內，肖像畫這樣的樂趣通常只能是低調的嗜好。雖然有時幾乎每個宮廷官員都對肖像畫趨之若鶩，但他們實際上可能都認為雇用藝術家這件事必須保密。

一般來說，繪畫的技藝——不論肖像繪畫的地位如何——仍然受到積極的培育發展，雖然比起伊朗或印度，歐斯曼繪畫比較不為人知。有些重要的畫家來自伊朗，但有些則是歐斯曼本土人士。不過無可否認，建築最能夠表現出歐斯曼的帝國氣勢，透過美觀、華麗與一致性展現出來，能夠讓帝國充滿生命力且歷久不衰。而且在所有建築之中，特質如上述所說的都是偉大的清真寺。圓頂式的清真寺開始在安那托利亞出現，傳統的天井只是前庭而已。這個風格在伊斯坦堡有進一步的發展，表現在偉大的拜占庭聖索非亞大教堂（Hagia Sophia church）雄偉、充滿光線的結構上；這種結構迥異於一般的拜占庭教堂，僅有外表上相似而已。拜占庭式建築內部相當令人讚嘆，如同整

個宇宙都包含其中;歐斯曼式建築內部則有著位於一般視線水平的窗子以及寬敞的空間,著重於簡樸的大理石純樸裝飾與排列有序的石柱,展現出寬闊無邊卻又井然有序的延展,而非只是一座巨大的建築物。從外型來看,這樣的清真寺風格在相對低矮拱頂上,呈現了優雅的椿柱,襯托著高聳尖錐形的喚禮塔(minaret),充斥著伊斯坦堡的天際線。如此一致的清真寺風格成為帝國的標誌;從那時起,在開羅、塞拉耶佛(Sarajevo)、摩蘇爾,新的清真寺都是歐斯曼清真寺,相同的輪廓絲毫不差。

形成了這個獨特帝國風格、最偉大的歐斯曼建築師與領導人物,就是希南(Ḳoja Mi'mâr Sinân, 1490─1578 CE),他的生涯成就已經成為歐斯曼人的理想典範。(他就像代表歐斯曼菁英的軍士,就如同阿布─蘇伍德代表了伊斯蘭法。)希南是基督教徒,因安那托利亞的血稅招募而來,年輕時曾經擔任禁衛軍且表現優異。他很快地成為有名的天才軍事工程兵。在蘇萊曼征戰時,他建造了一座跨越多瑙河的橋樑,從此他的建築天分便廣為人知。在此之後,他就成為一位真正的建築師。他設計清真寺,以及幾乎所有種類的建築物──宮殿、經學院、墳墓、旅舍、澡堂、旅館,甚至小噴泉,這些建築皆是由國王或是高官私下委託,建案不只未在伊斯坦堡,以及所有的省分之中,甚至遠至麥加。超過三百多棟建築屹立不搖都要歸功於希南。(此外,他也利用時間撰寫簡短的自傳。)蘇萊曼尼耶清真寺(Süleymâniyyeh mosque)被認為是他的傑作,也是歐斯曼帝國風格最完美的範例。他的許多弟子也都頗負盛名,在他之後忠誠地傳承他的衣缽。

宗教社群（millet）

　　如果伊斯蘭宗教機構始終如一，將接受（穆斯林所認知的）真理的人們的良知表現以及國王權威在人民中的表現視為職責所在，那麼只要範圍和相關性更為侷限，在錯誤信念的追求者之間的良好社會秩序便會對類似的宗教機構有所需求。相應於宗教學者管理的穆斯林社群（Ummah），有一群教士與拉比（rabbi）管理的受保護者宗教社群（millet）。帝國內實質上只有一位掌權的國王與軍隊，但卻有數個宗教機構。不過，這些機構作為政府的一部分，也作為穆斯林整體，幾乎都有縝密的組織規劃。

　　然而，不是每一個不同於官方伊斯蘭、或是沒有感受到自己的需求被官方伊斯蘭滿足的群體，就能夠組成宗教社群；所有的異議分子必須在一定人數限制下聚集，並受到謹慎的控制。這可以從安那托利亞與魯米利亞的什葉派談起，那裡的什葉派仍未能進入官方結構，就像是遭到忽略的貝克塔什道團一樣。什葉派村民的生活沒有知識分子領導，並假裝自己信仰官方的順尼派，不過他們盡可能忽視順尼派思想。然而，在一些情況下，什葉派法官皆被賦予夏菲儀或瑪立基法學派的半官方認可。在伊拉克的什葉派中心，經過漫長的歐斯曼帝國佔領，維持著他們破碎的文化生活，當然依舊保持與薩法維帝國領土的關係。[10] 希臘東正教、亞美尼亞、詹姆斯基督教會（Jacobite）（敘利

10　傳統且某種程度上算是合理看待伊拉克的立場，一般來說是將伊拉克視為遭到薩法維帝國偶爾佔領的歐斯曼省分，這種立場會導致一些不合理的情況，那就是錯誤地將順尼穆斯林的生活方式，視為伊拉克的主要要素。在這樣的基礎之上，在伊拉克比較重要的知識生活都鮮少有人瞭解；儘管具有商業與宗教的重要性，但

亞人）、科普特（Coptic）基督教以及猶太教社群——他們各自都被賦予大權；而儘管主教擁有准予他們教法與民事法方面的權利，但他們之中的異端分子卻拒絕了主教的仁慈妥協。從司法權限的憤恨不平中跳脫出來的唯一合法方法，就是改信伊斯蘭。

強調律法的伊斯蘭對政府的認同，以及因此是穆斯林社群整體對政治政權的認同，似乎逐漸全面強化了穆斯林與非穆斯林之間的隔閡。儘管在基督教軍事派遣隊減少之後，基督教徒與穆斯林繼續一同共享行會生活；但是在十七世紀時，逐漸變得難以維持這樣的情況。行會分為兩派，爭議不斷（畢竟民間的生活是由兩派完全不同的帝國階層支配，即使是當地高層也不再共享當地法律司法權），分成兩個行會是相當普遍的情況，通常是基督教徒與穆斯林。

這樣的潮流受到鼓勵，並接著強化了在穆斯林與基督教徒社群之中的重要趨勢：也就是穆斯林支持社群主義的伊斯蘭法主義的趨勢，伴隨著與其他穆斯林區域的緊密連繫，但上述所說的仍著重在歐斯曼社會作為自我保護的社會，以及特別是希臘基督教徒把西方基督教王國當作先進觀念源頭的趨勢。因此，歐斯曼社會從上到下逐漸在這股文化的趨勢中四分五裂。在印度，高尚的印度特權階級除了私人的宗教生活以外，採納了伊斯蘭文化（Islamicate culture），並藉由城市的伊斯蘭（Islamicate）生活方式，甚至大幅滲透至印度教徒的日常習慣之中，穆斯林也保護著印度教的節慶習俗與學術發展。在東羅馬地區（Rûm），少數具有文化素養的基督教徒，不管在哪個階層大多都富有

伊拉克只會被視為位處偏僻的一個省分。例如Gibb與Bowen的研究（可見註釋3）第二卷，第155～156頁，其中試圖將伊拉克萎靡不振的（順尼）知識環境，歸因於蒙古以來入侵而造成的悲劇，而很少提及什葉伊斯蘭。

伊斯蘭文化（Islamicate culture）的氣質；在市場之中也在一定程度上保存了這些文化，例如，以突厥語命名的餐點在社群之中相當受歡迎。而穆斯林相當注意基督教徒的活動或觀念。不過，有文化素養的基督教徒菁英反而漸漸結合東南歐的基督教民族，進入西方基督教系統——但不確定是否投入宗教事務（若非其傳統的優越性，主教的主導階層仍維持令人嫉妒的獨立性），或是較為富庶階層的市民生活。甚至有些懂波斯文的基督教徒，似乎也懂義大利文。

隨著時間演變以及與西方的聯繫漸漸變得重要之時，這些基督教徒最終成為歐斯曼帝國聯繫獨立的歐洲政府的主要管道，而穆斯林逐漸失去他們既有的連結，讓出了他們的重要地位。兩個社群之間的鴻溝在當時期的確帶來深遠的影響；歐斯曼帝國中央政權正在腐化，而西方正在經歷一場轉變，使得其他社會處於不利的地位並將其視為防禦對抗的對象，獨自身在帝國中的基督教徒似乎也知道如何在這種情勢中獲益。

專制體制的腐化

儘管隨著專制體制發展維持了軍事結構，在龐大的「軍隊」中本質上具備的文官要素仍然佔有主導地位，因此軍隊也採用了一定程度的文官基調。「軍隊」出現文官特色的趨勢可能隱含在專制體制的官僚結構之中，自梅赫美德二世時期便漸漸開始發展。十七世紀期間，尤其是十八世紀初葉（文官化過程到達顛峰的時期），這逐漸導致了中央軍事力量的嚴重衰微。接著，軍事力量的衰弱破壞了專制體制，因為專制體制是依靠著軍隊帶來力量與優勢。

在軍力衰微的過程中，首先出現的是高層軍事紀律腐敗。因為去除了對抗政府權力的舊軍事貴族階級，也因此去除了代表專制體制的奴隸家族所受到侷限的因素，奴隸—軍事統治的體系曾一度發揮很大的作用，此時則自然逐漸萎縮。在奴隸家族中，文職化的官員階級幾乎變成了政府的唯一力量。雖然速度較緩，他們仍放縱自己愈來愈貪污。從高層開始，出現了販賣官職的現象：蘇萊曼自己要求，受他指派的人必須在上任時呈上禮物，而他們也用同樣的方式對待下屬。首先，官位確實仍然只授予有功勞的人，薪俸支付只是次要之事；即使如此，仍然間接導致了整體稅收的增加。不過，有錢能使鬼推磨，至少可以拿錢可以抵消過失。貪污徹底破壞了競爭力。伊斯蘭法大部分是由官員們被擊潰的敵手所執行，而此時，甚至是如此高度發展的伊斯蘭法也無法約束官員。

在中央機構的所有層級，從選擇高層官員開始，就模糊了奴隸—軍事的規範。前任君主的子嗣之間競爭王位繼承的原則，應該是以梅赫美德二世所帶來的啟發為前提——成功的兒子應該殺害他的兄弟，以防競爭持續。因此自然會發生以下的情況：強調帝國的命運是歸因於國王的人格，甚至誇大了歐斯曼帝國的「幸運」，而認為歐斯曼帝國接續出現十個有才華的君主，並哀嘆後宮造成往後難以收拾的問題。歐斯曼政府欠缺良好的遺傳基因（儘管這在一般的統治家族中並不少見）。可確定的是，前三任君主的優異條件，與建立歐斯曼帝國為主要強權的地理因素同樣重要；穆拉德二世（Murâd II）、梅赫美德二世、蘇萊曼也都是優秀的人才，以純種的身分繼承，雖然可能不會全部都如他們祖先一樣優秀。不過，梅赫美德一世與塞里姆一世這樣的能幹人才，是透過競爭才取得王位，而這樣的競爭是由社會期待而

來。而巴耶濟德一世（Bâyezîd I）與塞里姆二世，雖然都不平庸，但的確都因受益於先前歐斯曼帝國的成就，不是透過優秀的才能來取得權位。他們個人特色的差異點就在於從軍事方針轉移到文官方針。

在較晚期的環境裡，社會結構是在強大的大臣管理下運作，而非強大的國王，同時也導致大臣可以執政許久。藉由競爭而來的繼承適用於軍事政府，但在十七世紀的文官化氛圍中，這樣的原則反而遭到壓抑，如果在理論上未遭受抑制，那至少在執行上也會受到阻礙。實際的軍事競爭也遭廢止。最後，有資格爭奪王位的人，若不是遭到殺害，就是被隔離在活躍的社會生活之外；不選擇繼承人或是能力最強的軍人，而只是選擇家族中的較年長者，便成習以為常的選擇，（在他歸隱期間）較年長者最可能允許官員無所拘束；這帶來了避免繼承爭議的好處，不讓有影響力的軍人得以干涉。這樣的制度對君主個性的影響，可以相比於薩法維政權中類似的制度所帶來的影響。

於是，君王（即首席將軍）可能會退休而無所作為，而軍隊紀律也會因此腐敗。蘇萊曼自然沿用了梅赫美德二世專制體制那種強調禮節儀式的行事作風，但對施政毫無興趣，甚至連議會都不參與。這樣政治性的退隱在其他繼承者之中變成普遍推卸責任的方式；他們本來就不是因為敢於負責而獲選。君主雖然作為指揮官，但不必要有強硬手腕，反而是官僚體制需要大臣具有強硬手腕（雖然偶爾會出現很糟糕的大臣），大臣是因為文官特質才能坐擁高位，他的權力也受文官體制的限制。

在一連串內部問題發生之後，軍事紀律加速敗壞，最嚴重的內部問題都集中在十六世紀。在敘利亞的德魯茲派別（Druze）之間（他們一度建立了小型政權），甚至在安那托利亞軍事地主間以及在中央地

區禁衛軍反抗時，庫德部族的反叛勢力在對抗奧地利人、波蘭人、薩法維人時，都重重打擊了帝國的軍事力量。自西元1632年起，在穆拉德四世（Murâd IV）國王的領導之下，專制體制重新取得主控權；但同時，似乎稅收制度在特徵上也已有所改變。許多城市貴族已經在地方省分裡控制著土地與稅收，也佔有很高的地位，一般而言，他們至少代表了當地利益，就像中央行政機構一樣。從這時期開始，這樣的貴族通常（但不總是如此）像全體人民的守護者；中央政府沒有他們合作協助，什麼也做不了。

在這些省分中對這些改變的回應，會帶來伊斯坦堡進一步的改變。奴隸家族在其中組成編制完善的軍隊時，其實都是以個人成員的社會性隔離為前提。由於腐敗，奴隸家族的特徵也跟著改變。「軍隊」中的主要區塊允許孩童加入軍階，而喪失紀律的基礎。（最後，來自非軍事層級〔ḳalemiyyeh〕的官員，對抗著最高層的奴隸家族成員。）當禁衛軍士兵出現問題，文官並不以更嚴厲紀律來回應，而是以招募未受訓練的士兵來打破階層，最後，甚至減少過去構成軍事基礎的「外來者」徵召；過去，外來者的徵召不只是士兵的來源，還是官員階級中整個功勳授爵體系的基礎；因此以這樣的基礎所招募的新士兵就不再必要，血稅也就不再適用。職業軍人形成半世襲的特權團體，然而，不像舊的軍事貴族，他們不需要辦公場所，而是需要軍事土地獎賞的傳統形式。透過收取農耕稅金的土地獎賞逐漸等同於個人的收入來源，而沒有任何軍事用途（前提是期望這會促進農業發展）。

最後，到了十八世紀初葉，中央軍事力量已經大規模文官化。禁衛軍可以藉由民間交易補充薪資，但仍然保有「武裝軍人」的身分，他們免稅而且只受「軍事」法庭審判。所有工匠行會（一般來說，我

會假設是透過不正當的手段）迅速地運作著這些「軍事」特權。在證明或特許狀保障的基礎下，首都與其他大城市的穆斯林實際上都擁有多樣的軍人身分，而也帶有相應的文官身分（在有些案例中，整個城鎮裡，穆斯林與非穆斯林受保護者就是共同以這樣的方式來免除稅賦）。而這樣的資金仍然是收集來支持中央軍事體制，也已經成為租稅階級的薪俸來源，而現在禁衛軍的「購買特許狀」變成可轉讓的投資。

專制體制以軍事特權為基礎，其中央權威已經無可避免地為普及的地方分權所取代。中央指派的完善系統是以晉升體系為基礎，但已經不合時宜：不符合資格的人因為富裕且握有人脈，所以得以受到指派（最後則改為每年輪流任職），他們只有領取名義上的稅收；接著，他們通常指派符合資格的代表去負責所有的工作。可是，這些代表並非行使中央權力；他們通常是當地人，檯面下人人皆知他們一直以來都擁有地方勢力，並擁有名義上的中央官員認可。當地貴族大部分都剛因為獲得土地而在市民間提升地位，因此掌握當地行政。單一的中央軍隊權力分化之後，地方省長被當地軍隊取代，由地方文官財政部支薪。首都裡，禁衛軍沒有組織核心，比其他當地軍隊還無法發揮作用。

伊斯蘭法的精神，在歐斯曼帝國中取得一定程度的成果，不過這樣的成果還沒有明確的定義是專制主義還是好戰精神。至此，過去歐斯曼強盛的綜合體制，已經在地方分權與當地勢力漸趨強大的情況下，逐漸式微，也不再是伊斯蘭法精神的重要支柱。

專制主義衰弱之後，造成了一些負面的結果，在某些情況顯然有害於歐斯曼帝國社會。官僚體制效率下滑與專制主義衰弱成正比，因

為專制主義是官僚體制的命脈。在蘇萊曼蘇丹之後，系統化的人口普查通常愈來愈難以完成，政府記錄完善的良好制度也逐漸變得草率，儘管十七世紀晚期有科普呂律家族（Köprülüs）這樣的強勢的大臣們主導復興運動，依舊難以逆轉頹勢。地方向中央提出的請求最後都徒勞無功。伴隨中央權力分化而來的，就是繁榮強盛走向衰微。在農業（agrarianate）社會環境之下，在歐斯曼帝國的征服行動之後，各地自然會立即出現新的土地階級興起；紀律衰微，中央軍隊無能再繼續壟斷土地資源；新的、不受控制的剝削行為逐漸增多、不受監督。

可是在火藥帝國時期，文官化與地方分權的影響力相當普遍。專業的火藥軍團必然形成了一支常設的軍隊，但光是藉由掠奪行動是無法有效給付薪資的；主要強權之間，愈來愈多的戰事都依賴這些火藥軍團，中央的行政制度都需要穩定的現金薪資。但是，這時期其中一個火藥帝國，也就是西班牙，找到機會開啟了新世界豐沛的銀礦來源，將他們帶進歐亞非舊世界的通商關係之中，歐斯曼帝國受到的影響最大。這樣的情勢已經帶來明顯的結果，經濟正在擴張，或是逐漸具有延展性（就像多數西歐地區，西班牙除外，因為西班牙剛結束穆斯林的驅逐，而留下嚴重衝擊）；但是，到了十七世紀，在乾旱帶已經不可能有規模龐大的擴張行動，這些情勢帶來毀滅性的結果。伴隨著源自於新世界大量的白銀流出，全球的白銀價格通貨膨脹。愈來愈多特權階級的投資已經不再針對土地，而是其他不固定的投資項目；不過這樣的投資行為沒有受到保障。這導致了社會斷層，進一步抑制了任何可能形成的經濟擴張。

這些政府財政發展的負擔，已經有助於進一步摧毀軍事紀律，並導致中央積弱不振。可是，更為糟糕的結果絕對是對土地的影響。西

方的觀察者早先評論了，歐斯曼統治下的農民多麼幸運，但他們現在發現，農民似乎遭到壓迫，土地鮮少耕作，村中資源貧瘠，人口大量外流至城市之中。當土地稅收減少，城鎮最後也會失去繁榮景象。

然而，在這衰敗過程的最後階段前，有一段長時間，農業興盛之後經歷過相當長期的陣痛期，但中央軍隊仍然維持完整運作。雖然在十七世紀帝國的發展可能已經到達顛峰，但是當政府資源全由中央政府掌握時，就不再能夠（在一般情況之中）召集足夠的人力，去對其他方面進行積極的改革，但即使如此，專制主義傳統仍然相當強大，若有可靠的大臣就能夠實施重要改革；而這樣的改革都會持續發揮作用一段時間。

歐斯曼帝國內部叛亂無法無天，而在十七世紀初葉造成長達二十年的屈辱，到了該世紀中葉，歐斯曼的勢力因為色雷斯海峽（Thracian straits）受到基督教徒軍艦侵擾而頗為受挫；雖然面臨種種打擊，但十七世紀至少仍有短暫的領土擴張出現在黑海北方（而且最終歐斯曼帝國取得克里特島，得以完整控制愛琴海）。在短暫時期內的多數時間情況都是如此，但並非總是如此；當專制主義的力量達到第二次高峰時（也是歐斯曼帝國領土最大的時期），是在科普呂律家族大臣執政時期。這個家族的長父是梅赫美德・科普呂律（Meḥmed Köprülü，在位於西元1656～1661年），他以血腥殘暴的方式對抗帝國的權貴，壓制比較有害的貪污形式；他甚至不滿國王的後宮，著手干預她們的資產、處死她們寵愛的人員，同時也因為徵收宗教學者的社會福利基金，而冒犯了學者們；不過，他從未觸碰有些根深柢固的軍事紀律腐化層面。他的兒子是阿赫梅德・科普呂律（Aḥmed Köprülü，在位於西元1661～1676年），受到他父親殘暴執政的影響，雖以比較溫和的

方式執政，但還是在一定程度上維持父親的作風。在阿赫梅德死後，帝國已經恢復了部分的元氣，對維也納進行第二次圍剿（西元1683年），比蘇萊曼第一次圍剿還來得有威脅性。

然而，這次圍剿沒有成功（日耳曼人與波蘭人一同拯救了維也納）。之後，三個最強盛的基督教歐洲強權——奧地利、威尼斯、俄羅斯結盟，強大到足以擊敗歐斯曼人，讓他們退至匈牙利之外，暫時只佔領了摩里亞半島（Morea，希臘半島南部），與位於黑海海岸的亞速（Azov）。在這之後，歐斯曼帝國對歐洲只能採取守勢，雖然在十八世紀初葉，還是能重新取得歐洲領土（亞速、摩里亞半島與貝爾格勒）。在十七世紀中葉後，歐斯曼帝國不只不再能夠推展歐洲的邊境，其他邊境地區亦然；軍事也不再能夠形成足以征服外地的集中力量。

然而，軍事力量依然留存，不過已經需要依靠自十七世紀以來帝國演變的新基礎。有些中央地區的殘存勢力至少還是維持了中央權貴的結構。但最重要的是，帝國的勢力已經分散成防禦部署及維持內部優勢之用。然而，這樣的防禦系統下，當地的力量（地方分權與一部分的文官控制）仍然效忠中央，也能提供中央資源。進入十八世紀，這些依然具有作用力。

專制主義腐敗通常被誤認為是起因於帝國及其社會的普遍腐敗，這樣的評論其實過於草率。歐斯曼帝國社會在整個十七世紀不只在軍事方面相當活躍，在知識層面也蓬勃發展；雖然最具創造力的成就是十六世紀帝國風格所建立，而當然是發生在帝國專制體制的顛峰時期。儘管歐斯曼帝國進行了這種顯著的改革，在十七世紀仍能追趕西方勢力（也影響了東歐基督教族群的菁英），但帝國的任何衰微都立即惡化了各個層面的運作。直到十八世紀末，不只是西方強權仍處在

農業層次（agrarianate level），無法奢望與他人競爭，有些旨在促進西方轉型的作為突顯了那些仍然停留在農業層次（agrarianate level）的地區的問題。鑒於這在根本上逐漸擴大的差異，歐斯曼政府竟然依舊可以控制他們的東歐領土簡直令人驚訝，儘管基督教族群幾乎對他們抱持一致的敵意，他們甚至還能再次爭奪以前征服過的領土；而直到十八世紀末，他們才發起重大的入侵行動。以過去的標準來看，作為未來標準的對照，歐斯曼帝國在十八世紀仍然十分強盛，甚至透過不同的形式仍能達到專制體制高峰。歐斯曼帝國確實受困於專制體制的腐敗，但新的制度出現，也發揮了重要的影響力。

　　許多歐斯曼人自己感受到，國家的偉大不再。有些叛亂行動與舊貴族結盟，意圖降低官員階級與禁衛軍階級的權力，也要取回舊軍事戰士的制度。中央權威堅持希望回復專制主義；有志之士譴責舊軍事紀律腐敗，也建議立即改革以恢復蘇萊曼統治時期的榮景。可是，較為權力分化的社會有獨特的邏輯思維。在帝國權威的保護與合法化之下，一般來說確保了省分競爭之間的和平情勢，自治的情形在地方上變得相當常見。半自治的省長有時有能力維持相對高度的秩序與繁榮，並非基於有活力的伊斯蘭法結合不具個人特色的官僚體制，而是憑藉統治家族與當地人口較為密切的關係，特別是地方貴族這個新階級。當這些階級獲得更多認同時，通常人民生活都能獲得改善。最後，在十九世紀時，中央權威承繼他們恢復專制體制的長久目的，西方的觀察家會說，這部分是因為人民的自由遭到壓迫。

表3 至西元1789年的歐斯曼帝國
The Ottoman Empire to 1789 CE

年分（西元）	歷史概況
1514年	蘇丹塞里姆（在位於1512～1520年），擊退伊斯瑪儀西向勢力，在查爾迪蘭擊敗他，奪下了亞塞拜然一段時間；壓制了歐斯曼帝國領土內的什葉伊斯蘭。
1517年	塞里姆奪下埃及，擊敗在蘇丹古里（Sultan Ghurî）時期最後的傭兵勢力，併吞他們的安那托利亞─巴爾幹統治的主要阿拉伯地區東部。
1520年	歐斯曼帝國征服羅德島。
1520～1566年	「立法者」蘇萊曼，人稱輝煌者，他讓歐斯曼帝國擴大的政治─社會結構，在1526年的摩哈赤戰役後，建立了不可動搖的勢力，匈牙利臣屬於歐斯曼人。1529年，圍剿維也納；1541年，匈牙利大半領土由都突厥人直接統治。
1556年	伏祖里（Fuzûlî）逝世，他是波斯詩集風格的二行詩體（masnavî）詩人。
1566～1595年	塞里姆二世（在位於1566～1574年）與穆拉德三世（Murâd III，在位於1574～1595年）統治期間；歐斯曼帝國和平向外擴張，對內鬆綁制度標準；在穆拉德之後則是四位不甚出色的蘇丹（直到1622年）。
1570年	征服塞普勒斯。
1578年	希南逝世，他是伊斯坦堡的蘇萊曼尼耶清真寺的建築師，他的作品還有埃迪爾內（Edirne）塞里米耶清真寺（Selîmiye mosque）。

年分（西元）	歷史概況
1600年	巴基（Bâqî）去世，他是後代詩人的楷模，蘇萊曼哀悼他的殞落。
1623～1640年	穆拉德四世（Murâd IV）壓制自治的菁英禁衛軍團，使歐斯曼帝國的軍事地位復甦；突厥文的文學形式仍未跳脫十六世紀的模式，儘管詩歌的主題範疇已經擴大。
1630年	柯祖貝（Kochu-bey）將一份記錄上呈蘇丹，詳細記載帝國衰弱的原因，提出建議要回歸蘇萊曼統治時期的古典制度。
1635年	納夫伊（Naf'î）逝世，他是新印度─波斯風格的詩人。
1656～1678年	在1640年禁衛軍失利後，梅赫美德・科普呂律與（1661年之後的）阿赫梅德・科普呂律大臣，重振了穆拉德意圖恢復的歐斯曼帝國效率。
1658年	卡地卜・切勒比（又名「Haci Halife」）逝世，他是百科全書專家兼與書商。
1679年	埃弗里亞・切勒比（Evliyâ Chelebi）逝世，他是軍人、旅行家、散文作家。
1682～1699年	在科普呂律家族中較無能的成員的執政時期，歐斯曼帝國與奧地利及波蘭對戰；第一次在歐洲重要的軍事失利，包括在維也納戰敗，失去匈牙利與貝爾格勒。
1718年	帕薩洛維茲（Passarowtz）和平條約簽訂，歐斯曼帝國第二次擊敗哈布斯堡的重要戰役。

年分（西元）	歷史概況
1718～1730年	蘇丹阿赫梅德三世（Sultan Ahmet III）與他的大臣內弗謝希爾里．易卜拉欣大臣（Nevshehirli Ibrâhîm Pasha）執政的「鬱金香時代」（Tulip Age），這是首次慎重的西化改革。1726年，易卜拉欣．謬特非里卡（Ibrâhîm Müteferrika）建立第一座歐斯曼帝國的印刷廠；但是，在1730年，改革因為禁衛軍與伊斯坦堡平民主導的帕特羅那叛亂（Patrona Revolt）而終止。
1730～1754年	瑪赫穆德一世（Mahmûd I）統治期間，透過1739年與奧地利、俄羅斯簽署的勝利條約，在歐斯曼帝國維持和平，這是歐洲國家分裂後的結果。
1757～1773年	穆斯塔法三世（Mustafa III）統治期間，他是一位能幹的歐斯曼蘇丹，雖然渴望和平與穩定統制，但因為與俄羅斯的戰爭而陷入混亂，結果歐斯曼軍隊全軍覆沒。
1774年	庫楚克．凱納爾吉條約（Treaty of Kuchuk Kaynarji）簽訂，歐斯曼失去克里米亞，沙皇成為歐斯曼領土東正教徒的保護者。
1789～1807年	塞里姆三世（Selîm III）統治期間，著重基礎工程以進行西化改革，在歐洲首都之中，第一次成立了正式的歐斯曼大使館。

第四章

暴雨前夕：十八世紀

以一般現代之前的文明史來說，一個世紀是非常短的時間。在五十個世代的穆斯林歷史中，三或四個世代幾乎不足以說是長期趨勢。不過，十七世紀與十八世紀晚期，伊斯蘭（Islamicate）社會與文化生活的式微，確實會在回顧歷史時突顯出來。這完全是因為接下來的趨勢所致。十九世紀是穆斯林強權徹底沒落的時期，而在十八世紀時，沒有任何作為能夠預先阻止這樣的衰弱或愚行。衰敗也已經反映在十八世紀穆斯林的現實之中。

在較早期的世紀裡，相對較少有高品質的成就出現，或者說伊斯蘭（Islamicate）的社會秩序似乎相對了無生氣。而甚至是哈非茲（Ḥâfiẓ）及其當代詩人所在的十四世紀，也可能是前景最為黯淡的時期。雖然十八世紀並不是沒有優秀、富有創意的人物，但卻可能是上層文化成就最不顯著的時期，穆斯林地區內其實是荒蕪一片。最強勢的穆斯林政府都已經面臨內政無法整合的困境。更不利的是，在伊斯蘭境域的長期擴張中，雖然未曾中斷，但也面臨不尋常的挫敗；連最強大的穆斯林強權多半都在抵禦非穆斯林強權，甚至遭到擊敗。這樣的現象暗示了某種程度的社會或文化力量衰退，只要謹慎地不在缺乏證據的情況下，對長期趨勢作出進一步的推測，都可稱之為「衰微」。在各種不同的發展路線中，衰微的現象都不只是偶然；至少，就部分而言，這些現象無疑反映了伊斯蘭地區裡影響力深遠的共通情形。

西方的出現

十六世紀三個偉大帝國的繁榮強盛，代表了中後期在農業資源層面上已經有所調整，在乾旱帶尤其如此。在每個帝國，十八世紀都是

物資缺乏的時期。資源在如此短暫的時間內，似乎沒來由地更加短少。有另一種比較正面的說法。當由火藥時期勢力重整而來的中央集權帝國，（在五或六個世代之後）為長久以來伊斯蘭（Islamicate）的政治問題提供了初步的解決方法，卻沒有發揮任何作用，就可以說明社會與文化出現僵局的趨勢。這樣的趨勢同時地對三個帝國產生影響。可是，這無論如何不是最完整的解釋。

　　為何必須特別關注平淡且缺乏創造力的世紀？原因是不管在伊斯蘭世界裡，「衰微」代表了何種意義，在那個時代世界歷史發展的脈絡之中，其實仍具有特殊的重要性。沒有任何時期，伊斯蘭文明（Islamicate civilization）如此自給自足、充滿知識，完全不同於世界歷史發展的脈絡。的確，有幾個世紀的時間，伊斯蘭文明（Islamicate civilization）主導了歐亞非的歷史；在現代之前的時期，沒有任何一個社會可以做到。到了十八世紀，歐亞非三洲的歷史確實發生了世界性的新轉變，穆斯林已經不再佔有主導地位。也就是說，不管這個時期「衰微」的實際狀況如何，相較於其他穆斯林世紀，這仍是相當驚人的時代。在這個時代穆斯林的衰微才剛剛出現時，西歐正在經歷一段漫長且出色的開創時代，為整個世界發展帶來劃時代的決定性影響。相對於基督教歐洲正在發生的事，穆斯林的衰弱是起因於沒有多元的外來刺激；這決定了伊斯蘭世界在伊斯蘭社會（Islamicate society）歷程之中的轉捩點，和其他社會一樣，都是在現代性（Modernity）的開端。

　　此外，我們所說的「賦予『衰微』意義」，至少也提供了部分的解釋。在基督教歐洲發生的事，直接導致了伊斯蘭（Islamicate）的「衰微」。外來勢力讓原來可能還算出色的世紀大傷元氣；如果我們注

意到這不只是在穆斯林之間的問題，而是整個十八世紀都相對的枯燥乏味，那麼這一點就會更加清晰。在基督教歐洲之外，任何的社會在這個世紀都沒有突出的表現，除了日本。確實，在東方的基督教徒、印度教徒，還有小乘佛教徒（Theravada Buddhist）在某些情況被國際的伊斯蘭社會（Islamicate society）包圍，因而很難期待他們有高度的文化發展；舉例來說，那些文化若要更為廣泛地延伸，就得看它們與伊斯蘭（Islamicate）文化勢力如何協調。但是，中國學者與行政官員仍然管理著一個具有潛力、素養、相當獨立的社會，是這時期的一大特色。

在歷史複雜的歐亞非地區，一個區域要取得重要的領先地位，其社會要具備一定程度的獨立性，必須表現出文化與歷史的高度，而其他社會不容易超越。西方商貿的活動逐漸衝擊、排擠了其他族群。這特別影響了伊斯蘭社會（Islamicate society）：歐亞非舊世界的城市地區不再以伊斯蘭作為長途通商的骨幹，這是相當重要的轉折。接著，新的西方文化形式逐漸變得顯而易見。許多最活躍的人物面對相當重要的外來文化（儘管還比不上固有文化的發展），對於西方商貿、軍事、甚至科學與藝術，既不能忽略，也無法隨意妥協。在伊朗與印度藝術中，人們持續模仿西方幻覺派（illusionist）的技術，儘管效用不大，但顯露了技術資源的問題面臨一定程度的困境。在整個現代化（Modernization）過程中，西方的出現必定加強了這個時期各個地方，不只在經濟、還可能是心理方面，產生猶豫不決的態度。

之後，我們應該以一個世界觀的角度，更全面地看待西方所發生的事。在這時候，穆斯林區域內最具決定性的特徵是西方商貿勢力急遽擴張。在新的西方社會，資金累積不只集中在少數人手中，也不是

以當地的條件就能增加，也並非回應了特別的外在狀況；累積的過程已經建立在整體經濟進展之中，這就像給了經濟力量既不明確又能再生的資源。這樣的經濟力量，讓每個人在整個過程中都能夠共享西方的通商貿易和西方政治，以進行長期的競爭。

直到十八世紀初葉，任何西方轉變可能在伊斯蘭世界世界發生的正面影響，可能都已經為負面影響所壓制。這世紀的後半葉，在歐斯曼、薩法維、印度帖木兒帝國領土內，已經出現腐敗的跡象；若發生了任何正面的事情都是新世界力量發展的結果，例如在孟加拉或爪哇，出現了西方貿易經濟生產的新型態。直到世紀結束之際，伊斯蘭世界社會結構中所累積的緊張狀態正面臨劇烈的新調整，接著就是進一步西方世界霸權的建立。

歐斯曼專制體制復興的支持與反對

「衰微」在權力中央最顯而易見的，就是接受來自西方的物品與風尚。這樣的潮流似乎相當無害；他們不需要完全超越中國絲綢、歐洲毛皮、或在穆斯林宮廷長期盛行蓄印度女奴的潮流。不過，這其中有兩種差異。在十八世紀，外國奢侈品逐漸從特定區域而來，不是來自世界各地，而貿易逐漸為西方、或者與西方關係特別密切的當地團體所掌握。此外，在穆斯林區域奢華生活之中，西方貿易佔有的地位，比以往任何跨區域貿易都還要重要（確實歐亞非舊世界的多數地區也是如此）。遠距離貿易的角色已經逐漸加重，但遠距離貿易的新種類增加的情形在這一世紀特別顯著，而這無助於恢復戶外市集（qayṣariyyah bazaar）中大盤商與奢侈品商人的重要角色，他們曾經是

城市社會的支柱；不過，新局勢更讓他們受挫。

　　如果認為所有工藝品的製造至少在十八世紀晚期之前已經如歐斯曼帝國時期之前一樣盛行，這似乎太過於忽視上層階級那些最奢華的貿易。（人們都會說工藝品品質普遍下滑，但其實這不代表所有物品都不再精緻，因為工藝品之中總是有許多精緻作品，這其實代表的是缺少比較精細的作品；我們還是可以推測，即使當奢侈品市場〔不時〕出現的時候，仍持續缺乏高層次的技術。）這些高階層的工藝品在西方逐漸失去競爭力。惡政導致投資不穩定，已經無可挽救；但是，不穩定的狀況並沒有比工藝藝術顛峰時期來得差。相反地，西方有特別的內在因素，造成新的改變。到了十八世紀，即使是從歐斯曼帝國南向與東向出口（至少是從敘利亞與埃及）的貨物，多數都已經是西方商品了。

　　不過，從精緻文化與某種社會立場來看，最具意義的正是高檔層次的工藝品。（人們會思索，伊斯坦堡工匠行會中禁衛隊的角色是否反映出老舊社會領導階層必然出現的斷層。）不管伊斯蘭化的貿易早先受到何種輕微的挫折，在十六世紀如何有助於穩定專制體制發展，但到了十八世紀，卻成為導致更加衰弱的絕對關鍵。此外，幾乎整個海洋的轉運貿易都只是外貿最底層的部分，以至於對於歐斯曼社會只有很微小的幫助。無可否認，歐斯曼帝國（很早就在地中海地區面臨西方擴張的壓力）比起其他穆斯林地區，在這樣的發展中受到比較大的衝擊；例如，巴格達的直接貿易遠離歐斯曼帝國關注的地中海，大多掌握在穆斯林（波斯與其他非穆斯林），或者與他們關係密切的受保護者手中，但這樣的貿易在十八世紀末依舊嚴重衰退。

　　歐斯曼帝國第一次遭到西方擊敗後，在伊斯坦堡就興起了西化浪

潮。自從西元1683年攻打維也納未果，以及西元1699年受盡屈辱的條約，歐斯曼帝國開始嘗試要重回優勢；雖然後來戰勝過俄羅斯與威尼斯，但在西元1718年，歐斯曼帝國與奧地利簽訂了新的條約（在帕薩洛維茲〔Passarowitz〕），對歐斯曼帝國影響深遠，甚至還失去了貝爾格勒。在往後易卜拉欣大臣（Ibrâhîm Pasha）執政的十二年，被稱為「鬱金香時代」（Tulip Age）。這是小規模的文化興盛時期；詩人儘管不遵從一般歐斯曼書寫的傳統，卻已經開始破除舊的波斯形式；富人間的家居裝飾創新嘗試（特別是栽種鬱金香）有時候包括了西方的特色，而不是像稍晚的法蘭西上層階級，在他們的花園中硬是加入歐斯曼或仿造歐斯曼帝國的特色。即使是建築，也都受到義大利後文藝復興（post-Renaissance）風格的巨大影響。宮廷之中更富裕的人把金錢都耗費在購買西方商品上。在學者之間，受潮流影響而到處求解，甚至有興趣學習西方的知識。

　　不過，「鬱金香時代」不只是極端奢華的展現。易卜拉欣大臣代表了宮廷裡的一派，希望恢復專制體制，來對抗文官制度、地方分權的社會力量，這種力量已經相當普遍。這個宮廷派系實際上缺乏向心力。官僚體系（即文官化的官僚）現在有能力在「軍隊」裡，藉著宮廷服務的「軍事」競爭而取得比較高的地位，因而導致自我分化。[1] 而在經學院之間，高階的宗教學者瓦解了晉升體制系統，已獲取高階的伊斯蘭法地位，並將自己轉變成世襲的封閉團體，不堅持恢復專制體制；儘管他們是中央裡的一個整合部分，但他們還是依靠著貪污來

1　Norman Itzkowitz, 'Eighteenth Century Ottoman Realties: Another Look at the Lybyer, Gibb and Bowen thesis', in *Studia Islamica* 16 (1962), 73－94，指出一些重要特徵，不再是單一面貌，甚至連Gibb與Bowen都仍然將單一面貌套用在「統治體制」上。

維持他們的地位。而且，地方分權的風險大致單單從他們在中央的薪資就可以略知一二。普遍的地方分權由首都的兩個團體所捍衛著，對立宮廷黨派：其一是原初的伊斯蘭法階層（即宗教學者的階層），他們的地位不是世襲，而是教育受訓而來；其二是禁衛軍隊，現在包括了不只首都的中央部隊，還有大部分的工匠階級，以及他們在地方省分中享有禁衛軍特權的盟友。這一般大眾與受過教育的階級同盟，現在重新利用伊斯蘭對抗上層統治者的反叛傳統，在往後形成宗教學者與戰士的初步結盟，最後成為常態。[2] 在首都的文官化秩序分黨結派的背景下，有半自治的地方首領（derebey）勢力，這些權力世襲且根深柢固，接近它們之間的侯國（principality）成為在安那托利亞與魯米里亞歐斯曼領土的一大部分；這些奠基於在十七世紀創新的類別，自然與專制體制對立。（在更遙遠的歷史背景且影響力薄弱的帝國政治中，有一種不同類型的自治政權，就是阿拉伯地區的幾個行政區：在埃及傭兵軍隊重振的政權，還有伊拉克其他傭兵的政權，還有一些在敘利亞的幾乎處於獨立狀態的總督。）

　　如果要恢復專制體制，對抗這些宮廷支持專制主義的派別勢力必須找到一個嶄新且合適的權力基礎。此外，恢復專制體制的要求，成為帝國在受挫於歐洲強權之後所面臨的壓力。易卜拉欣大臣提出可能的解決方式，就是讓歐洲基督教徒來訓練某些歐斯曼最孱弱的軍事軍團；但是，當他試圖採用這樣的方法時，反對專制體制的人們發現自己的地位明顯受到威脅。他們以伊斯蘭之名大聲疾呼，批判宮廷異教

2　Uriel Heyd, ed., *Studies in Islamic History and Civilization* (Jerusalem, 1961) 一書包括了 Heyd 親自撰寫、關於這些重點的一篇實用文章。

徒（還有商業對手）的奢華，保持機警地對抗在宮廷裡不斷增加的西化潮流。他們想要讓禁衛軍來支援帝國邊境軍隊的防衛，相信宮廷可以嚴正看待這項任務，也就是不用擴張自己的權力，便能夠提供有效的防衛。因此，內鬥之中出現新的影響力，而且是西方的影響力；從兩方面來看，這樣的現象似乎頗為偶然發生，也屬於次要的現象；然而，現在再來回顧歷史，卻發現這頗具決定性。

西元1730年，易卜拉欣大臣遭到薩法維帝國的繼承人──納迪爾國王（Nâdir Shâh）推翻；在宮廷中，西方的美學與軍事潮流因反對專制體制的勢力而受挫，但易卜拉欣對專制體制的復興也暫時中止。到了西元1739年，在新的戰役之中，貝爾格勒又遭奧地利奪走，雖然沒有失去匈牙利的其餘部分；這似乎能夠代表秩序已經重建。但是，西方風潮一波接著一波，以適合當地基礎的方式迅速地重新出現。

由於中央專制體制在本世紀後期的衰弱，使得中央已經無能為力維持地方勢力之間的和平。握有自治權的統治家族變成實際獨立的主體，他們與當地軍隊的幾次對戰，成為省分內部之間的戰爭，造成嚴重破壞。魯米里亞與安那托利亞的地方首領統治者，派遣軍隊支援中央政府，其實只是為了他們自己的利益；然而，他們的統領範圍內則是相當和平。大馬士革（Damascus）與阿勒坡（Aleppo）在十八世紀末面臨了一項困難的挑戰──貿易式微，無法控制貝都因人（Bedouin），稅收遭到私吞，紀律已然喪失。他們對此的回應就是，有時候表現得極度暴躁，幾乎是以勒索的方式對待當地人民，或者肆無忌憚的軍事行動。這讓情況更加惡化。肥沃月彎的大多數地區過去是由農民耕種，此時已經遺棄給貝都因游牧部族。甚至在埃及的單一省分之內，有不同的軍事元素（包括從沙漠而來的貝都因部族）都自

行劃分領地。傭兵駐軍長期駐紮在首都，作為在比較特定的歐斯曼軍隊之外的單一軍事型態（也與歐斯曼指揮官握有相等的力量），（在西元1767年之後）出現了殘暴的領導人阿里貝（'Alî-bey）與穆拉德貝（Murâd-bey），他們壓制了大批的地方勢力，也有效建立了幾乎獨立的埃及王國。這些黨派運動都採用西化的方式。為了要支援他們的力量，埃及領導人像是敘利亞的總督，也逐漸獨立於殘暴的政權之外；但是，他們也對西方這個新勢力感興趣，鼓勵以西方機械來種植穀物，引進西方軍事顧問，在軍隊中使用現代技術。

同時，大致上歐斯曼帝國有半個世紀與西方、俄羅斯、伊朗都和平相處、互不侵犯。在這樣的情況下，歐斯曼特權階級忽略了西方，安於舊的農業條件，不受打擾。不過，這卻是相當致命的作法。西方政治人物並不瞭解穆斯林的歷史，也不瞭解有關穆斯林區域當時的狀況，但是他們比祖先所瞭解的還多，反而他們不瞭解的事對他們來說並不是太過重要。最重要的是，歐斯曼帝國的政治人物比祖先還要不瞭解西方，無知的情形更加嚴重。當俄羅斯船艦第一次出現在地中海（穿過波羅的海），無須經過色雷斯海峽時，歐斯曼政府只有過時的地理觀念，而且還是文學著作中的地理知識，認定俄羅斯人一定是得到西方默許，才能跨越陸地。

對於現代情勢的無知在經濟事務上也造成重大影響。長期以來，歐斯曼帝國與外國基督教徒商人社群（也因此與他們的政府）之間存在一項協調政策：他們必須透過領事來處理內部事務，就像帝國內的宗教社群一樣；同時，他們配合有利的貿易條件，去鼓勵通商。甚至在現代之前的情勢下，這樣的政策可能具有危險性。拜占庭政府也和義大利以商業為重的幾個共和國有類似的協議，積極擴張北方貿易，

也目睹自己的衰敗，最後他們所渴望壟斷都遭到推翻。另一方面，具有比較強勢基礎的政府，能夠毫無疑問地避免這樣的命運，以有限的力量保護商人。在現代情勢之下適切的安排，則會有比較不可預期的結果。直到西元1740年，這些在西方稱為「協定條約」（capitulation）的作法，也就是幾個「標題」（capita）之下的條約，這種協定條約已經發展出一定的成果。接著，作為歐斯曼帝國之法蘭西盟友的特殊優惠（在帝國中普遍地方分權的氛圍之下），法蘭西人可以擁有比較多的特權，迅速延伸到其他基督教強權境內。最重要的特權就是延長對歐斯曼非穆斯林的保護憑證（berat），藉著這樣的方法他們取得外籍人士的特權。以現代世界經濟功能轉變的角度來看，這帶來深遠的影響，但波斯文學教育沒有讓歐斯曼人具備這樣的認知。

這些協議的受益者逐漸形成統稱為「黎凡特人」（Levantine）的階級，作為在黎凡特地區（Levant，即從愛琴海到尼羅河的地中海東岸地區）最引人注意的一群人。這些人通常被稱為在西方當地定居的人，他們以義大利語（後來是法語）為通用語言，但其實是來自迥異的地區；實際上，他們不屬於西方也不屬於伊斯蘭世界，或任何一方。他們之中有基督教徒，也有猶太教徒，他們尋求西方政府給予的經濟與政治保護，但是他們大多紮根於地中海沿岸地區，作為通商經地，而不是在西方國家或伊斯蘭國家。以當地的角度來看，他們在通商貿易中佔有重要地位，而不是西方人。他們在少數社群之間廣泛發跡，只靠著以下的社會晉升手段：讓他們之中最能幹的人才投入商業貿易，並彼此相互協助以對抗多數社群。接著，新西方所引進的特殊情勢賦予他們特別的機會，成為主導的力量，這是他們的穆斯林競爭對手無法匹敵的。（這並不全是因為特殊的穆斯林社會專屬特質，還

如同有些人所主張的，是因為特別想要與西方連結的渴望；穆斯林貿易商總是對這個世界敞開大門。但是，有時候這個連結的需求無疑會漸漸強化為一股堅定的防衛力量、排除他人，而且由穆斯林上層階級認同所加強。）

授予特權給這類階級的結果相當難以分辨。這讓穆斯林與忠心耿耿的受保護者，很難與親近外人的當地基督教徒來競爭，幾乎很快地將貿易階級整體從歐斯曼帝國轉移到有特權的外國管轄範圍。在帝國大部分的區域中，穆斯林不再是各方面主要的貿易重心，在這方面進一步的衰弱還不明顯。但是，權力嚴重喪失，無能施予規範或在通商增加之中收取稅金，會帶來災難性的後果。

當這些授予了這些特權之後，歐斯曼人似乎不清楚他們之間的任何危險或不利的情勢。但是，這對歐斯曼人來說，不只是條約的字句所導致的直接劣勢，還有很明顯的權力濫用（他們很快感染了這樣的惡習），才帶來這樣劇烈的結果。歐洲強權不加區別地授予保護憑證，而這些憑證的持有人無論如何都會受到保護。歐斯曼政府逐漸瞭解，條約中已經讓出的條件，就算並沒有直接傷害的性質，但是卻會導致經濟還有後續政治方面的危險；但是，到了面臨危機的時候，互惠已經不再施行且已經撤除，甚至也沒有權力濫用的情況（除了零星散見的案例），因為整個帝國的經濟與政治層面都已經過度投入，即使西方強權有意要撤換條件（但隨後他們又反悔），也無法阻止劣勢。雖然歐斯曼政府已經在一段時間內比起拜占庭要強盛得多，但新的西方貿易強權奠基於低廉又大量的產品，甚至充斥在小市集之中，還能夠決定富人階級的經濟角色，這樣的貿易強權比農業階段的任何貿易團體都來得更有影響力。

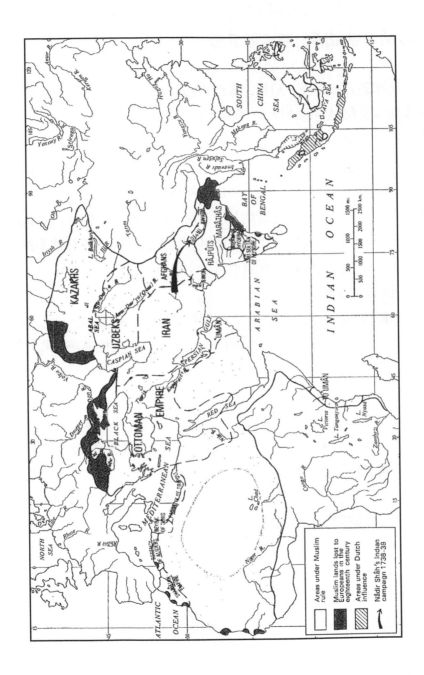

圖 4：十九世紀歐洲擴張前的伊斯蘭地區

印度帖木兒帝國的繼承權爭奪

在奧朗吉布死後，短暫出現派別紛爭的時期，許多印度帝國的領導人對中央權威失去信心，認為中央權威無法處理派別紛爭。接下來，在長期但不是太有作為的穆罕默德國王統治期間（西元1719～1748年），這種信心的缺乏愈來愈常表現在一種趨勢上，宮廷與地方貴族嘗試讓這些省分成為他們可以控制的獨立單位，這些省分一般而言效忠宮廷，但又不願意受到其他派別干涉。印度一帖木兒帝國的行政管理模式，持續運用在代表著德里的省長們所能維持有效率控管的地區，就算是自治性質的控制也可以；但是，享有權威的中央官僚體制很快地中止這個模式。

雖然大致的情況如此，但在穆罕默德國王的朝廷裡，一批有創意的人士運用帝國宮廷與城市尚存的財富，在不同文化傳統調和之間，革新了帖木兒帝國的文化生活。在藝術與文學裡，政權形成了與同時期歐斯曼帝國的「鬱金香時代」有趣的相似性。也就是在這個時期，帖木兒帝國出現了革新的世俗學識素養（對西方的醫生一定程度的關注就是從奧朗吉布在位時期開始）。詩歌也在這個時期受到了嶄新且形式上的影響，雖然脫離波斯傳統的解放在這裡似乎比在伊斯坦堡還不明顯。烏爾都（Urdu）語言就是德里當地的印度語，以波斯字母書寫，也因為波斯文的字彙而更加豐富，在所有帖木兒帝國的領土裡，軍人與商人採用烏爾都語文作為通用語。烏爾都語文在德干高原已經發展成一種詩歌的媒介，特別用於宗教詩歌。現在烏爾都語文在德里的宮廷沿用，烏爾都語原來就是德里的當地語言，而且被侷限在波斯詩歌傳統之中，作為最文雅的詩歌形式的載具；烏爾都語文從波斯文

主體捕捉到詩歌的卓越特色，雖然它除了強調悅耳的聲韻之外，完全沒有改變波斯詩歌的手法。

但是，烏爾都語文的使用正是最迥異於鬱金香時代的特點。鑒於在歐斯曼帝國領土內，基督教徒與穆斯林在十八世紀更加疏遠，同時，在領土東部與西方的基督教徒之間，逐漸開始有文化方面的融合。而在印度，印度教徒與穆斯林似乎愈來愈親近。雖然許多印度教徒學習波斯文這個卓越的穆斯林文化語言，烏爾都語文是穆斯林與印度教徒幾乎能夠通用的語言。烏爾都語文為穆斯林發揚光大，而標準的印度語則由印度教徒發展（以梵文字母書寫），兩者在結構上是同樣的語言。對於信仰印度教的作家來說，使用烏爾都語並不會感到生疏，他們也會使用一半穆斯林的模式；烏爾都語在兩個社群中都有人使用。同時，蘇非作家有時候也使用印度語，而透過使用印度語，來大量參考印度文學、奠基於印度教的傳統；雖然蘇非行者已經讓印度教的概念伊斯蘭化，但仍保有許多來自梵文化傳統的詞彙及名字。在世俗藝術裡，穆斯林宮廷對於印度教傳說的包容性甚至比以往更大。似乎也是在這個時期裡，最初是奉獻給奎師那（Kriṣṇa）與其他神祇的印度教廟宇舞蹈，此時被引入宮廷之中，作為餘興節目，由波斯傳統大師精煉之，並賦予古典的印度北部形式，甚至在新的世俗背景中，還保有許多古代的印度教主題。

在位於拉賈斯坦（Râjâsthân）嘉伊・辛格（Jai Singh）的拉吉普特王室觀測台（可能是這時期在伊斯蘭世界最重要的觀測台），內部人員的占星工作需要同時使用到梵文及波斯文（統治者嘉伊・辛格是印度教徒）；不過，這設備的整體是由布哈拉（Bukhârâ）觀測台做為模型，學術知識則主要依靠伊斯蘭傳統（Islamicate tradition）。然而，

一種新的傳統顯然是首次被引用到技術層面，這個傳統就是西方的拉丁傳統，其成熟度已經超越了同時期的阿拉伯傳統。在十七世紀，拉丁文作品被翻譯成波斯文，但沒有克卜勒（Kepler）或伽利略（Galileo）等人的著作，似乎只有一些不會導致伊斯蘭傳統（Islamicate tradition）重大轉變的作品，特別是行星表（planetary table）。

在一個共同遺產裡的共同利益觀念，不只是說服了印度教的瑪拉塔人，在後來變得有勢力時，成為帖木兒裔君王的僕人與保護人，最終還讓遙遠的印度教統治者——特拉凡哥爾的國王（Râjâ of Travancore），在穆斯林統治力量從未滲透、遠在南方的喀拉拉邦（Kerala），自行請求德里託管，自己作為附屬的統治者。

儘管如此，有別於歐斯曼帝國，雖然沒有穩定的地方分權主義取代印度衰弱的中央權力，但很快引起了帖木兒帝國權力繼承的爭奪，也就是在十八世紀後期印度政治的主要事件。新西方的存在雖然總是微不足道，但也總是一股持續不可忽視的因素，到處都可以感受得到；儘管西方的影響力，在不同地方有不同的形式。在許多印度地區，不同於歐斯曼帝國，歐洲人偶爾會直接介入政治層面。

瑪拉塔印度軍人及其高地首領，掀起了一次在印度帖木兒帝國領土中，重要且持久的抗爭，也破壞了奧朗吉布晚年的權力；在他死後，瑪拉塔人藉機干預了帖木兒朝廷的派別紛爭，直到西元1720年，他們的政體才獲得官方實際承認。他們逐漸在中央印度領土之中，建立了很有系統的權威，在十八世紀中葉對抗著帖木兒帝國。但是，當德里的權力遭到破壞，特別是在伊朗統治者納迪爾國王侵佔德里，並在西元1739年掠奪帝國財產之後，瑪拉塔人作為印度權力從屬的勢力，也遭到北方或南方印度幾股勢力進一步挑戰。在南方，尼查姆—

穆魯克（Niẓâmulmulk）省長在德干高原，以相對於首都海德拉巴德（Haidarabad）的地方省分為基礎，來維繫印度帖木兒帝國的行政組織，在那裡對瑪拉塔人的要求有嚴格限制。但是在更南方的區域，以邁索雷（Mysore）為基地的強大印度政權及其穆斯林總指揮官，同樣抵抗他們直到獲勝為止；之後穆斯林指揮官成了統治者。

在北方，瑪拉塔人不只受命去對抗一定數量的當地穆斯林勢力，他們或多或少是自帝國的殘餘編制所興起的，而且還要對抗三個更強大的新勢力，其中兩個是當地固有的勢力。在奧朗吉布時期，錫克教徒在旁遮普成為對抗穆斯林統治的軍事力量，他們是阿克巴爾統治時期的改革團體，趁著帝國衰弱的時機，建立了他們在旁遮普的統治權。他們建立了聯邦，最後控制了旁遮普多數地區，抵禦所有外敵。

在錫克教徒所處的山區的西北邊，阿富汗部族已經取得一定程度的政治穩定與獨立，從他們在西元1722年鬥倒薩法維政府之後開始；在納迪爾國王死後，伊朗的混亂讓他們更加獨立。阿富汗部族現在派遣他們主要的戰士，前往北方的印度平原，建立新的穆斯林帝國。在西元1761年，瑪拉塔勢力達到頂峰：在西方的馬哈拉施特拉（Mahârâshtrâ）山區首領的引導下，其將軍佔領了整個馬哈拉施特拉、古嘉拉特、摩臘婆與多數鄰近土地，還包括德里；帖木兒裔君主在德里受他們保護。在其他多數的印度地區，瑪拉塔人收取固定貢品。瑪拉塔主張在他們自己的保護下恢復帖木兒帝國的意圖。北方的穆斯林地方勢力加入喀布爾的阿富汗國王——阿布達里（Abdâlî）的陣營。他暫時壓制了旁遮普的錫克教徒，並在帕尼帕特遭逢瑪拉塔人，也擊敗他們；但是，阿富汗人因為政治因素而撤退，錫克教徒勢力重振，當地穆斯林勢力陷入內鬥。但是，瑪拉塔勢力受挫，將軍彼此之

間不再團結合作。從那時開始，每個陣營都各擁勢力，印度陷入不安定的政治僵局。

可以推測，阿富汗人、瑪拉塔人以及其他團體的勢力，在十八世紀已經因為一部分進一步的彈藥武器技術發展，暫時比中央更有能力進行比較小規模的行動：廣泛普及的手槍、步槍都很有機動性，能夠以謀略來戰勝僅僅依賴大型砲座的中央政府。

在這樣的政治局勢裡，穆斯林對於印度的伊斯蘭角色並不滿足，進行了一次激烈改革。伊斯蘭傳統（Islamicate tradition）一直以來都與尼羅河至烏滸河地區的伊朗—閃族傳統息息相關；即使到了十六世紀與十七世紀裡，伊朗文化保有較多的優勢。不過，位於比較遙遠區域的穆斯林一般也都認為國內安定和諧。然而，在十八世紀裡，我們會發現，有種氛圍開始在印度出現，在之後變得相當重要：穆斯林開始對他們在印度的存在感到不安，認為印度對他們伊斯蘭來說可能會是個威脅。

這種不安反映在一連串的偶發事件上。首先，除了印度，伊斯蘭世界沒有其他地方更容易脫離於其國際關係之外。印度不像多數引入伊斯蘭信仰的區域，而原來就是高度文化傳統的重心，能夠有力地抗衡伊朗—閃族傳統。以這角度來看，印度的例子只有歐洲可以相比擬，但印度又在許多方面對立於歐洲的例子。印度的核心地區完全遭到征服，而那些印度文化區域幾乎也全數落入穆斯林霸權之中（主要是中南半島的山谷地區），可是穆斯林卻沒有準備像西方歐洲一樣要領導文化。梵文化傳統的代表（如同比較冒險進取的東歐人）沒有轉往其他地區，而是接受了穆斯林的領導，也希望他們能夠一同合作。

然而，如果穆斯林社群在這區域裡，並沒有不尋常的矛盾問題，

這就不見得會是個危機。這樣的征服從穆斯林區域帶來相對較少的移居，特別不同於安那托利亞；因為人口梯度作用，安那托利亞有人口大量湧入，而且沒有伊斯蘭之前的時期那種忠誠心。同時，這也不同於巴爾幹人，在那裡，當地持有土地的階級沒有普遍改信，在其土地上也沒有固有的高傲態度。因此，穆斯林人口在印度北部比較中心的地區，傾向於分裂成社會極端狀態：在上層社會，受到高度尊崇與主導政治及文化的，是近期多少從伊朗與圖蘭移民而來的家族，並一直維持原有的身分認同。其餘的穆斯林大多都改信了，擺脫當地不良元素的影響，通常脫離了印度教徒的種姓制度，但他們也都會留存這段記憶。甚至人們不時會將外來祖先的當地印度穆斯林，比擬為印度本土的馬匹，這種馬一般來說比任何進口的馬都要低等。那麼，隨著非穆斯林統治的到來，薄弱的穆斯林優越性似乎會一同消失。

結果，就在伊斯蘭大獲全勝之後，當梵文化傳統的代表讓印度—伊斯蘭文化（Indo-Islamicate culture）與蘇非主義者，更容易融合本土的梵文化元素，過去許多穆斯林會認為這是對穆斯林認同的一種威脅。那些有印度教背景的穆斯林所經歷的過去並不愉快，現在則會相當堅持伊斯蘭的特質：在某種程度上，他們改信等於是從印度逃離出來。那些珍惜其外來祖先的穆斯林，能夠謹慎小心地看待伊斯蘭，不會讓伊斯蘭變成另一種印度種姓制度，讓他們喪失所有對外的聯繫。對許多人而言，對普遍的伊朗—閃族文化遺緒的認同（承認它是正宗的伊斯蘭遺產），能夠變得與中央宗教對伊斯蘭皈依的肯定一樣重要。當他們看到伊斯蘭失去權力認同的特色，他們潛伏的恐懼就會浮出檯面。印度本身變成了印度穆斯林必須對抗的敵人；盡一切所能，印度必須要受到壓制——有些人甚至會補充到，即使要接受伊朗高地

更粗野的族群來統治，也在所不惜。

對於穆斯林政治衰敗的反應最重要的代表例子就是夏‧瓦里烏拉（Shâh Valî-ullâh），他是蘇非知識分子，有段時間居住在遠離上層階級的地方，雖然仍是在德里附近，但他受到不分階級的極大尊崇。他不認同宮廷的文化普世主義，發起整合重視律法的伊斯蘭運動；為了這個目的，他重振了阿赫梅德‧希爾辛迪的傳統，以對抗阿克巴爾的宗教普世主義。但是，他沒有接受希爾辛迪與多數穆斯林不同的爭論，因為現在最需要的是讓穆斯林團結一致。因此，他試著要說明，在所有伊斯蘭傳統的主流派別之間，存在著和諧的潛在可能性——他特別強調，維持希爾辛迪的密契主義體系，事實上能夠與對伊本—阿拉比及其傳統的真正理解協調一致；儘管希爾辛迪的體系嚴謹地主張真主的超然存在，反對那些伊本—阿拉比的觀想追隨者，並且對抗著要緩和伊斯蘭法的普世主義趨勢。在每個人內心建立伊本—阿拉比潛在的概念，去對應神愛的一些面向；作為一位在這世界上的穆斯林，他聯繫著這個廣大無邊的可能性與個人的良善價值，因此也聯繫著伊斯蘭法社群。

瓦里烏拉行動的基礎可能是宗教心理學的激進觀念，表現出系統性的意圖，要呈現伊斯蘭法多元規定的理性功能。（他也刺激了更廣泛的聖訓研究。）但是，這也讓伊斯蘭法在他當時的印度更具可行性，作為對抗「印度教化」（Hinduization）的基礎。他以伊斯蘭法的社會目的觀，譴責上層階級的放縱行為，以及他們對窮人的剝削，扮演帶領穆斯林強權的角色，走在羅馬與薩珊帝國曾經經歷的荒廢道路上；而他建議財政再度恢復中央管制，才是有效的方法。他干預政治；不同於多數的穆斯林，他至少謙恭面對惡劣的阿富汗要壓制印度

北部的企圖。當印度穆斯林在十八世紀，對於伊斯蘭社會（Islamicate society）的瓦解作出回應，可作為撰寫歐斯曼帝國回憶錄的參考，夏‧瓦里烏拉就是他們的領導人。他的追隨者包括一些他的貴族後代，在印度北部的伊斯蘭領域（孟加拉以西）佔有領導地位，通常提倡改革，在他死後持續了一個半世紀。[3]

同時，印度北部出現第三個正在擴張的新勢力，在當時沒有引起穆斯林很多注意，可能因為起初它看起來完全不像獨立勢力。西元1748年之後，當尼查姆─穆魯克死在海德拉巴德，英國（British）貿易公司已經開始介入德干高原的戰爭，提供他們強大貿易所的錢財與兵力，以換取當地特權；他們支持法蘭西貿易商所資助陣營的反對勢力。結果，歐洲列強之間的敵對關係（法蘭西與英國之間），重現在他們的貿易公司之中，幾乎左右了印度南部勢力爭奪的情況，宛如他們自己就是印度勢力。所有東方海岸區域很快地為貿易公司所掌握（主要是英國勝出），這些公司在該地區收取稅金，並執行一般的行政工作；從這技術上次要且短暫的權威來看，沒多久他們就取得完整的控制。

英國充其量只有在其他印度統治者聯盟的協助下，才會維持他們的立場；不過他們絕對沒有在特定的幾場戰爭中都獲得一致的勝利。邁索雷（位於德干高原的西南部）那後來成為統治者、優越的穆斯林將軍──海達爾‧阿里（Haydar 'Alî，西元1782年逝世），在戰場上擊敗了英國人，在兩次戰役中仍維持著他的勢力。但是，英國強權更為

3　最近印度穆斯林總算開始討論夏‧瓦里烏拉；Fazlur-Rahman 對他的思想做了最好的簡短介紹，'The Thinker of the Crisis, Shâh Waliy-Ullâh', *Pakistan Quarterly*, vol. 6 (1956)；不過篇幅過短，而顯得隔靴搔癢。

持久，而逆轉了戰局，當印度勢力有一段時間衰弱時，英國總是趁機增加對當地的控制。

英國在更北部的孟加拉，達到勢力強盛的顛峰。在那裡，他們有當地印度商人的財力支援，他們也像其他多數外國商人一樣，將他們的貿易集中在英國所駐防的港口基地加爾各答（Calcutta）。十八世紀時，文官與商人階級（包括印度教徒）已經在孟加拉宮廷中興起，伴隨著帖木兒帝國普遍的文官化與地方分權。到了西元1756年，英國人已經深深涉入某些群體，而讓他們的宮廷陰謀可以運用英國勢力，作為主要的後盾，而反過來英國也有信心，預期有利於他們利益的派別會在宮廷獲得勝利，不必擔心此時已經衰弱的中央政府突然介入。在西元1756年，英國人在加爾各答遭到驅逐（這起事件後來被添加了許多關於印度殘酷冷血的誇大故事），但也註定了驅逐他們的孟加拉省長的命運。在西元1757年，英國人又再次返回。這次他們有私人軍隊的支持，但他們若沒有孟加拉派別，即親英勢力的積極協助，也將無法成功，雖然這對英國人來說不算是全新的情勢。這個派別（包括了穆斯林與印度教徒）在孟加拉宮廷握有高等權位，不受拘束而背叛了還在任的省長，這位省長太晚才引入可以抗衡的法蘭西勢力，而無濟於事。「親英」黨派的反叛行動，讓英國人在一次小衝突中擊敗了省長（在帕拉西村〔Plassey〕的小村莊）；這個事件讓這黨派有藉口從宮廷之中安插新的省長，也就擴大了英國的特權，因此，那些印度商人與他們結盟。

但是，英國人變成只是政黨之間互相傾軋的工具。新的省長很快地建立了他的地位，但沒有淪為英國的魁儡；孟加拉人在西元1764年努力恢復獨立地位，卻失敗了；從那之後，穆斯林省長變得有名無

實。終於，英國貿易公司發現自己有能力脅迫國王本人，強迫他授權給英國人，讓他們能夠代表國王，直接管理孟加拉，以及奧里薩（Orissa）與比哈爾（Bihâr）的附屬疆土，並有權力收取稅金。國王因為阿富汗人與瑪拉塔人的戰爭而害怕住在德里，甚至一度在比哈爾建立他的宮廷，尋求英國貿易商的保護與補助。從這時期起，英國公司建立了與其他印度強權平等的勢力，而同樣也效忠帖木兒裔君主。

為了配合當地，英國公司的官方語言是波斯語文，與宮廷相同，也在穆斯林之間強化了伊斯蘭法。不過，他們不像其他英國王國在海外的強權，擁有永久的政治基礎；他們的權力基礎並非在軍事力量或宗教忠誠之上，而是商業基礎，首先使孟加拉經濟中心的吸引力，轉移到加爾各答這較小但新興的城鎮；在經濟方面，西方是新的勢力，也在持續擴張。首都的制度化模式加強了，給予海外的西方商人再次革新經濟力量的根源，最後，任何當地印度勢力都無可比擬。西方商人變得像是希臘神話裡的安泰烏斯（Antaeus）巨人，面對如海克力斯（Hercules）的印度，而大海扮演著大地母親的角色。

如同在歐斯曼帝國一樣，這個情形導致的結果似乎在當時並不是很重要，但對現代以前、尚未習慣去期待重大歷史事件的層面上，其實具有決定性。歐洲人似乎只是新的傭兵來源，像某些傭兵一樣，用土地來清償。其實，他們不只背叛了一些印度宮廷，包括印度教徒與穆斯林，用意在於讓歐洲人（通常是法蘭西人，來對抗最具威脅性的英國人），以歐洲最新的方法來訓練他們的軍隊。當土地給予了這些傭兵，他們便成為收稅人；這些新來者把他們的土地，不只當作土地稅收的主體，而是當作新的政治通商系統的一部分；廣大系統的當地基礎，同時正在開始破壞整個區域的奢侈品貿易。當一個地方政府，

例如信仰伊斯蘭的陸克瑙（Lucknow），以貴族贊助的方式來鼓勵特定的地方工藝發展，將不再是理所當然的常態，而是一股對抗潮流的力量。西方的醫生也能夠取得極高（但短暫）的聲望。這個趨勢如此強大，甚至在宮廷藝術的範疇，即使尚未進口西方作品，當地藝術家已經開始採用西方透視畫的技巧來進行試驗。結果卻不盡如其意，因為他們沒有在新的技巧中，展現更多的創意，反是受制於老舊的傳統。

然而，英國人於此世紀後期在孟加拉取得優勢之後，結果顯然就是一場災難，那幾十年間都可稱作是「孟加拉劫掠」。英國人對當地沒有責任可言，他們的優越力量毫無任何外來限制。然而，不像早期的征服者，他們對打壓具競爭力的上層人士不感興趣，也無意接受土地稅收——他們的戰利品是由貿易與工業的剝削而來。第一個結果就是，肆無忌憚地壓迫獨立貿易商，藉此來取得所有貨品。他們的作法是與印度貿易商合作，這些人稱為瑪爾瓦人（Mârwârî），其血統幾乎完全不同於孟加拉人。英國人取得免費的貿易權利，有效地排除了所有競爭對手；接著，他們強迫當地工匠簽訂協議，這份合約相當苛刻，以至於所有工匠都難以生存。同時，轉變的現象已經出現，甚至連鄉村也種植穀物。當陸上的儲藏糧食完全耗盡，飢荒便接連發生，在西元1770年奪走大量人命，舊秩序完全遭到破壞。因為災難相當嚴重，以至於貿易都受到阻礙，勢必要進行改革。沃倫・黑斯廷斯（Warren Hastings）為英國公司在孟加拉的主席（西元1772～1785年），採取最根本的方式，堅持行政誠信，並提供給殘存的農民基本保護，引起不受拘束的獨立貿易商憤怒。他的工作受限於早期的災害，無論快慢，都有人期待能在短時間達到控制的成果。

穆斯林國際政治領先地位的喪失

在歐斯曼與印度帖木兒帝國裡，新的西方影響力逐漸增加，造成地方分權、持續分裂與混亂。在伊斯蘭世界的其他部分，新西方的影響有時候比較大，但大多時候對歐斯曼與印度帖木兒兩個帝國的影響力更大（至少在直接的影響層面來說是如此）；但是，新的世界歷史情勢幾乎對所有地方都具有決定性。即使有某一特定的地方力量已有所展現，但要建立穩固與創新的機制，無論在何處機會都不大，因為必要的資源都逐漸減少。在愈來愈多區域裡，穆斯林與穆斯林政權防範著非穆斯林的力量。他們沒有能力持續在政治層面有所突破，這種發展停滯長久以來已經成為伊斯蘭世界在邊緣地區的特徵，而來自伊斯蘭世界的穆斯林也已習以為常。最顯著的情況是在許多土地上，穆斯林（與先前的受保護者）人口已經在異教徒統治之下：在印度，是受到印度教徒與基督教徒統治；在塔里木盆地（Tarim basin），由中國人統治；在東歐的不同區域，則是由基督教徒統治，南部海域也是如此。穆斯林很少撤離這些區域（值得注意的例外是，歐斯曼帝國撤離匈牙利）。對於火藥帝國時期所製造的拓展機會（畢竟大多數都是出自於穆斯林自己製造的情勢），穆斯林都以富有創造力的方式回應；但對於隨之而來的新時代（這時期的機會完全不是由穆斯林製造的），他們反而沒有相同的回應。我們很難估計，這樣的事實會對於比較敏感且具創造力的穆斯林產生何種的作用。穆斯林從未極其狹隘地看待他們在世界上扮演何種角色的問題，至少在潛意識都仍然回應了伊斯蘭在整體世界中的任務。在麥加朝聖時，來自各個遙遠角落的消息都會相互交流，而且這些討論都不會受到當地政治影響。但是，即使獨

立於這樣的交換之外，涉及其中的穆斯林仍能意識到前景堪憂的時代趨勢。

即使在中央區域，也就是薩法維帝國曾經強盛的區域，政治失序與經濟蕭條仍相當嚴重。經過後軸心時代（post-Axial ages），文化交流的各條路線已經交會在伊朗與肥沃月彎；這跨區域的模式創造出早期薩法維帝國的雄偉輝煌。但此時這個模式已經衰微，換成另一個面貌迥異的世界。最核心的穆斯林地區很快就成為落後狀態。

首先，雖然軍事與政治有過出色的表現，在十八世紀時，薩法維帝國的統治（如同帖木兒帝國與歐斯曼帝國）仍受困於勢力分散的情況。西元1722年，阿富汗人以預料之外的破壞力佔領了伊斯法罕，（雖然他們確實有效地主張獨立，後來這股力量相當持久，只是偶有中斷）但無法建立新的朝代。一名活躍的將軍——納迪爾汗（Nâdir Khân），重整薩法維帝國的武裝部隊，完善運用步槍隊的新優勢，很快地從伊朗西部向東驅逐了阿富汗人。他默默忍受有名無實的薩法維帝國統治者，直到西元1736年；接著，納迪爾自立為王，自稱為納迪爾國王（Nâdir Shâh），在經過一段時間的軍事整頓之後，比起以往都更具影響力。他的軍隊於西元1730年擊敗了歐斯曼帝國的阿赫瑪德三世（Aḥmed III），再次奪下高加索區域，終結了鬱金香時代；在西元1739年，他的軍隊入侵印度（在帖木兒帝國無法與印度的喀布爾，一同對抗坎達哈爾城〔Qandahâr〕的阿富汗人之後），並出乎意料地進入德里，摧毀穆罕默德國王（Muḥammad Shâh）的城市；在北方，他的軍隊佔領了沿著扎拉夫尚河（Zarafshân）與烏滸河畔的烏茲別克首都，這是以往的薩法維統治者都無法觸及的地區；在南方，他們佔領了歐曼（'Umân），那是印度洋阿拉伯商業勢力重新復甦的中心。

納迪爾國王有時候顯得殘酷、心胸狹小，這似乎與偉大完全沾不上邊。他再次建立頭顱之塔，這無疑是有意再現先人顯赫的功績，也快速執行恐怖壓制的政策。但是，他對於金錢相當貪婪，這樣的個性尤其讓他周遭的人感到訝異，因為一般人會預期，許多個別的冒險家與大部分的文化生活能夠仰賴王室的慷慨贊助而蓬勃發展。不過，納迪爾國王其實抱持更大的遠見。他生長於突厥部族，當然也是優秀的什葉穆斯林；不過，他似乎已經以不同的方式來從事宗教實踐；最重要的宗教事業已經能夠有長遠的成果，甚至比以往還要成功。他似乎已經不再擁有特殊的什葉情感（一般人稱他為順尼穆斯林，但他卻兩邊都不是），而且他期望能讓什葉與順尼社群和解。他希望勸說什葉宗教學者，接受什葉社群只是哈那菲或夏菲儀之外的其中一個法學派，並希望他們不要譴責順尼的法學派（什葉穆斯林經常公開詛咒順尼穆斯林的英雄），試著說服他們，順尼學派只是因為不同的伊斯蘭法學立場所出現的差異。接著，他希望什葉派這個新的學派能夠如同另外四個順尼法學派，在麥加得到平等的權利。在一次進入伊拉克的遠征中（因為他的征戰隊伍後方出現動亂，而導致無法長久佔領），他勸說納賈夫地區（Najaf）的什葉宗教學者（在某種程度上）接受他的提議，但他仍然無法說服普遍的什葉宗教學者。雖然他在勝利之後，與歐斯曼人簽下友好條約，他也沒能說服歐斯曼帝國在麥加的君主接受他的主張。（在這之中，他為了表現恭維，稱歐斯曼國王為「哈里發」，但當然不是在任何技術層面上，承認歐斯曼帝國擁有較優越的地位。）

至少在納迪爾國王廢除最後的薩法維家族保護區之後，最滿懷熱血的什葉穆斯林開始視他為干預者，而他的宗教政策無疑有損於他的

地位；不過，他的殘暴行為可能才是主因。在納迪爾國王執政後期，他必須面對持續不斷的叛亂，也只能不斷以暴力來回應。最後，他在西元1748年遭到殺害，接下來他的家族只為持了幾個月的統治時間。

　　不過，在須拉子最受人尊敬的將軍凱里姆汗・贊德（Karîm Khân Zand）的保護下，重建薩法維帝國的工程卻仍然沒有成功，在伊斯法罕就受到挑戰；那時，在伊朗高原許多地方，不只在坎達哈爾與喀布爾，阿富汗勢力再起，而在伊朗西部心臟地帶的德黑蘭（Ṭihrân，靠近傳統的拉伊地區〔Rayy〕），軍事部族領袖在這裡建立了獨立勢力。西元1753年，凱里姆汗・贊德廢除了薩法維家族的虛位，以他自己的名義統治這個帝國，直到西元1779年。之後，他的繼承人迅速被集中在德黑蘭的嘎加爾（Qâjâr）部族勢力排除在外，一名小時候曾在贊德宮廷遭俘虜的宦官帶領這股勢力，他為了過去受過的苦痛，以殘暴行為展開復仇，例如讓奇爾曼（Kirmân）的居民集體失明，當然也搭建頭顱塔。西元1794年，他建立了位於伊朗西部的政府，承繼從薩法維傳統而來的優勢與權威。接著，他摧毀高加索（Caucasus），還併吞了部分的呼羅珊地區，但在他於西元1797年去世前，卻沒有奪下赫拉特（Herat）或巴格達，往後的嘎加爾政權在這兩地也無所斬獲。

　　這些都指出了，直到十八世紀末，大型的伊朗城市人口急遽減少。[4] 主要是在偉大的首都伊斯法罕，人口可能少掉一半，甚至更

4　Gavin Hambly, 'An Introduction to the Economic Organization of Early Qâjâr Iran', *Iran, Journal of the British Institute of Persian Studies*, 2 (1964), 69–81，只有稍微提到經濟組織，不過確實提供了一些關於人口與經商模式有用且清晰的統計（很可惜，只是沿用一般常見的模式，他定義「對外貿易」的方法，好像這是一個現代的政府單位，所以他把德黑蘭政治勢力與部分呼羅珊的喀布爾政治勢力之間的貿易，視為國

多，減少至二十萬人；第二大的城市是赫拉特，大約十萬人。對當時
世界許多地方而言，瘟疫襲擊似乎在十八世紀並不重要：相關的免疫
措施已經有助於現代人口成長，對伊朗也有所影響。導致重大破壞的
主要原因其實是戰爭，而無疑還有在附近一帶盛行的飢荒；城市周圍
可見荒廢、空無一人的村莊。但是，在規模變小的貿易中，各種活動
仍在進行，商人仍修築他們需要的道路。伊斯法罕與雅茲德（Yazd）
的工業，以及小型的工藝中心，都依舊活躍，甚至還出口產品至外
地，特別是西方（然而，從印度進口的商品比出口到印度的還多）。

　　不過，在嘎加爾部族興起前，歐洲勢力已經相當具有重要性。西
方與俄羅斯的貨品所扮演的角色愈來愈重要。西方文化表現則隱約影
響了人們的心智。例如，有一名歐洲的醫師被眾人視為聖人；歐洲的
大使館（在拿破崙時代，已經呈現出英國與法蘭西的競爭對立）是外
交政策的重心，大使的身分地位高低會受伊朗君主的態度所影響。當
嘎加爾人試圖重建中央化的專制體制，那已經是十九世紀的事了，當
時歐斯曼帝國也正為同樣的目標努力。

　　在這個混亂時代之中，什葉伊斯蘭思想並非一成不變。在十八世
紀晚期，十二伊瑪目派最具特色的人物是導師阿赫瑪德・阿赫薩伊導
師（Shaykh Aḥmad al-Aḥsâ'î，西元 1826 年逝世），他來自東阿拉伯地
區。在伊拉克的聖城中，他宣揚未來人類的新希望。他似乎有阿赫巴
里派的法學背景，而否定烏蘇里派精細的法律推理系統，認為該系統
僭越了伊瑪目的權威性。但是，當他回應著穆拉・薩德拉的哲學觀
（這曾經是他思想建立的基礎），似乎把對於伊瑪目伊斯蘭法地位的敬

際性的貿易活動，因此也就模糊了任何關於遠距貿易的判斷）。

意昇華為一種精神。伊斯法罕學派加強了伊瑪目體系形上學的地位；伊瑪目體系此時已經被視為人類理解真理的途徑，而被更徹底地探討。結果復興了什葉的千年至福觀（這其實是在現今多數主義〔majoritarian〕的什葉體系的「次什葉派」〔sub-Shî'ism〕），可是是以高度文明化的形式來革新。

根據阿赫薩伊的首席弟子，賽伊德・卡吉姆・拉胥地（Sayyid Kâẓim Rashtî, 1759—1843 CE）的思想，先知、伊瑪目與伊瑪目的代理人都是神意的完美鏡像，制度會逐漸帶領所有人類走向完美的境界（這個概念類似於夏・瓦里烏拉〔Shâh Valî-illâh〕）；隱遁伊瑪目的使命就是要開啟人類道德進化的過程（透過他的代理人），到達外在伊斯蘭法全然融入人類社會的境界，其外部化的官僚形式主義已經被無意識的精神取代，而這樣的精神直接跟隨著真主旨意，而不只是形式化的紀錄。阿赫薩伊導師大部分的追隨者被稱為「導師派」（Shaykhî），形成一個教法學派（在亞塞拜然特別盛行），獨立於烏蘇里派與阿赫巴里派。導師派屬於宣教式的伊斯蘭法主義，但比起德里的夏・瓦里烏拉的思想更有推論性，但同樣都具有改革的意識；然而，儘管什葉穆斯林在政治發展上遭遇困難，但導師派試著融入伊斯蘭中心，情況較為樂觀。

在這個時期，在錫爾河與烏滸河流域之間的烏茲別克公國，無能介入伊朗的複雜事務，因為他們在這時期也處於政治衰弱的階段。希瓦（Khîvah，花剌子模〔Khwârazm〕的首都）、布哈拉（Bukhârâ，他們的汗統治扎拉夫尚谷地）、浩罕（Khoḳand，位於山區東邊），全都獨立於穆斯林強權之外。但是，他們的內陸貿易重要性漸失，畢竟海路變得比以往來得有效，降低了陸路貿易的地位，只剩下地方性的運

用。俄羅斯人曾經在整個中央與北方歐亞大陸，握有貿易的主導力量，但他們專注在北部的森林地區。這樣的貿易持續往南發展，失去了世界性的特質，反而漸漸成為地方貿易。

雖然他們在布哈拉設有順尼思想中心，但是錫爾河與烏滸河流域的群眾，愈來愈孤立於廣大的伊斯蘭（Islamicate）與世界潮流之外。他們向外尋求什葉穆斯林或基督教（俄羅斯人）的奴隸交易，而不是找尋代來豐厚利潤的貿易（類似於同時期在北非〔Maghrib〕的勢力）。穆斯林強權不只被俄羅斯人擊敗，這還只是挫敗的開端。到了十八世紀中葉，甚至中國也有能力入侵喀什噶爾（Kâshgharia，位於塔里木河上游的盆地）的穆斯林政權；此後，比較北邊的穆斯林就分居在俄羅斯與中國之間，偶爾發生地方抗爭。而在該世紀結束時，窩瓦河流域穆斯林的經濟復甦（之後會提及）已經被俄羅斯勢力所淹沒，導致在伊斯蘭世界比較北方的部分，出現新的生命力；但此次復甦大致上並非導向伊斯蘭世界，而是新的西方。

在南部海域，穆斯林逐漸在跨區域貿易活動中佔有重要地位；在十七世紀，歐曼的伊巴迪出走派（Ibâdî Khârijî）建立了他們自己的通商網絡，得以從波斯灣和東非海岸的富饒地區驅逐葡萄牙人；後者就是斯瓦希里海岸區域，伊巴迪出走派在那裡建立了自己的勢力。不過，國際之間最重要的路線已經不再經過斯瓦希里海岸。其他穆斯林已經繼續建立他們的勢力，與在馬來群島之間的荷蘭（Dutch）並肩而行，漸漸在通商貿易方面超越一些比較不重要的內陸貿易。十八世紀，這些強權藉著些許的開創成果，尚能維持一些時日；例如，在斯瓦希里海岸的歐曼勢力，與自治的城市國家分道揚鑣，因為他們無法將葡萄牙人從莫三比克（Mozambique）海岸往南方驅離。在「東洲之

角」（Horn of East Africa）內陸，伊斯蘭擴張至加拉斯人（Galla）的地區，並跨越該地進入了阿比西尼亞高地（Abyssinian highlands），但沒有像是十六世紀的阿赫瑪德・葛蘭已然建立的作用力。

十八世紀十，荷蘭與英國勢力取代了葡萄牙人，變得較為強勢，遠遠勝過十六世紀的葡萄牙人。荷蘭人很早就在馬來西亞改變了整個貿易區域的經濟模式，加入了對西方通商的新作物貿易；最初，他們無疑刺激了不斷增加的繁榮，但他們增加的勢力逐漸導致了分裂。現在，他們首度成為令主要穆斯林王國所擔憂的勢力。例如，在十七世紀，荷蘭在巴達維亞（Batavia）的建設已經以友好的形象，出現在爪哇的歷史文物之中；而十八世紀時，這樣的宮廷歷史書寫不再刻意迎合這樣的認知。

長久以來，北非（Maghrib）就是保守精神的特殊堡壘，沒有受到波斯文化（Persianate culture）影響；此外，十六世紀以來，這可能受困於比較暗中活動的葡萄牙海域貿易（以及幾內亞海岸），多過於其他主要的穆斯林區域。但是，穆斯林在那裡已經出現了一段時間，同時，當伊斯蘭化的能力在各地擴張，前所未有的邪惡力量湧出。在十五與十六世紀之間，他們與西歐的貿易數量已經嚴重下滑，特別是相較於西方貿易整體大幅上升，更顯穆斯林貿易的衰退；如島嶼一般孤立的北非（Maghrib）坐落於歐洲海岸之外，已經被排除在其過去扮演重要角色的經濟領域之外。就地理因素而言，經濟領域是通商港口的重心，而通商港口構成了北非（Maghrib）都市生活的主要部分。在十六世紀時，穆斯林與基督教徒在地中海的長時間都處於戰爭狀態，偷竊彼此的船隻也是相當理所當然的行為。穆斯林被基督教徒奴役，而穆斯林也俘虜基督教徒，除非雙方都支付贖金才會釋放俘虜。不

過，最後多數基督教徒海運在合法的通商中獲得較多利益，而奴役（雖然在十九世紀義大利仍有這樣的情況）在歐洲大陸沒有帶來豐厚收益。反之，北非（Maghrib）港口的通商資源，從來沒有增加，甚至可能已經減少很多。到了十七世紀，海盜行為成為主要的經濟活動，無論奴役黑人或白人，都變成較富裕階級的生活風格。

海盜的勢力已經壯大。穆斯林的私掠船，或者說不斷處於對戰狀態的海盜，都以摩洛哥和多少已經自治的歐斯曼北非（Maghrib）省分做為基地；他們讓海上航行的基督教徒感到恐懼，甚至擴及地中海整個西部地區的基督教徒港口；此外，他們知道大批貿易進行的時間，也就集中在大西洋海岸進行掠奪，最遠還抵達英格蘭（England）。其實，整個運動只是在一個最受關注的區域裡，對於新的經濟與社會秩序的初步反應，特別發展於西北歐；而這也已經形成整個地中海經濟的新模式。許多穆斯林海盜都轉變成為基督教徒、英格蘭人（Englishmen）或其他身分，表現出他們自我疏離的情況。這些穆斯林的「巴巴里海盜」（Barbary corsair）擁有不切實際的膽量，但他們無法改變一個穩定的趨勢；他們在經濟方面一貧如洗，最後也在社會上一無所有，即使在北非（Maghrib）也是如此。到了十八世紀，連海盜劫掠都失去了活力，他們的活動範圍只受限於鄰近的地中海區域。

若單看黑色人種地區（Sûdânic lands），新的西方勢力並不是帶來直接影響的重大因素；伏爾加地區穆斯林新興工業化的情況則與此完全不同，因為黑色人種地區確實完全與西方無關。在此，伊斯蘭仍然持續擴張，其重要代表致力於讓更廣泛的人口伊斯蘭化。即使如此，在十八世紀，在尼日河流域的黑色人種地區，穆斯林抵禦著異教勢力復興。但這是個學術穩定發展的時期，試圖為統治者與城市人口找出

在伊斯蘭的理念與當地條件下、公平正義與合宜生活的定義。這時代最著名的學者正寫著長篇且富有價值的研究，其他方面不單只有法律的細節，還有公平交易、政府、法庭的普遍原則。一般而言，在黑色人種地區，伊斯蘭代表著國際城市社會對抗多元部族地方觀念，仍然在幾個相對和平的國家實行（除了持續奴隸交易，迫害異教徒，逼迫他們遷往南方）文明發展的世俗任務。

邊陲地區的改革者：原生的瓦哈比主義與新道團

對於十八世紀的歐洲人來說，許多穆斯林地區的效率低落與腐敗都相當明顯：除非可能受到殘暴君王監視的時候，幾乎所有擔任公職的人都隨時等待著出售自己的職位；甚至當某些協議已經達成，任務還是可能無限期延後，之後又草率完成。無可否認，就他們特別極端的形式而言，這樣的評價必定是錯誤的：直到晚近（十九世紀），才至少在某些領域中，出現誠信與能力的標準。儘管如此，這樣的評價仍是建立某個事實的基礎上，這些事實迥異於新西方日益常見的方式，必須明確瞭解兩者的差異。一方面，無能與貪腐是十八世紀穆斯林地區的特殊情形；另一方面，許多看似衰微的情形，事實上其背後因素無法脫離所有時期中的農業（agrarianate）環境，除非有特殊情況。

一定程度的貪贓枉法以及無視商業貿易準則的情況，在現代以前的時期相當稀鬆平常；如果完全沒有腐敗，反而會是十分怪異的現象。舉例來說，大人物的侍從都會緊跟著他們，並為他們的服務索取小費，不管是否符合公平或純粹是個人要求。這部分代表了，在文件

夾與打孔卡片出現之前，在主從關係中高度的個人風格；有一部分則代表富人給予以勞動為生的窮人的賞金，或者給那些幸運逃出村莊、巧妙進入了特權階級邊緣的窮人。在這兩個例子裡，這樣的情況很自然地再次出現，只要是再沒有遭到特別安排，或說有不正常的壓力抑制的情況下，都會一再發生。一個特別強盛的政府有時可能會堅持控制這種情況，至少會禁止比較高階的官員這麼做；似乎已經有案例高度執行這個禁令，也就是在歐斯曼帝國的行政體制裡，軍事規範達到高峰的時期。這樣的政府在某些區域裡，也可能需要一個不尋常的高標準，以求實踐的有效性。但是，在技術發展之前的社會（pre-Technical society），要求精確反而會導致收益遞減：有益於任何生活與經濟的領域中，都存在效率的極限，而在其他領域中，可以計算或預測的準確程度也相當有限。

在十八世紀，即使是在有限的領域中，龐大的中央政府也大多不能再抱持任何特殊優越的立場；在現代以前的時期，漫不經心是很普遍的現象。但除此之外，在這三個偉大帝國的區域裡，中央權力衰弱或崩潰，留下了形式上的程序與實際執行之間的鴻溝，凸顯了理想與現實的正常距離。只要中央權力開始謊稱要維持制度，即使權力已經趨於無效，仍然會導致異常程度的濫權；有些弊病陋習就像是他們濫用的形式一樣不真實，但也有些卻實際造成影響。在歐斯曼帝國或印度境內，嚴肅的穆斯林會特別在意形式與實踐之間的鴻溝，這些都對他們造成困擾，反而會造成現代人困擾的事物，可能對當時的穆斯林毫無作用。在十八世紀末，改革運動的頻率超越常態。我們可能會注意到某些在權力中央的立場：薩法維帝國領土內強調千年至福觀的什葉穆斯林，在印度的希爾辛迪強調律法的蘇非主義，甚至是歐斯曼帝

國的回憶錄作家。

當時，西方影響力仍相當有限，而且尚未造成根本性的破壞，所以改革者仍然沒有跳脫傳統改革模式。他們譴責在舊時代的政治權力；他們對於政治之外的情況，也同樣大力批判，但這種情形並不新奇。一如既往，他們盡力取得道德主義的社會平等，對抗社會特權，並且對抗一般人會支持重視的高尚文化。此時，這些批判特別指向對抗蘇非主義。幾世紀以來，蘇非道團在任何地方成長茁壯，逐漸肩負起奉獻財富與大眾盲目崇拜的責任。愈來愈多已經確立的道團，惡名昭彰地妥協於富人或一般大眾的原則；此外，他們之中有許多人雖然採用蘇非行者的名字，但其實只是江湖郎中。在某種層面上的蘇非主義改革長久以來一直是人們關心的議題，現在則變成改革運動的重要標的，因為在多數穆斯林社會中，蘇非組織形式通常屬於私人領域。但是，鄰近權力中心的改革運動仍然受到原有制度的侷限，而較難進行改革。反而在邊陲地帶，革新的意圖比較可能實現。

如後來的發展一樣，改革運動最引人注目的是在獨立自主的阿拉伯半島，也就是歐斯曼帝國的邊緣地帶。在那裡發展出漢巴里主義運動，而且不僅僅滿足於改革蘇非道團，還明白地敵對蘇非主義。因為哈那菲與夏菲儀學派寄予厚望的想法，在後期的順尼理論裡，漢巴里法學派連同其他的三個順尼法學派，被列為四個平等且互相包容的學派之一；但是漢巴里思想從來沒有真正成為教法學派的主流。這一直是個廣泛且激進的運動，以法學派本身的原則詮釋出獨特的法學觀，但其領導人通常不願承認其他學派中提供制度性保障的同類型的因循原則（taqlîd），也否定社群原則的公議（ijmâ‘）傳統。理性思考判斷（ijtihâd）仍深植於漢巴里學派之間；每位主要導師都可以根據他的時

代所需，自由重新開始進行淨化改革。

　　自從伊本—泰米亞（Ibn-Taymiyyah，西元 1328 年去世）以來，已經出現幾個重要人物脫穎而出，有些甚至屬於漢巴里法學派，他們強烈反對將所有宗教生活帶入蘇非道團的型態中。多數的改革者接受這樣的作法，甚至攻擊蘇非主義的精神。整體而言，漢巴里學派已經變成衰弱的少數團體，即使在他們最主要的據點——大馬士革與巴格達——也是如此，他們曾在那裡建構出能夠抗衡什葉伊斯蘭的勢力，什葉伊斯蘭則是盛行在從阿勒坡到巴斯拉（Baṣrah）的鄰近區域。然而，在十八世紀中葉，漢巴里法學派相當活躍，能夠激發一位年輕的追求者——穆罕默德・賓・阿布杜—瓦哈卜（Muḥammad b. 'Abd-al-Wahhâb，西元 1791 年逝世），他來自阿拉伯半島中部的內志地區（Najd），嘗試了他所知的所有穆斯林發展路線（全都屬於順尼伊斯蘭），並在擔任蘇非教師一段時間後，接受了漢巴里法學派的思想，也宣告要仿效伊本—泰米亞。接著，他回到內志（那是他所崇拜的人物改革失敗之地），轉而追隨當地的統治者伊本—薩伍德（Ibn Sa'ûd），以這些原則建立國家。幾年內，整個內志地區都以伊本—阿布杜—瓦哈卜訂定的形式，接受了漢巴里法學派的教義，其崇高的決心使得無論是公共或私人生活，只要在神聖律法有益的影響範圍內，都沒有任何空間可以脫離嚴厲的管控。

　　其改革結果相當激烈，彷彿狂熱的出走派（Khârijî）突然取得權力。誠然，伊本—阿布杜—瓦哈卜執行了伊斯蘭法，以其端正的禮儀對抗部族傳統；自從叛教戰爭（Riddah war）戰爭後，部族習俗因為相對不構成社會危害，一直留存在阿拉伯半島中部的貝都因部族之間。但最重要的是，他厭惡任何帶有一點蘇非主義的事物，因為他認

為蘇非主義的理論及其在大眾間的實踐，都是對蘇非近神者的造神運動。他堅信，那些對於近神者與聖地的崇敬與偶像崇拜無異，就好像他們仍然崇拜著舊的神祇，而（事實上）現在改為崇拜墳墓。他挺身而出，讓伊斯蘭脫離這些既有的墳墓崇拜者的敗壞，以及什葉派與其他人的腐化，因為他們把人類（不只是阿里，甚至是先知穆罕默德）提升到與真主相同的特殊地位。他相當反對向穆罕默德以及其他人的墳墓表示敬意。這將導致，廣泛多數的穆斯林被貶為偶像崇拜者，很可能因為揚棄伊斯蘭的罪名，而受到死刑的威脅；這場改革運動還譴責了許多朝聖期間在麥加與麥地那盛行的儀式，因為任何偶像崇拜都必須消滅。

伊本—阿布杜—瓦哈卜不是第一個譴責其他多數穆斯林為異教徒並主張處死他們的人，但由伊本—薩伍德家族建立的瓦哈比（Wahhâbî）政府相當有勢力，而且在第一個世代結束之後不久，瓦哈比運動仍然相當強勢，在伊本—薩伍德的孫子領導下，征服了漢志，並佔領麥加與麥地那。他們破壞所有墳墓聖地，包括穆罕默德的墳墓，屠殺聖城的穆斯林，並且把他們的規範施加在往後的朝聖活動上，而讓穆斯林世界相當恐懼。這都發生在歐斯曼帝國征服他們之前的幾年時間，至少形成一股盛極一時的獨立政治勢力；但在西元1818年告終，甚至似乎連內志都已經解除危機。

歐斯曼帝國在全新且難以預期的情勢下執行鎮壓，並且取得足夠的勢力，而能夠入侵阿拉伯半島的中部，歐斯曼帝國的中尉以西歐在前幾世紀所發展的裝備與紀律為基礎指揮著新式軍隊。沒有這支新式軍對，他就絕對無法如此穩定成功地擊潰瓦哈比分子。不過，瓦哈比主義（Wahhâbism）出現的時刻就已經決定了它的命運，不只預示了

遭到鎮壓的方式，還有之後它必然的成功。不意外的是，瓦哈比運動鼓舞了部分其他地區的相關運動。許多來到阿拉伯半島的朝聖者，在這波運動盛行時，學習到瓦哈比的精神原則，並且崇尚他們的軍事戰鬥性格。伊斯蘭世界幾乎所有的淨化伊斯蘭以落實其神聖教義的運動都受到瓦哈比運動的鼓舞（特別是對抗頗受歡迎的蘇非主義，強調伊斯蘭法的清淨主義者完全不信任蘇非主義，而且蘇非主義也已經無法再給予年輕的理想主義者任何激勵人心的新意）。

在十八世紀後半葉，有些改革者雖然較不寬容但又相當堅定地倡導，要對抗伊斯蘭世界的邪惡人士；最重要的啟發是同樣來自阿拉伯半島的穆罕瑪迪亞運動（Muḥammadiyyah movement）。無可否認，這些運動一如既往都採用道團的形式。他們的創建人都幾乎沒有意識到西方的存在。可是，他們也交互影響著現代性（Modernity）的推動力。結果，出乎眾人預料，他們在伊斯蘭世界佔有一席之地：不同於許多早期的改革運動，他們所帶來的衝擊，在十九世紀的伊斯蘭世界擴張成普遍的意識潮流，最後終於以挑戰現代西方的方式，改變由來已久的蘇非主義趨勢。

表4 歐亞非舊世界（Oikoumene）的發展，
西元 1700～1800 年
Developments in the Oikoumene, 1700－1800 CE

年分 （西元）	歐洲	舊世界中部	遠東
1707 年		蒙兀兒帝國與瑪拉塔聯邦冗長的德干戰爭之後，奧朗吉布逝世；帝國衰弱	
1715 年	奧地利與普魯士（Prussian）王國興起		「禮儀之爭」，中國國王禁止相互對立的外國傳教士團的活動
1718年		帕薩洛維茲和平條約簽訂，歐斯曼帝國在哈布斯堡被擊潰	
1720 年			幕府將軍鬆綁西方知識的限制；西化的日本知識分子開創「蘭學」
1720 ～ 1730 年		歐斯曼帝國的「鬱金香時代」，首次嘗試西化；1726年，建立首座印刷廠	

年分 （西元）	歐洲	舊世界中部	遠東
1722 年		阿富汗入侵後，薩法維帝國瓦解	
1736 ～ 1747 年		在伊朗的納迪爾國王，於1739年進攻德里，進而讓蒙兀兒衰弱	
1740 年	啟蒙運動；普魯士腓特列大帝（Frederick the Great，1786年 逝世）與奧地利的瑪麗亞・特雷莎（Maria Theresa，1780年 逝世）即位，開明專制之始		
1750 年		凱里姆汗在須拉子建立贊德朝（至1779年），在伊朗取得部分穩定局面	
1757 年		瓦哈比主義者（Wahhâbî）取得哈薩（al-Ḥasa）	
1763 年	英國在印度控制擴張		

年分 （西元）	歐洲	舊世界中部	遠東
1774年	法西蘭王國的路易十六（Louis XVI）即位（1793年逝世）	庫楚克・凱納爾吉條約簽訂，歐斯曼帝國失去克里米亞，俄羅斯完全擊潰歐斯曼軍隊，俄皇成為歐斯曼領土裡東正教徒的保護人	
1775年			中國重要的農民叛亂開始，滿清國勢走下坡
1779年		嘎加爾朝（Qâjâr）始自德黑蘭	
1783年	凱薩琳大帝征服克里米亞韃靼人		
1789年	法國大革命	塞里姆三世（在位至1807年），第二次主要的歐斯曼西化時期	
1798年		拿破崙侵略埃及	

重要詞彙與人物表

　　此處列舉的詞彙是本書內文中時常出現的專有名詞。其他在內文中出現的詞彙之定義和解釋，包括地理名稱，可以根據索引查詢。

‘âdah	又作「âdet」，習慣法；穆斯林在伊斯蘭法（見條目「Sharî‘ah」）之外使用的法律，或取代伊斯蘭法。習慣法有不同的名稱，「‘âdah」通常與伊斯蘭法對立，「‘urf」則是伊斯蘭法的補充。
akhbâr	單數形為「khabar」，傳述；常用於聖訓傳述（見條目「ḥadîth」）。
‘Alid	阿里的後裔；先知表弟兼女婿、阿里（Alî）的後裔；什葉派相信，某些阿里後裔應成為伊瑪目（見條目「imâm」）。阿里的第一個妻子是法蒂瑪（Fâṭimah），先知的女兒，她為阿里生下的後裔（先知僅存的後裔）特別稱為法蒂瑪家族（Fâṭimid）。她的兒子、哈珊（Ḥasan）的後裔往往稱為「sharîf」；她的兒子、胡笙（Ḥusayn）的後裔則往往稱為「sayyid」。

'âlim	複數形為「'ulamâ'」，指受過教育的人；特別指那些專精於伊斯蘭法學和宗教研究的學者。
Allâh	阿拉；（穆斯林和基督教徒信仰的）獨一神的阿拉伯文名稱。
amîr	又作「emir」，統領或軍事領袖；阿巴斯朝的古典時期之後，有許多自立門戶的將領也沿用這個頭銜，有時也用來指統治者的家族成員。「amîr al-mu'minîn」意思是信仰者的領導人，是哈里發的專用頭銜；「amîr al-umarâ'」意思是最高統帥，即大將軍、總司令，用來指「哈里發盛期」晚期興起的軍事統治者。
'aql	理性、推論；在伊斯蘭法，系統化的推論並不只限於「類比」（參見條目「qiyâs」）。
'askerî	軍士；歐斯曼帝國軍事軍事統治階級成員，包括該階級成員的妻子與孩子。
awqâf	參見條目「waqf」。
a'yân	單數形為「'ayn」，尊貴的人；在中期與晚近時期，指具有名聲與影響力的城鎮權貴；在後來的歐斯曼帝國時期，則指公認掌有政治權力的人。

bâb	大門，尤其指城門；另指短文或篇章，也指什葉十二伊瑪目派隱遁伊瑪目的代理人。
bâshâ	見條目「pâshâ」。
bâṭin	內在意義，即文本內在、隱藏或密傳的意義；因此，內隱學派（Bâṭinî、Bâṭiniyyah）即指懷有這種概念的團體。這些團體當中，絕大多數都屬於什葉派，特別是伊斯瑪儀里派。
beg (bey)	別克；突厥高級軍階的頭銜，後來更加普及化，現代的形式為「bey」（貝），等同於「先生」。
capitulations	協定條約；穆斯林勢力提供的合法權利讓渡，給予外來居民有限的特權。
Dâr al-Islâm	伊斯蘭境域；即受穆斯林統治的土地，後來則指稱有穆斯林組織存在的任何土地，無論是否受到穆斯林的統治。它是戰爭之域（Dâr al-Ḥarb）的反義詞。
derebey	村長；指十八世紀安那托利亞的地方首領，實際上獨立於歐斯曼帝國的蘇丹之外。
dervish	參見條目「Ṣufî」。
dhikr	又作「zikr」，唸記；蘇非行者（見條目「Ṣufî」）用以促使人們銘記著神的活動，通常是反覆誦唸的套語，往往還有更複雜的禮拜儀式。

dhimmî	又作「zimmî」，受保護者；在穆斯林統治的領土上，信奉受伊斯蘭寬容之宗教的人們，這種保護稱為「dhimmah」。
dîwân	又作「dîvân」，公共財務登記；或指某個政府部門、審議會，或是它們的主管官員，也可指詩人的詩集。
emir	參見條目「amîr」。
fakir	參見條目「Ṣufî」。
fallâḥ	複數形為「fallâḥîn」，阿拉伯文的「農民」。
Falsafah	哲學；包含了自然科學和倫理學，在伊斯蘭社會（Islamicate society）裡，以希臘哲學傳統為基礎來詮釋的學問。「Faylasûf」（複數形為「Falâsifah」）則是指哲學家。
faqîh	參見條目「fiqh」。
faqîr	參見條目「Ṣufî」。
fatwà	伊斯蘭大法官（見條目「muftî」）的判決或裁示。
fez	一種紅色毛氈帽；氈帽成為十九世紀歐斯曼現代主義的象徵，對比於宗教學者的纏頭巾（阿拉伯文稱為「ṭarboush」）。

fiqh	伊斯蘭法學；闡釋說明伊斯蘭法（見條目「Sharî'ah」）的體系或學門，也指該學門產出的規則整體。闡述法學的人是伊斯蘭法學家（faqîh，複數形為「fuqahâ'」）。
ghâzî	為信仰奮戰（參見條目「jihâd」）的戰士；有時也指有組織的的先鋒部隊。
ḥabûs	參見條目「waqf」。
ḥadîth	又作「ḥadîs」，複數形為「aḥâdîth」，聖訓；指關於先知言行的記錄，或指這些記錄的集成。有時會因為歷經一位位的記錄人傳承，而被翻譯成「傳統」（tradition），但傳統這個詞是指難以溯及源頭而傳承下來的群體知識，與「ḥadîth」一字意義不符。
ḥajj	朝聖；伊斯蘭曆每年的最後一個月，即「朝聖月」（Dhû-l-Ḥijjah，也音譯作「都爾黑哲月」），是穆斯林到麥加朝聖的時間，在各種條件許可的情況下，每位穆斯林一生中至少要朝聖一次。
Ḥanafî	哈那菲法學派；順尼法學派（見條目「madhhab」）之一，以開宗學者阿布—哈尼法（Abû-Ḥanîfah, 699—767 CE）為名。

Ḥanbalî	漢巴里法學派；順尼法學派（見條目「madhhab」）之一，以開宗學者阿赫瑪德·伊本—漢巴勒（Aḥmad b. Ḥanbal, 780—855 CE）為名。
ijtihâd	理性思考判斷；為建立伊斯蘭律法（見條目「Sharî'ah」）針對特定議題之裁判，所進行的個人探索，由理性主義宗教學者（mujtahid），即有資格進行此種探索的人所為。順尼派長久以來認為，只有針對公認權威尚未作成決定的議題，才能允許理性思考判斷；針對已由公認權威作成決定的議題，他們則主張因循原則（見條目「taqlîd」），即應遵從個人所屬法學派（見條目「madhhab」）的通說見解觀點。絕大多數的什葉派成員，則允許他們的偉大學者們探求完整的理性思考判斷。
'ilm	學問；特別指關於聖訓（見條目「ḥadîth」）、法學（參見條目「fiqh」）的宗教知識，在現代阿拉伯文中此字意為「科學」。什葉派中認為伊瑪目（參見條目「imâm」）具備一種特別的非公開知識，並稱之為「'ilm」。

imâm	伊瑪目；帶領大眾禮拜的人，或指穆斯林社群的領袖。什葉派認為即使遭到伊斯蘭社群抵制，阿里和他的子嗣仍是最合適的社群領導者，因為他們作為穆罕默德的繼承人，有著精神象徵的功能。在順尼派裡，任何偉大的學者（見條目「'âlim」），尤其是法學派（見條目「madhhab」）的奠基者都稱為伊瑪目。
iqtâ'	墾地；政府以土地或其收益對個人所做的分派或授予；有時作為軍人服役的薪餉而授予，偶爾引人誤解地譯為封地（fief）。
Jamâ'î-Sunnîs	參見條目「Sunnîs」。
jâmi'	參見條目「mosque」。
Janissary	土耳其文作yeñi cheri，蘇丹禁衛軍；歐斯曼步兵軍團成員，這個軍團一度由受俘獲或徵召而來、並改信伊斯蘭的年輕基督教徒組成。
jihâd	奮戰；根據伊斯蘭法（見條目「Sharî'ah」）而發起的對不信者的戰爭，關於發動這類戰爭的必要條件各界有不同的見解；也用來指個人對抗自身俗世欲望的奮鬥。

kalâm	辯證神學；以穆斯林的神學、宇宙觀假設為根基的討論，有時候，也可以稱作「經院神學」（scholastic theology）。
ḳaẓi	參見條目「qâḍî」。
khân	汗；突厥人的頭銜，原本指國家的統治者，也用以指稱行旅商人客棧。
khâniqâh	又作「khângâh」，蘇非中心；供蘇非行者（見條目「Ṣufî」）活動所用的建築，人們在這裡奉行唸記（見條目「dhikr」），一位或數位導師住在這裡，接待正在旅行途中的蘇非行者，並教導他們的門徒。這個詞語形式源自於波斯語，同義詞為「tekke」（源自阿拉伯文「takyah」），主要用於突厥語；「zâwiyah」（阿拉伯文）以及「ribâ」（阿拉伯文）也用於指稱前線碉堡。
madhhab	複數形為「madhâhib」，法學派；由伊斯蘭法學（見條目「fiqh」）構成的一套系統，或是泛指所有既存的宗教群體所遵循的系統，特別用來指稱順尼派最終認可的四大法學派，而什葉派和出走派則擁有各自的法學派。有時也會翻譯作「教派」（sect）、「學派」（school）、「儀派」（rite）。

madrasah	經學院;宗教學者的學校,特別指教授法學(見條目「fiqh」)的學校,其建築形式一般而言如同受有特殊捐助的清真寺(見條目「mosque」),往往附有宿舍。
majlis	又作「majles」,集會;現為「國會」之意。
Mâlikî	瑪立基法學派;順尼法學派(見條目「madhhab」)之一,以開宗學者瑪立克・賓・阿納斯(Mâlik b. Anas, 715 — 795 CE)為名的一派。
masjid	參見條目「mosque」。
mašnavî	阿拉伯文作「mathnawî」,二行詩體;波斯文與相關文學中的一種長詩,幾乎涵蓋任何主題,其韻律為 aa bb cc dd ee,以此類推,有時稱為「史詩體」。
millet	在歐斯曼帝國受認可的一種自治宗教社群。
mosque	清真寺;阿拉伯文拼寫作「masjid」,指任何穆斯林用來進行集體禮拜的場域。而進行星期五聚眾禮拜的清真寺稱作「jâmî'」,即大清真寺。
muftî	伊斯蘭法(參見條目「Sharî'ah」)大法官;負責在與法律和是非觀念有關的事務上做出公共的裁決。
mujtahid	參見條目「ijtihâd」。

murîd	蘇非導師（見條目「pîr」）的門徒。
pâdshâh	直接任命（由前任指定的繼任者）；尤其和什葉派裡伊瑪目的傳位觀點有關，繼承人被授予獨有的知識與學問權力。
pâshâ	阿拉伯文作「bâshâ」，突厥頭銜，通常用來稱呼總督、統治者。
pîr	蘇非導師；在密契的靈修道路上引導門徒的人。
qâḍî	又作「kazi」，（伊斯蘭）法官；執行伊斯蘭法（見條目「Sharî'ah」）的法官。
qânûn	世俗法；伊斯蘭法（見條目「Sharî'ah」）以外的法律，有時係由政府頒布。
sayyid	參見條目「'Alîd」。
sepoy	參見條目「sipâhî」。
Shâfi'î	夏菲儀法學派；順尼法學派（見條目「madhhab」）之一，以開宗學者夏菲儀（al-Shâfi'î, 767—820 CE）為名的一派。
shâh	伊朗王室的頭銜；也用來指稱較下級的從屬人物；當加在人名之前時，通常指蘇非（見條目「Ṣufî」）近神者。「Shâhanshâh」意為「王中之王」。

shaikh	參見條目「shaykh」。
Sharî'ah	又作「Shar'」，伊斯蘭法；引導穆斯林生活的整體規範，形式涵括法律、倫理和禮儀等，有時也譯為「神聖律法」（Sacred Law or Canon Law）。以法源為基礎，透過法學學科（見條目「fiqh」）產出伊斯蘭法的規範。在順尼派裡，一般是以《古蘭經》、聖訓（見條目「ḥadîth」）、公議（ijmâ'）和類比（qiyâs）為法源。什葉則是以推論（'aql）代替類比，把公議解釋為伊瑪目（見條目「imâm」）們共同意見。
sharîf	見條目「'Alîd」。
shaykh	字面意義為「長老」；可指部族首領（並延伸指稱某些微型政體的首領）、任何宗教領袖。特指獨立的蘇非行者（見條目「Ṣufî」），他們有資格在蘇非之道方面領導渴望精進者；就這個意義而言，波斯語則以導師（pîr）稱呼，他的門徒則稱門徒（murîd）。
Shî'ah	什葉（阿里的追隨者）；一般指穆斯林之中擁護阿里及其後裔的社群領導權的人，不論其權力是否為多數人所認同，或指任何持此立場的派系。「Shî'î」是它的形容詞，或作名詞，指什葉派的擁護者；「Shî'ism」（tashayyu'）則指稱什葉派的立場或學說。什葉派中最知名的團體是柴迪派（Zaydîs）、伊斯瑪儀里派（Ismâ'îlîs）、七伊瑪目派（Seveners）以及十二伊瑪目派（Twelvers）。

sipâhî	士兵；用以稱呼多種軍隊的士兵，特別是歐斯曼帝國的騎兵，在印度往往也拼寫為「sepoy」。
Şûfî	蘇非；蘇非主義（Şûfism，阿拉伯文作「taşawwuf」）的倡導者，蘇非是伊斯蘭中根基於密契或靈性經驗最常見的稱呼。阿拉伯文的「faqîr」（fakir）及波斯文的「darvîsh」（dervish），兩者都意指「窮人」，也用以指稱蘇非行者，暗指他們貧窮或流浪的生活。
Sunnîs	順尼；較貼切的解釋是「追隨先知傳統和社群的人」（ahl al-sunnah wa-l-jamâ'ah），在本書中多採用「順尼派」（Jamâ'i-Sunnîs）一詞。相較於出走派（Khârijîs）或什葉派（參見條目「Shî'î」），順尼是穆斯林中的多數，他們認同全體第一代穆斯林與歷史社群的領導正當性。「Sunnî」作形容詞時指順尼派立場，當作名詞則指該立場的擁護者，而「Sunnism」有時指「正統」（Orthodoxy）。「順尼」一詞通常侷限於「順尼群體」的立場，排除如理性主義學派、卡拉密派（Karrâmîs）或是其他未能得到認可的團體。在較早期的穆斯林著作中，有時「順尼」只限定於作者本身的派系立場。

sulṭân	蘇丹；意指統治權威的來源，在中前期，用於指稱事實上統治者，往往是獨立於哈里發之外而掌有權力的軍事人員，後來成為穆斯林通常用以指稱主權者的用詞。
sunnah	被接受的傳統或習俗慣例；尤指從和穆罕默德相關的傳統，在聖訓（見條目「ḥadîth」）中具體化。
Tanẓîmât	維新；特指十九世紀歐斯曼政府的改革。
taqlîd	參見條目「ijtihâd」。
ṭarbûsh	參見條目「fez」。
ṭarîqah	道團；意為「密契之道」，特別指蘇非行者（見條目「Ṣufî」）的「兄弟會」或「修道團體」；有其傳承系譜及共同唸記儀式（見條目「dikhr」）的蘇非行者團體。
tekke	參見條目「khâniqâh」。
'ulamâ'	參見條目「'âlim」。
Ummah	宗教社群；特定先知的追隨者們，尤指追隨穆罕默德的穆斯林形成的社群。

'urf	參見條目「'âdah」。
uşûl al-fiqh	法理學；參見條目「Sharî'ah」。
vizier	「wazîr」（見條目「wazîr」）英文化的拼寫法。
waqf	複數形為「awqâf」，福利產業；出於虔誠而以某種收入所做的捐贈（或「基金」），其收入性質通常是租金或土地收益，用以維持清真寺、醫院等等；在西伊斯蘭世界（Maghrib）稱為「ḥabûs」。有時候，這種捐贈的主要目的，是為特定人的後裔提供附負擔且不得扣押的收入。
wazîr	英文化的拼寫法為「vizier」，大臣；官員的一種，統治者將其統治領域的行政事務授權給他（如同「部長」）；往往由好幾個人同時擔任，相互分工。
zâwiyah	參見條目「khâniqâh」。
zikr	參見條目「dhikr」。
zimmî	參見條目「dhimmî」。

地圖重要詞彙

圖1－1　十六世紀與十七世紀初葉的印度洋

European trade settlements

歐洲人的貿易據點

Portuguese (P) 葡萄牙人

Dutch (D) 荷蘭人

British (B) 英國人

French (F) 法蘭西人

INDIAN OCEAN 印度洋

RED SEA 紅海

PERSIAN GULF 波斯灣

GULF OF ADEN 亞丁灣

ARABIAN SEA 阿拉伯海

BAY OF BENGAL 孟加拉灣

GULF OF SIAM 暹羅灣

SOUTH CHINA SEA 南海

JAVA SEA 爪哇海

Nile R. 尼羅河

L. Chad 查德湖

Congo R. 剛果河

L. Victoria 維多利亞湖

L. Tanganyika 坦干依喀湖

L. Nyasa 尼亞薩湖

Zambezi R. 尚比西河

Orange R. 奧倫治河

Indus R. 印度河

Ganges R. 恆河

Brahmaputra R. 布拉馬普特拉河

Irrawady R. 伊洛瓦底江

Salween R. 薩爾溫江

Mekong R. 湄公河

Yangtze R. 長江

Hungshui R. 紅水河

Rajang R. 拉讓江

Safavî conquest 薩法維征服行動

Conquered by 'Umân 被歐曼征服

ZANZIBAR 尚西巴

MADAGASCAR 馬達加斯加

MAURITIUS 模里西斯

'UMÂN 歐曼

CEYLON 錫蘭

Aydhab 艾扎卜

Mogadishu 摩加迪休

Malindi 馬林迪

Mombasa 蒙巴薩

Kilwa 基爾瓦

Mozambique 莫三比克

Tete 太特

Sena 瑟納

Sofala 索法拉

Capetown 開普敦

Jiddah 吉達

Mecca 麥加

Aden 亞丁

al-Shihr 希赫爾

Raysût 萊蘇特

Musqat 馬斯喀特

Hormuz 霍姆茲

Socotra 索科特拉島

Diu 迪烏

Bombay 孟買

Goa 果阿

Calicut 科澤科德

Daman 達曼

Bassein 勃生

Chandernagore 昌德訥戈爾

Calcutta 加爾各答

Madras 馬德拉斯

Pondicherry 朋迪榭里

Cittagong 吉大港

Pegu 勃固

Macao 澳門

Malacca 麻六甲

Palembang 巨港

圖 1－2　薩法維帝國，西元 1500～
1722 年

Core area of Ṣafavî Empire 薩法維帝國
的核心地區

Silk producing regions 產絲地區

Shaybânî Uzbeks 謝班尼烏茲別克人

Ottoman Empire 歐斯曼帝國

Indian Tîmurîs 印度帖木兒後裔

Ottoman-Ṣafavî frontier 歐斯曼－薩法
維前線

Campaigns of ʻAbbâs I 阿巴斯一世的
戰役

Ṣafavi capitals 薩法維帝國首都

Shî'î shrines 什葉聖壇

MEDITERRANEAN SEA 地中海

BLACK SEA 黑海

SEA OF AZOF 亞速海

CASPIAN SEA 裡海

ARAL SEA 鹹海

PERSIAN GULF 波斯灣

Danube R. 多瑙河

Don R. 頓河

Volga R. 窩瓦河

Kur R. 庫拉河

Arus R. 阿拉斯河

L. Van 凡湖

L. Urmia 爾米亞湖

Euphrates R. 幼發拉底河

Tigris R. 底格里斯河

Oxus R. (Amu Darya) 烏滸河

Jaxortes R. (Syr Darya) 錫爾河

Indus R. 印度河

MUSCOVY 莫斯科公國

KURDS 庫德人

TURKMÂNS 放牧突厥

'ABDÂLÎ AFGHÂNS 阿布達利阿富汗人

GHALZAY AFGHÂN 嘎勒柴阿富汗人

BALÛCHÎS 俾路支人

Châldirân 查爾迪蘭戰役

Gulnâbâd 古勒納巴德戰役

Marv 木鹿戰役

Edirne 愛第尼

Istanbul 伊斯坦堡

Bursa 布爾薩

Izmir 伊茲米爾

Konya 孔亞

Ankara 安卡拉

Bahçesarây 巴赫奇薩賴

Kefe 卡法

Tana (Azak) 亞速

Astrakhân 阿斯特拉罕

Tarku 塔爾庫

Darband 達爾班德

Batum 巴統

Trabzon 特拉布松

Amasya 阿馬西亞

Tiflis 提比里斯

Kars 卡爾斯

Erivan 埃里溫

Erzurum 埃爾祖魯姆

Erzincan 埃爾津詹

Diyâr Bakr (Âmid) 迪亞巴克爾　　　Yazd 亞茲德

Ruhâ 埃德薩　　　Shîrâz 須拉子

Maraş 馬拉什　　　Kirmân 奇爾曼

Aleppo 阿勒坡　　　Mashhad 馬什哈德

Mosul 摩蘇爾　　　Bandar 'Abbâs (Gumrân) 阿巴斯港

Kirkûk 基爾庫克　　　Hormuz 霍姆茲

Damascus 大馬士革　　　Khîvah 希瓦

Jerusalem 耶路撒冷　　　Marv 木鹿

Baghdad 巴格達　　　Harât 赫拉特

Alexandria 亞歷山卓　　　Bukhârâ 布哈拉

Cairo 開羅　　　Tashkent 塔什干

Başrah 巴斯拉　　　Khoḳand 浩罕

Qaṭîf 蓋提夫　　　Samarqand 撒瑪爾干

Musqat 馬斯喀特　　　Balkh 巴爾赫

Nakhjavân 納赫賈萬　　　Kabul 喀布爾

Ardabîl 阿爾達比勒　　　Qandahâr 坎大哈

Tabrîz 塔布里茲

Rasht 拉什特

Qazvîn 嘎茲文　　　圖2　印度帖木兒帝國，西元

Hamadhân 哈瑪丹　　　1526～1707 年

Kirmânshâh 克爾曼沙赫　　　Under Tîmûrî domination 帖木兒帝國

Astarâbâd 朱爾將　　　領地

Qum 庫姆　　　Conquered by Akbar 被阿克巴爾征服

Işfahân 伊斯法罕　　　的地區

Conquered 被征服地區

Areas of Marâthâ power 瑪拉塔人勢力範圍

Campaigns of Shâh Jahân 賈漢國王的戰役

Campaigns of Awrangzêb 奧朗吉布的戰役

Frontiers of Tîmûrî Empire 帖木兒帝國前線

Portuguese trade settlements 葡萄牙貿易據點

ARABIAN SEA 阿拉伯海

BAY OF BENGAL 孟加拉灣

PAMIR MOUNTAINS 帕米爾山脈

HIMALAYA MOUNTAINS 喜馬拉雅山脈

Brahmaputra R. 布拉馬普特拉河

Mahanadi R. 默哈訥迪河

Kistna R. 奎師那河

KASHMÎR 喀什米爾

GONDWANA 岡瓦那

BARÂR 巴拉爾

MAHARASHTRA 馬哈拉施特拉

TILINGANA 泰倫加納

ORISSA 奧里薩

BENGAL 孟加拉

MALABAR 馬拉巴爾

CEYLON (SARNDÎB) 錫蘭

Diu 迪烏

Bombay 孟買

Poona 浦那

Bîdâr 比德爾

Hyderabad 海德拉巴德

Warangal 瓦朗加爾

Vijaynagar 毗奢耶那伽爾

Goa 果阿

Madras 馬德拉斯

Mysore 邁索雷

Calicut 科澤科德

Cochin 柯枝

Madura 馬杜拉

圖3　歐斯曼帝國，西元1512～1718年

The Ottoman Empire and its vassals 歐斯曼帝國及其侯國

European frontier 歐洲前線

ATLANTIC OCEAN 大西洋

MEDITERRANEAN SEA 地中海

BLACK SEA 黑海

RED SEA 紅海

Tagus R. 太加斯河

Rhône R. 隆河

Rhine R. 萊茵河

Danube R. 多瑙河

Po R. 波河

Danube R. 多瑙河

Prut R. 普魯特河

Dnieper R. 聶伯河

Volga R. 窩瓦河

Nile R. 尼羅河

Tigris R. 底格里斯河

Euphrates R. 幼發拉底河

ALGERIA 阿爾及利亞

TUNIS 突尼西亞

TRIPOLITANIA 的黎波里塔尼亞

BOSNA 波士尼亞

RUMELI 魯米利亞

ERDEL 外西凡尼亞

EFLAK 瓦拉幾亞

BOGDAN 伯格丹

KRIM 克里米亞

CRETE 克里特島

CYPRUS 塞普勒斯

ANADOLU 安那托利亞

KARAMAN 卡拉曼

TARKU 塔爾庫

GEORGIA 喬治亞

KURDISTAN 庫德斯坦

IRAQ 伊拉克

SHÂM 閃姆

EGYPT 埃及

HIJÂZ 漢志

Malta 馬爾他圍城之役

Marj Dâbiq 馬爾吉達比克戰役

Châldirân 查爾迪蘭戰役

Fez 非斯

Algiers 阿爾及爾

Tunis 突尼斯

Tripoli 的黎波里

Lisbon 里斯本

Paris 巴黎

Madrid 馬德里

Turin 都靈

Milan 米蘭

Venice 威尼斯

Florence 佛羅倫斯

Rome 羅馬

Naples 拿坡里

Vienna 維也納

Buda 布達

Belgrade 貝爾格勒

Sofia 索菲亞

Edirne 愛第尼

Istanbul 伊斯坦堡

Bursa 布爾薩

Kefe 卡法

Tabrîz 塔布里茲

Baghdâd 巴格達

Baṣrah 巴斯拉

Aleppo 阿勒坡

Damascus 大馬士革

Jerusalem 耶路撒冷

Cairo 開羅

Medina 麥地那

Mecca 麥加

圖4　十九世紀歐洲人入侵前的伊斯蘭地區

Area under Muslim rule 穆斯林統治地區

Muslim lands lost to Europeans in the eighteenth century 十八世紀歐洲人統治的穆斯林失地

Areas under Dutch influence 受荷蘭勢力影響的地區

Nâdir Shâh's Indian campaign 納迪爾國王的印度戰役

ATLANTIC OCEAN 大西洋

NORTH SEA 北海

MEDITERRANEAN SEA 地中海

BLACK SEA 黑海

CASPIAN SEA 裡海

ARAL SEA 鹹海

RED SEA 紅海

PERSIAN GULF 波斯灣

ARABIAN SEA 阿拉伯海

BAY OF BENGAL 孟加拉灣

SOUTH CHINA SEA 南海

JAVA SEA 爪哇海

INDIAN OCEAN 印度洋

Rhône R. 隆河

Rhine R. 萊茵河

Elbe R. 易北河

Prut R. 普魯特河

Danube R. 多瑙河

Dnieper R. 聶伯河

Don R. 頓河

Volga R. 窩瓦河

Nile R. 尼羅河

Niger R. 尼日河

L. Chad 查德湖

Congo R. 剛果河

L. Victoria 維多利亞湖

L. Tanganyika 坦干依喀湖

L. Nyasa 尼亞薩湖

Zambezi R. 尚比西河

Tigris R. 底格里斯河

Euphrates R. 幼發拉底河

Syr-Dar'ya R. 錫爾河

Amu-Dar'ya (Oxus) R. 烏滸河

Indus R. 印度河

L. Balkhash 巴爾喀什湖

Irtysh R. 額爾齊斯河

Ili R. 伊犁河

Ob R. 鄂畢河

Selenga R. 色楞格河

Yenisey R. 葉尼塞河

Amur R. 黑龍江

Kerulen R. 克魯倫河

Tarim R. 塔里木河

Irrawady R. 伊洛瓦底江

Salween R. 薩爾溫江

Yangtze R. 長江

Hwang Ho 黃河

Mekong R. 湄公河

OTTOMAN EMPIRE 歐斯曼帝國

UZBEKS 烏茲別克人

IRAN 伊朗

KAZAKHS 哈薩克人

AFGHANS 阿富汗人

SHARÎFIAN EMPIRE 夏里非帝國

REGENCY OF ALGIERS 阿爾及爾攝政國

BEYLIK OF TUNIS 突尼斯

PASHALIK OF TRIPOLI 的黎波里

'UMÂN 歐曼

SINDH 信地

RÂJPÛTS拉吉普特人

MARÂTHAS瑪拉塔人

DELHI德里

AWADH阿瓦德

NIẒÂM OF HYDERABAD海德拉巴
德

TÎPÛ SULTÂN OF MYSORE邁索雷
的提普蘇丹

索引

七劃

十一劃

歷史 世界史

伊斯蘭文明
火藥帝國與現代伊斯蘭　下卷第五冊

作　　者—馬歇爾・哈濟生（Marshall G. S. Hodgson）
譯　　者—陳立樵
發 行 人—王春申
總 編 輯—李進文
編輯指導—林明昌
主　　編—王育涵
責任編輯—黃楷君
校　　對—徐平
封面設計—吳郁婷

營業經理—陳英哲
行銷企劃—魏宏量
出版發行—臺灣商務印書館股份有限公司
　　　　　23141 新北市新店區民權路 108-3 號 5 樓（同門市地址）
電話：(02)8667-3712　傳真：(02)8667-3709
讀者服務專線：0800056196
郵撥：0000165-1
E-mail：ecptw@cptw.com.tw
網路書店網址：www.cptw.com.tw
Facebook：facebook.com.tw/ecptw

局版北市業字第 993 號
初版一版：2016 年 03 月
初版二刷：2019 年 02 月
印刷廠：沈氏藝術印刷股份有限公司
定價：新台幣 1500 元（套書上下冊不分售）
法律顧問：何一芃律師事務所

伊斯蘭文明：火藥帝國與現代伊斯蘭
馬歇爾.哈濟生（Marshall. G. S.
Hodgson）著；陳立樵譯
初版一刷. -- 新北市：臺灣商務出版發行
2016.03
面 ： 公分. --（歷史・世界史：7）
譯自：The Venture of Islam: The
Gunpowder Empires and Modern Times
ISBN 978-957-05-3034-6
1.中東史　2.文明史　3.伊斯蘭教

735.03
104029067